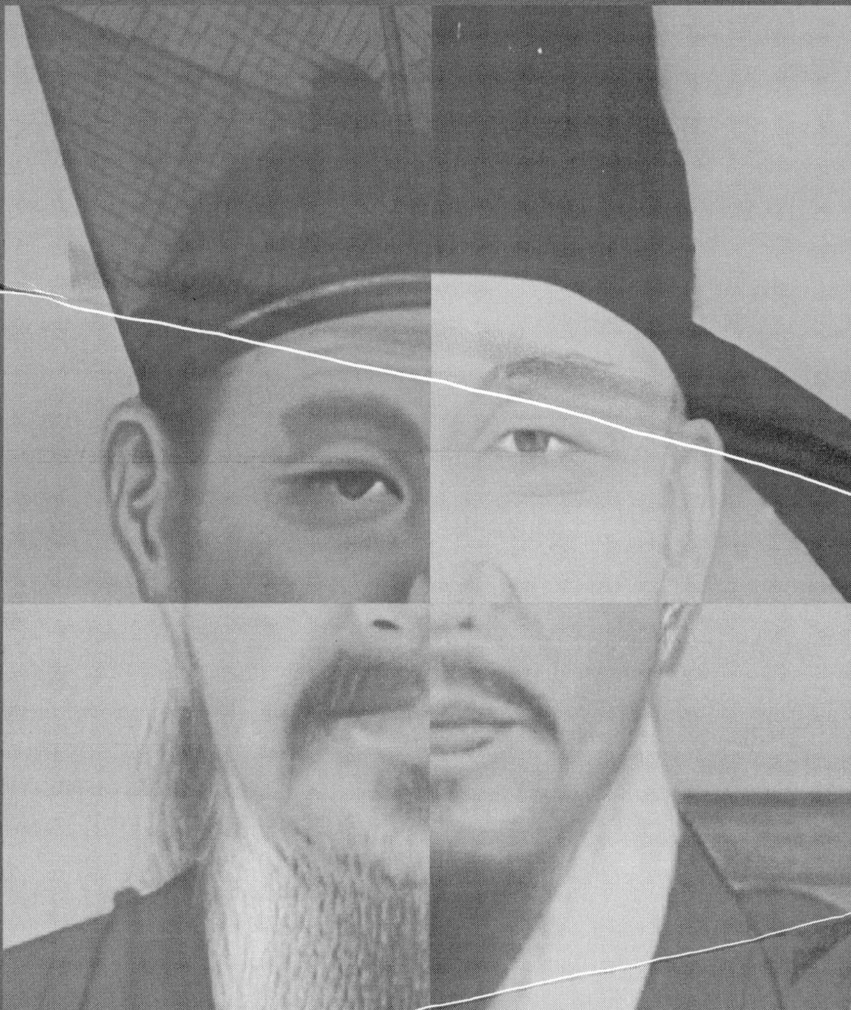

교사 교육을 위한

역사 인물 프로젝트

송인주 지음

양성원

머리말

수년 전 필자의 학문 여정을 이끌어준 어느 선생님이 학교생활의 정년을 앞두고 출간한 저서에 "날은 저무는데 갈 길이 아득히 먼 것을 바라보며, 연기가 짙어지다 불씨가 꺼질 것을 염려한다"라는 오래된 글을 인용하면서 자신의 심경을 드러낸 적이 있었다*. 지금은 은퇴하셨지만 당시 퇴직을 눈앞에 둔 선생님의 깊은 속마음을 공감하는 순간부터 얼마 남지 않은 나의 연구 시간을 어떻게 마무리해야 하는가를 곰곰이 떠올리게 되었다. 그동안 몸담았던 학계를 떠나면서도 마지막까지 필자에게 공명(共鳴)을 불러일으켜준 선생님의 가르침을 되새겨본다.

삶의 여러 국면을 거치는 동안 어떻게 살 것인가? 하는 문제 앞에서 머뭇거리며 적지 않은 시행착오를 거듭했다. 지금 되돌아보면 제대로 알지도 못하는 그래서 소화되지 않은 지식과 정보였지만 별다른 비판 없이 순응한 자세의 결과였다. 마음 한구석에서 솟아오르는 공허감과 두려움을 반복하며 이런저런 모색을 해보았지만, 조바심만 커져갔다.

학부시절을 잠시 뒤로하고 일반인들에게 널리 알려진 판문점 공동경비구역 JSA(Joint Security Area)에 배속되어 시작한 병영생활은 지난 삶을 회고하게 만들었다. '군'이라는 특수한 타율적 무장집단 속에서 겪어야만 했던 다양한 체험

---

* 최치원, 「신라 가야산해인사 결계량기(新羅迦耶山海印寺結界場記」 『최문창후전집(崔文昌候全集』; 이문기, 『신라하대 정치와 사회 연구』 학연문화사, 2015.

은 본격적으로 인간의 속성에 대해 관심을 갖게 만든 결정적 단초가 되었다. 하지만 이때 포착한 문제의식은 학교로 돌아온 이후 역사학이라는 학문의 준엄성과 권위에 눌려 서서히 희미해지고 말았다. 그러나 역사라는 거대 담론의 안팎을 두리번거리면서도 여전히 부딪힌 것은 우리가 배우는 역사지식의 근본적인 목적이 무엇인지, 무엇을 위한 역사인지, 누구를 위한 역사인지 하는 점이었다.

이러한 의문은 대구교육대학교에 온 후 교육이라는 화두와 직결된 '자아의 정체', '존재의 성장과 변화', '실존성' 등의 낯선 개념을 알아 가는 동안 조금씩 해소되었다. 그리고 이때 교육이 실존적 삶을 겨냥한 의도적인 활동이라면 학습자의 성장이 어떤 방향으로 이루어져야 하는가? 하는 점과 짝하여 교육내용의 가치를 개발·결정하는 문제 또한 미래의 지형도를 위해 중요하다는 것을 절감하였다. 이 같은 생각은 특히 아동기에 형성되는 사고방식과 학습내용이 삶에서 절대적인 영향을 미친다는 교육학 전반의 논의를 통해 확인한 것 예컨대 맹목적 학습과 관습적 사고에 순응하며 산다는 것이 얼마나 위험한지를 자각한 데 따른 결과이다.

개인적인 성향에 따라 다르겠지만 필자의 경우 유년 시절 마땅히 겪어야할 문제가 발생했을 때, 정면으로 맞서기보다는 주변을 맴돌거나 서둘러 문제 밖으로 빠져나오려고 했던 생각과 태도 역시 앞서 지적한 점과 무관하지 않다. 이러한 문제의식은 후일 역사교육을 바라보는 관점은 물론이고 연구 주제의 전환을 가져온 실마리가 되었다. 그래서 '나'라는 자아의 일상적 경험에 근거한 실존적 물음과 의미를 찾아가는 것은 지속적인 자기 성찰과 사색의 과정이라는 점을 이해하기 시작했다. 아울러 낡은 생각을 쇄신하면서 자신을 확대시켜

가려는 의지 또한 필요하다는 것을 재인식하였다. 이것은 역사라는 타자를 삶의 주체화 구현을 위한 관계 맺기의 대상으로 바라본 전환점이 되었다.

다행히 종래 필자가 배운 역사공부는 이러한 점에서 적지 않은 단서와 시사점을 제공해주었다. 그리하여 성취해야할 교육목적과 그에 토대한 교육적 가치의 힘이 무엇인가? 하는 시선을 견지하면서 역사적 인물과 어울려 나눈 이야기 속으로 점차 진입할 수 있었다. 그래서 역사학습이야말로 공공재인 교육활동을 통해 아동들의 '나의 나됨'이라는 실존성 형성의 토양을 결정짓는 길잡이 역할을 한다는 확신을 하게 되었다.

역사를 왜곡하는 것은 잘못된 현실 인식의 결과이다. 역사에 대한 이해 수준은 현실 인식의 수준과도 일치한다. 그릇된 역사관은 언제나 현실을 훼손·변질시키고 호도하도록 만든다. 오늘날의 입장에서 보면 이런 것이 우리가 나아가려는 길을 방해하는 걸림돌인 셈이다. 흔히 동시대를 살아가면서 시대와 역사에 대한 고뇌 없이도 시대정신을 파악할 수 있다고 생각하는 것은 세상을 너무 가볍게 사는 사람들의 자기 오만이다. 그리고 치열한 자기반성과 성찰에서 벗어난 질주는 교만으로 빠져들기 쉽다.

역사적 인물들을 통해 드러나듯 사회변화를 갈망한 열정이 높은 만큼 실패했을 때, 부딪치는 충격과 환멸은 크지만 반대로 좌절하지 않는다면 자신의 한계 혹은 경계를 확장시키는 경험을 하도록 한다. 이런 점에서 갈등과 혼란의 시대에 개혁과 혁신을 추구하며 미래를 견지한 역사적 인물들의 삶은 많은 것을 시사해준다. 왜냐하면 그들은 자신들의 시대를 살아가면서 안주하려거나 빛바랜 현실과 학문에 얽매이지 않고 모순과 부조리에 정면으로 맞서 싸웠기 때문이다.

뿐만 아니라 그 과정에서 발생하는 절망과 피로감은 그들로 하여금 본래 추구했던 궤도를 이탈하게 한다. 특히 개혁하려는 강한 문제의식과 저항 정신은 그 속성상 중단 없는 개혁을 요구한다. 개혁은 흐르는 물을 거슬러 올라가는 것과 같아서 중도에 멈추면 물살에 휩쓸려 버리고 만다. 역사를 둘러볼 때, 고통이 동반되지 않는 개혁의 성취는 결코 찾아볼 수 없다. 이것은 마치 역사학에서 혁명과 개혁에 따른 전환기의 역사를 '도전과 대응'의 관계를 통해 접근하는 것과 동일한 원리이다. 그래서 역사적 인물을 둘러싼 시대적 배경과 함께 그들의 내면세계를 살펴보는 것은 해당 인물의 정체성은 물론이고 오늘날 우리의 자화상을 저울질하는 중요한 기준이 된다.

역사는 떠돌아다니는 시선이다. 이 말은 어떠한 역사적 대상과 인물도 올바른 관점이 전제되지 않으면 제대로 파악할 수 없다는 것이다. 왜냐하면 시각이 뒷받침되지 않는 학습은 대개 경험한 대상에 관한 피상적 인상이나, 희미한 기억 혹은 순간 지나쳐 버리는 느낌으로 끝나기 때문이다. 이런 점을 두루 고려할 때, 본서는 예비 교사와 학생들이 역사적 인물과의 만남을 매개로 역사가 그들에게 내재된 다중적 정체성을 견인하도록 지원하는 문화적 도구라 생각된다.

본서는 그동안 저자가 발표했던 역사 인물 프로젝트에 관한 글들을 모아 분류·정리하여 수록한 것이다. 그리고 책의 출판에 즈음하여 역사 인물 프로젝트 서설(序說)이라는 주제를 새로이 작성하는 한편 종래 게재된 한편의 논고를 논지가 변하지 않는 한도 내에서 수정하여 첨부하였다. 왜냐하면 적지 않은 시간이 지났지만 그때 지적한 교육적 문제들이 해결되지 않은 채 '길 없는 길' 위에 놓여있기 때문이다. 그런데 막상 작업을 시작하고 보니 곳곳에 껄끄러운 문장이 눈에 띄어 그냥 지나칠 수가 없었다. 그래서 장별로 논지를 벗어나지 않는 범위 내에서 첨삭을 하였다. 또한 학술지의 글들은 외견상 논문의 형태를 가졌지만 학회마다의 서로 다른 체제와 각주 및 서술 양식을 따르다 보니 중복적이거나 일률적이지 못해 통일성이 미흡하다는 점을 밝혀둔다.

보잘것없는 이 책의 출판을 앞두고 최근 가까운 은사들과 선배들이 정년으로 학교를 떠나는 모습을 보면서 여러 가지 감회가 떠오른다. 2007년 『고려시대 친위군 연구』의 머리말에서 언급한 것처럼 필자를 '治學之方'의 길로 이끌어 주면서 고고한 학자로서의 정신과 자세를 보여주신 장동익 · 이문기 선생님의 가르침은 이 시점까지도 잊지 못할 것 같다. 또한 추억 어린 경북대학교 사범대학의 면학시절 동안 각별한 애정과 격려를 아끼지 않았던 남인국 · 우인수 선생님에게도 깊은 감사의 말씀을 드린다. 이들 선생님들이 지금은 모두 현역에서 물러났지만 이후에도 건강한 삶이 오래도록 지속되기를 빈다.

그리고 물을 쏟아도 새지 않을 정도의 믿음으로 필자의 곁을 지켜준 아내 김미성과 두 딸 민경이와 문경이에게도 이 자리를 빌려 고마움을 전하고자 한다. 그밖에 상업성이 거의 없을 이 책의 출간을 흔쾌히 응낙한 도서출판 양성원의 강철원 사장님과 아담한 책자로 만들어준 편집부 여러분들에게 진심으로 고맙다는 인사를 드린다. "미네르바의 부엉이는 황혼이 내린 이후에 비로소 날개짓 한다"는 어느 철학자의 말을 떠올려보면서 앞으로의 여정 또한 어둠과 침묵을 뚫고 새로운 길을 찾아가겠다는 다짐을 해본다.

2025년 3월 상록교육관에서

송인주

역사 인물 프로젝트 서설(序說)

현재 한국사회는 외견상의 경제성장에도 아랑곳하지 않고 해방 직후 빚어진 정치사회적 모순이 봇물처럼 터져 나와 반목과 대립 형국을 되풀이하고 있다. 물론 이러한 분열은 우리 내면에 뿌리내리고 있는 왜곡된 신념과 편향적 정치 이념의 깃발 아래에 드러나는 사회적 · 정치적 · 경제적 갈등을 방증한다. 더욱이 종래 교육을 바라보는 인식과 사고에서 획기적인 담론을 제시하며 양식(良識)을 지닌 깨어있는 시민 교육의 중요성을 거듭 강조한 노암 촘스키와 교육의 유일한 목적이 합리적 사고에 있다는 점을 지적한 존 듀이 등을 통해서 보면 오늘날의 교육 생태계가 당면한 문제의 심각성을 알 수 있다. 예컨대 미국을 비롯한 유럽의 몇몇 선진국에서 일어나고 있는 인종차별과 교만 · 편견 그리고 종교적 편협성 때문에 빚어진 폭력과 전쟁, 개인과 집단의 탐욕과 분노 등은 사회 전체가 마치 편향적 사고의 도가니 속으로 젖어든 인상을 지울 수 없다. 한국사회 또한 예외적이지 않다. 문제의 실체는 단순한 사고방식과 고정 관념 혹은 합리적 관점에 따른 논리성 결여라는 이른바 올바른 사고력의 상실 그 자체인 셈이다.[1)]

해방 이후 산업화에 따른 경제 성장의 결과로 국민소득은 물론이고 학력이 높아졌는데도 불구하고 현 단계 한국사회에서 학생들과 시민들이 체감하는 행

1) '피상적 사고가 우리 시대의 비극이다'라고 한 지적은 이 점을 잘 보여준다(리처드 포스터 지음, 권달천 · 황을호 옮김, 『영적 훈련과 성장』 생명의 말씀사, 2009). 본문의 여러 서술에서도 확인된다.

복지수는 점점 낮아지고 있다. 이러한 원인은 자본주의라는 시장경제의 활성화로 말미암아 우리 안에 있는 세속적 욕망이 종전보다 더욱 증폭한 데서 비롯되었다고 생각한다.[2)] 이 와중에 각 급 학교와 대학에서 욕망을 제어하는 삶의 기술을 제대로 습득하지 못한 학생들이 경쟁을 부추기는 사회로 진입하고 있다. 물론 그들이 대학에서 배워 획득한 전문적 지식과 기술은 취업을 하는 데 일정한 도움을 주었지만 사회라는 가파른 경쟁의 파고(波高)와 터널 속에서 직면하는 고난과 역경 그리고 욕망을 절제하는 데는 무기력하기만 하다.

최근 이러한 사회적 전도 현상에 따라 드러난 위기를 의식한 여러 대학교에서 경쟁적으로 교양교육에 관심을 기울이고 있지만 그 성과는 아직 회의적이다. 왜냐하면 과학과 기술 수준은 선진국의 모습을 갖추고 있지만 졸업 이후 학생들이 보여준 사고방식(비판적 사고, 구성주의적 사고)과 시민의식은 제대로 작동되지 못함으로써 다가오는 사회를 살아가는데 요구되는 미래교육 역량 구축에서 벗어나 있음이 확인되기 때문이다. 예컨대 학교교육에서 창의력과 문제해결력, 의사소통과 같은 전인적이고 고차적인 사고와 능력을 되풀이하여 강조함에도 불구하고 현재의 교실수업은 이를 효과적으로 담보해내지 못한 데서

---

2) 20세기 최고의 신학자인 Karl Barth(1886-1968)의 신학에서 회자된 '대물적 세계'라는 개념을 비롯하여(칼 바르트 지음, 조홍남 옮김, 『로마서강해』 I · II, 한들, 1997) 동시대의 인물 Karl Polanyi(1886-1964)가 그의 저서에서 자본주의 태동기 시장경제의 활성화에 따른 비인간성을 고발하며 이를 '사탄의 맷돌'이라고 빗대어 말한 점에 비추어 볼 때(칼 폴라니 저자, 박현수 번역, 『거대한 변환』 민음사, 1991), 오늘날까지도 그 여진은 여전히 진행 중이다.
최근 인간의 물질에 대한 욕망이 영토 확대라는 제국의 야망과 뒤얽혀 식민지화를 초래했다고 한 지적(사이토 다카시 지음, 홍성민 옮김, 『세계사를 움직이는 다섯 가지 힘』 뜨인돌, 2009)이나, 그 과정에서 내재할 수밖에 없는 삶의 문제를 언급한 점도 매우 인상적이다. "자본주의 경제는 생존을 절대화한다. 그래서 생물학적 생존의 과정으로 환원된 삶은 사회가 원자화되고 사회성이 마모되어감에 따라 벌거벗은 생명이 될 수밖에 없다"(한병철 지음, 김태환 옮김, 『피로사회』 ㈜문학과지성사, 2012).

읽을 수 있다.

그 결과 '나'라는 자아의 주체적 사고에 따른 실존적 삶의 자세보다는 고정관념과 편향된 생각 그리고 특정 생활방식에 빠져 합리적 사고의 전환을 적극적으로 모색하지 못하고 있다. 학습방식의 임계점은 자신만의 개인적인 경험에 대한 깊은 사색을 통해 배울 때 작동한다고 본다. 즉 방만한 지식과 정보를 습득하고 산출하는 것이 아니라, 개인의 체험 속에 이미 함축되어 있는 의미들을 전유하며 해석할 때, 비로소 관성적 사고에서 벗어날 수 있다.[3] 그러나 도구적으로 전락한 교육현실과 짝하여 인터넷과 AI로 상징되는 정보화의 가속도로 말미암아 '나'라는 자아와 '너'라는 타자 그리고 '우리'라는 집단적 자아의 정체성과 관계를 변질시키고 있다. 엄밀한 의미에서 보면 개인과 세계를 이해하는데 필요한 자아인지에 의한 성찰과 비판능력을 상실함으로써 사고를 내 몸에 맞는 양질의 단백질로 바꾸지 못한 결과인 셈이다.[4]

이러한 추세가 반복되는 시점에서 가장 필요한 것은 무엇보다 학습자 스스로의 정확한 현실인식에 토대해서 자신들에게 가장 필요한 것이 무엇이며 어떠한 자세와 역량을 갖추어야 하는가? 하는 점을 재인식하며 문제 상황을 적극적으로 해결하고 돌파하는 이른바 교육역량 강화를 위한 학습이 뒷받침되어야 한다고 생각한다. 따라서 앞서 지적했듯이 날이 갈수록 점점 예측 불가능한 변화의 양상을 보이고, 불확실하며, 복잡해지는 한편 특정 사건을 둘러싼 판단의

---

3) 이근호, 「질적 연구 방법론으로서의 현상학－독특성과 보편성 사이의 변증법적 탐구 양식」 『교육인류학연구』 10(2), 2007.

4) 세계 최고의 자살률, 서민 경제의 붕괴, 대학 졸업생의 절반 이상이 취업 문제로 단단한 현실의 장벽에 내몰리면서 젊은이들 사이에서 냉소와 절망감이 팽배해지고 있는 현상도 당연하다고 본다.

기준이 모호해지는 미래사회의 새로운 상황과 맥락에서 유연하게 문제를 해결할 수 있는 교육적 접근이 필요하다고 하겠다. 이상 언급한 교육적 지적은 무엇보다 학생들이 삶의 다양한 맥락 속에서 자신들을 관리하는 한편 다중적인 역량을 키워야 한다는 생각 때문이다. 물론 이때의 교육적 역량의 본질은 각 학과 수업에서 얻을 수 있는 파편화된 단편적 지식이 아니라, 실제 생활 속에서 직면하는 문제에 적용할 수 있는 총체적인 능력을 의미한다.

경쟁이 치열한 사회 속에서는 스스로를 실패자라고 생각하는 경우도 적지 않다. 그리고 경쟁을 뚫고 사회로 진입한 이후에도 그동안 쌓인 걱정과 불안, 역경으로 인하여 정신과 마음에 커다란 상처를 얻어 다양한 정신적·심리적 외상 증후군을 호소하는 현상이 빈번히 발생하고 있음이 확인된다. 미래학의 개척자이며 선두주자인 앨빈 토플러와 더불어 미래학의 양대 산맥으로 불리는 미국의 미래학자 John Naisbitt는 미래라는 것은 무엇인가? 하는 질문에 대해 "미래는 교육이며 교육은 준비하는 것이다"라고 하면서 그 준비는 현재부터 시작되어야 한다고 하였다. 결국 미래는 현재의 학교교육을 성찰하고 여기서 확인된 문제점들을 변화시키는데 달려 있다.

삶은 본질적으로 문제와 고통의 끊임없는 반복이다.[5] 사회구조와 환경의 빠른 변화로 인해 학생들이 삶 속에서 만나는 다양한 형태의 물리적·심리적 불안과 갈등은 진정한 선택의 자유라는 문제를 직시하고 의지를 발휘하기에 앞서 그들의 존재성을 형성해주는 요소들에 대해 간과한 결과라고 생각한다. 그래서 다음과 같은 점에 유념할 필요가 있다. 첫째, 일반적으로 문제 상황이 다가오면 문제의 정체와 그 무게에 따라 절망, 두려움, 염려, 좌절, 분노 등의 다

5) 일연, 『삼국유사』 권4, 의해(義解) 제5, 사생고해(死生苦兮). 원효가 했던 말을 인용한 것이다.

양한 감정을 느끼게 된다. 삶의 고비에서 학생들의 행로를 결정짓는 것은 이러한 현상을 정확하게 읽어내고 어떻게 대응하는가에 달려 있다.

둘째, 신자유주의라는 시장경제가 도래하면서 사회 전반을 지배하는 시기에 학교라는 교육공간은 도구주의적 수단으로 전락하고 말았다. 그 때문에 학생들이 세상을 비판적으로 읽어내고 현상 뒤에 감추어진 관련 동기를 파악해주는 비판적 사고의 발전을 가로막고 있다. 예컨대 교사와 학생들이 정치사회적 구조를 분석해서 그들이 직면한 현실을 냉철하게 파악해야만 하는 수업시간이 거의 제공되지 않고 있는 셈이다.

그래서 결과적으로 사회화를 위한 문화행위로서의 교육은 각 영역에서 생산되는 기존지식을 전달하는 상황에 머물고 있다. 제대로 된 현실과 앞으로의 과제를 올바르게 이해하기 위해서는 무엇보다 '나'라는 자아와 '너'라는 타자 그리고 '우리'라는 집단적 관계는 물론이고 삶 그 자체를 순수한 생물학적 과정으로 파악하는 시각에서 역사적인 총체적 과정으로 생각하는 혁신적인 인식이 필요하다. 즉 사고를 작동하는 지식을 '지식이나 정보의 빨랫줄'이 아니라, 지식과 정보 조각들의 관련성까지 포착해 낼 수 있는 생각의 전환이 요청되는 이유가 여기에 있다.[6)]

셋째, 학교가 공공재인 교육을 통해 민주주의라는 지평을 확대하고 비판적인 시민을 성장하도록 학생들을 준비시키는 터전으로써 기능하려면 다음과 같은 점들도 주목할 필요가 있다. 곧 더 이상 교사와 학생들로 하여금 지식과 정보를 통해 형성되는 지적 역량을 행동적 차원으로 국한시켜 가시적인 역할수행에 필요한 것을 요구할 것이 아니라, 미래사회를 겨냥하여 요청되는 시민적 역

6) 강주헌 역, 촘스키, 『누가 무엇으로 세상을 지배하는가』 시대의창, 2002.

할이나 개인의 삶에서 겪을 수 있는 문제해결에 초점을 맞추어야 하는 것은 자명해 보인다. 그래서 불확실성과 가치관이 혼재된 시기, 교사와 학생 양자의 감성과 사고의 유연성을 길러주는 계획적이며 체계적인 교수 과정과 절차를 통해 자신들의 언어로 이야기를 표출하도록 유도해야 한다. 왜냐하면 적어도 교사 자신의 삶의 목적과 의미가 실현되는 장소(교실)는 한편으로 학생들의 삶의 목적과 의미가 어우러져 만나는 공간이기 때문이다.

그런데 진화생물학적 시각에서 보면 생각하며 산다는 것은 그 자체가 어렵고도 복잡한 하나의 과정이다. 그래서 삶에서 부딪치는 각양각색의 문제의 배경과 그 행방을 제대로 포착하려면 주변 상황의 추이를 직시하면서 스스로의 생각을 모니터링하고 조정하는 지난한 작업은 필수불가결하다고 하겠다. 교육학에서 거론되는 학습 능력은 사고 능력에 달려 있고 사고 능력은 학습 능력에 의존한다는 명제는 이 점을 명백히 보여준다.

넷째, 아동기 자아의 사고방식과 자세를 형성하는 요인은 부모를 제외하면 전적으로 학습을 통해 만들어지는 의존성이다. 어린 시절 어떤 것에 의존하는 시기는 아동들의 사고방식을 형성하고 향후의 학습태도를 결정짓는다. 이처럼 의존성과 비례하여 아동기에 형성·발달한 사고방식은 쉽게 변화하지 않는다. 더욱이 아동기의 학습이 수동성을 띠고 있는 것을 감안하면 초등학교 단계의 학습은 미래의 아동의 실질적인 생존과 성장에 필요한 지식 습득을 통해 그들이 독립적인 생각과 자세를 갖추도록 해야만 한다.

이러한 시각에서 볼 때, 근래 초등학교 5학년 역사에서 아동들이 어떤 역사에 흥미를 보이는가, 그 특징은 무엇일까? 하는 점에 착안하여 질문지 조사와 심층면담을 실시하는 한편 그 분석된 결과에 근거해 이례적인 견해를 제시한 연구는 눈길을 끈다.[7] 예컨대 갈등구조의 내러티브에서 나타난 인간의 본성, 역경과 고난을 극복한 인물의 위대성, 자신의 정체성 등 초등학교 5학년 아동들이 관심을 보인 몇몇 요소들의 지적을 감안할 때, 그에 해당하는 역사적 인물을 선택한 후 이를 매개로 초등학생들의 다층적 정체성을 발견하고 이를 미래교육을 위한 삶의 역량으로 이슈화하는 것은 필요하다고 본다.

삶은 만남과 그 선택의 과정에 따라 행로가 결정된다. 즉 만남은 삶을 바꾸는 매개 변수이다. 그래서 '나'라는 자아가 만나는, 만나려는 대상에 대한 폭넓은 이해가 고려되어야만 한다. 왜냐하면 내가 만나는 대상은 현재라는 시제 가운데 존재하지만 그에게는 내가 알 수 없는 과거라는 시제가 묻어 있기 때문이다. 결국 삶은 누구와 어떻게 만나서 관계를 맺는가에 따라 달라진다. 역사를 배우는 학생들도 역사적 인물을 왜 어떻게 접촉하는가에 따라 삶에 대한 선택과 가치관이 형성된다. 사실 인간은 어렵고 힘든 경험을 겪으면서 주어진 운명을 깨달을 때 성숙해진다. 중요한 것은 자신의 운명을 어떻게 바라보고 대처하느냐이다. 성숙한 인간은 운명의 굴레 가운데에서 사명을 발견한다. 그는 비극적 세계관에 매몰되지도 않고, 묵묵히 자신의 처지를 껴안은 채 새로운 길을 나선다.

대표적인 사례로 본서에 게재된 역사적 인물들의 삶 또한 그랬다. 본서에 언급되겠지만 특히 정도전은 관직박탈과 사회적 고립이라는 유배 기간 적지 않은 충격과 방황을 겪으면서 죽음을 불사한 사생관을 다지는 한편 현실적 타협과 안주의 자세를 청산하였다.[8] 그는 이상과 현실이 교차하는 유배지에서 고

7) 강선주, 「5학년 역사 내용 구성 방향」 『역사교육』 117, 2011.

8) 『삼봉집』 권4, 제문(祭文), 「곡반남선생문(哭潘南先生文)」, 「사이매문(謝魑魅文)」.

뇌와 갈등을 겪으면서도 자신의 실존적 고민을 멈추지 않고 자의식을 새롭게 재정립해갔다. 그 결과 정도전은 부당한 운명을 체험할 수밖에 없는 사회구조 속에서 또 다른 삶의 여정을 위한 행보를 걸어갔다.

모든 인간이 부딪치는 고통은 의미를 포함하고 있다. 그 가운데 사회적 존재인 인간에게 있어 외면당한다는 것이야말로 자신을 비참하게 만드는 요소라고 본다. 그런데 권문세가들에 의해 부당하게 배척당한 정도전에게 유배와 방랑이라는 가혹한 경험이야말로 자신의 고국인 고려사회의 실상을 직시하는 한편 새로운 지표를 확신하는 시작점이자 종결점이라고 본다. 왜냐하면 삶의 나락에서 만난 낯선 경험을 통해 자신의 과거 지층에 묻힌 사람들의 목소리에 귀를 기울여 대화를 나누며 사명을 확신하는 전환점을 마련했기 때문이다. 이처럼 정도전에게 있어 운명이란 낯설고 고통스러운 순간과 관계되는 것이었지만 회한에 젖어 자신만의 울타리를 치기보다는 길 없는 길을 찾아낸 지적 여정으로 작용하였다. 고난과 역경을 통해 배운다는 말은 바로 이것을 가리킨다고 하겠다.

필자는 몇 년 동안 이러한 문제의식을 토대로 초등 『사회』 교과서에 수록된 몇몇 역사적 인물을 선정한 후 그들이 보인 생각과 현실인식대응의 양상을 추적하는 역사 인물 프로젝트를 기획 · 실행하였다. 연구의 출발 단계에서 학생들이 선호하는 역사적 인물을 스스로 선택한 이후 지도안 작성에 필요한 단계별 요건과 절차를 구성하도록 하였다. 이러한 포괄적 접근은 물론 교수 · 학습 과정에서 학습자의 관심과 흥미를 주목해야 한다는 교육학적 논의에 따른 것이었다. 그런데 발표가 진행되면서 필자의 눈길을 끄는 점은 대부분의 학생들이 보여준 관심과 호기심의 이면에는 개인적인 성향(단순한 호기심, 지적 관심, 대중 매체와 통사적 지식을 통해 반복해서 듣고 배운 수동적 인지)이 작용한다는 점이었다. (역사)교육의 관점에서 볼 때, 아쉬웠던 것은 역사적 인물이 지닌 교육적 가치의 내재성과 그에 입각한 학습 활동의 의미에 관해서는 거의 벗어나 있었다는 사실이다.

그래서 필자는 이 문제의 배경을 다각적으로 검토하는 한편 그에 관한 해결을 강구(講究)하였다. 곧 『초등』 사회 교과서 역사영역에 수록된 역사적 인물을 선정한 다음(정도전, 세종, 이순신, 광해군, 정조, 정약용) 학생들로 하여금 그들이 시대 상황(시대적 문제의식)을 바라보는 시선과 그 연장선상에서 보여주는 생각의 행방과 자세, 자신을 스스로 인지하며 관리하는 자아 능력, (주변)인물을 읽어내고 발탁하는 통찰력, 백성을 생각하는 시선과 마음, 대립과 반목 상황에서 드러나는 생각과 본성, 합리적 사고의 뿌리인 감정이 힘든 고통에 직면하여 어떠한 양상으로 표출되고 있는지? 하는 점을 대상으로 몇 가지 가이드라인을 제시하였다.

이 같은 시각 하에 본서에서 거론되는 역사적 인물들의 특성을 연계분석에 따라 개관하면 다음과 같다.

첫째, 자신이 직면한 시대의 문제와 원인을 정확히 꿰뚫고 있었던 점, 둘째, 자신의 능력과 한계를 인지하는 이른바 관찰자로서의 자아를 인식하고 있는 점, 셋째, 타자와의 소통과 공감을 펼치면서 자신의 입장이 아니라 타자의 눈으로 세상을 바라본 점, 넷째, 공적 역할에 필요한 인물을 읽어내고 편견 없이 선발하는 안목, 다섯째, 전무후무한 고난과 역경 앞에서 좌절 · 포기하지 않고 이를 받아들이는 한편 자신들이 서 있는 자리를 굳건히 지키면서 삶의 행보를 걸어간 점, 여섯째, 고립과 외면이라는 감당하기 힘든 현실(사회적 관계 단절에 따른 생명력의 훼손)에 직면하면서도 이성적 사고의 근간인 감정의 늪에 빠져 들지 않았던 점을 꼽을 수 있다.

역사적 인물의 삶을 대상으로 한 이러한 가이드라인은 해당 인물의 말 · 생각 · 감정 · 의지 · 행위 등의 복합적 요인들이 어우러져 나타난 행적의 이면에 관해서 접근할 때, 그 교육적 가치를 확인할 수 있다. 그런 점에서 역사적 인물의 삶은 곧 자세이다. 이러한 지적은 본서에서 주목한 인물들의 행동 양식에도 확인된다. 앞서 지적한 점에 유념해 보면, 6명의 역사적 인물은 시대와 공간은 달랐지만 시류(時流)나 외압에 편승하여 좌고우면(左顧右面)하지 않았다. 그들은 자발적 선택으로(때론 본인의 뜻과 상관없이)맞이한 현실 앞에서 한 번도 가보지 못한 이례적 고행과 역경의 가시밭길을 받아들였다.

그리하여 한순간의 관계 단절에 따른 통념적 · 이성적 사고의 혼란과 갈등을 비롯한 정서적 · 심리적 감정의 동요(외면당해야만 했고 또한 외면해야만 한다는 것에 대한 낯선 두려움, 걱정, 불안, 절제, 인내, 자기 한계 인지와 그에 의한 좌절과 절망감)라는 극한적 방황의 그늘을 통과하는 과정에서 비로소 자신들이 지향해야 하는 길의 방향을 결정하는 한편 대상(바라보아야 하는 것과 도전해야 할 과제)에 대한 깊은 이해를 통해 보다 진전된 자아 정체성을 조정 · 강화할 수 있었다.[9] 이런 태도야말로 기왕의 관성화된 것에서 벗어나 낯선 것과의 만남을 자기 안으로 받아들이며 포용하는 이른바 지평의 융합 과정이라

9) 계곡이 깊으면 산은 높고 빼어나다. 비교적 순조로운 관직 생활을 한 정도전과 정약용이 한순간 추락한 것을 실패라고 본다면, 그것은 자신들의 삶이 어디에서부터 잘못되었는지를 알려주는 중요한 계기가 되었다고 하겠다. 요컨대 그들은 실패를 통해서 고통의 피해자라는 인식에서 탈피하여 고난을 감내하는 주체로 성장하였다. 그 결과 이들은 종전에 비해 자신들을 더욱 뚜렷이 인식하면서 삶의 좌표를 그려낼 수 있었던 셈이다.

고 본다.

필자는 삶은 길을 찾는 과정이며 선택한 길 위에서 삶을 모색 · 조정하면서 걸어가는 여정이라고 생각한다. 그런데 낯선 길이라는 낯선 광야에서 고난을 만났을 때, 대부분의 인간은 자신을 깊이 성찰한다.[10] 그래서 그동안의 삶에서 불필요한 것들을 벗겨내고 반드시 바라보고 붙들어야 하는 것에 전념하게 된다. 고난과 고통이라는 경험은 그것을 반복해서 되풀이하며 몰락하는 것과 이를 자양분으로 삼아 삶을 약진시키는 것, 두 갈래 선택이 있을 뿐이다. 이것은 마치 바다 속에 서식하는 조개의 몸속으로 모래알이 들어왔을 때, 그것에 반응하는 원리와 비슷하다. 즉 몸 안으로 스며든 모래알을 간과한 조개와는 다르게 적극적으로 모래알을 포용하면서 반응한 조개의 경우 그 결과는 달라진다.

이때 눈여겨 볼 점은 '나'라는 자아가 앞으로 나아갈 때, 힘이 드는 이유는 인생의 오르막길을 올라가는 반면 힘이 들지 않는 것은 내리막길을 간다는 것이다. 이런 점에서 역경의 순간 찾아온 상황의 정체를 간과하며 자신을 성찰하지 않고 되묻지 않는 삶 가운데 존재성은 결코 드러나지 못한다는 것은 역사적 인물들의 삶이 방증한다. 그리고 언제나 이 같은 실존성 확보에 따르는 선택과 판단의 이면에는 송곳니가 감추어져 있지만, 역사적 인물들의 경우 자신을 둘러싼 불의한 시대의 결박과 더불어 백성들의 삶의 멍에를 끊어내는 것을 판단의 기준으로 삼고 있었다.

이처럼 시대와 연관한 이상적 삶으로서 자아실현은 현재의 자아 '실현' 보다

---

10) 삶에서 직면하는 고통마저도 감사하며 수용하는 통찰력을 지닌 인물을 '성품 리더'라고 한다(조지 베일런트, 이덕남 역, 『행복의 조건』 프런티어, 2010). 이 책에서 저자는 행복한 삶에 이르는 7가지 비결을 제시하는데 그 첫째가 삶의 고통에 적응하는 자세를 배우는 것이라고 하였다.

는 현재를 만든 과거 자아의 '소멸'이라고 생각한다. 그래서 기계론적 자세에 적극 대응하는 삶의 주체로서 '나'라는 자아, '너'라는 타자, '우리'라는 집단에 깊숙이 뿌리내린 역사 · 사회 · 문화적 지식들의 토양과 맥락에 접근할 필요가 요청된다. 왜냐하면 진정한 인간(성) 형성과정의 목적이며 수단인 성찰하는 삶은 이상적인 삶의 한 본질적 속성이기 때문이다. 이런 맥락에서 오늘날 모순과 독점자본으로 얼룩진 탐욕 자본주의를 비롯하여 일방적으로 경도된 시각과 문제제기에 따른 논리로 무장하여 걸핏하면 상대를 몰아가는 특정 집단의 동향, 그리고 신빙성 없는 근거에도 불구하고 허울 좋은 궤변과 가짜논리로 정론을 억누르는 이른바 괴담이 판을 치는 부끄러운 우리시대의 현실(인간성 상실)은 직시할 필요성이 매우 크다. 공존의 시대 한 가운데 역사적 인물들이 삶 속에서 보여준 냉엄한 성찰과 자세를 어떠한 눈으로 바라보고 그 의미를 읽어내며 평가할 것인가? 라는 문제는 결국 과거라는 집합적 기억(Collective Memory)에 근거하여 현재는 물론 앞날을 각성시키는 중요한 과제인 셈이다.

게다가 이 점은 역사적 인물들이 했던 말의 흔적을 통해서도 재확인된다. 역사적으로 볼 때, 말은 우리가 사는 세상을 과거부터 현재까지 흔들며 지배하고 있다[11]. 이야기하는 종(種)으로서 인간의 말은 그 자신의 현실을 보여주는데 필요한 언어적 수단으로써 관계를 형성하는 매개이며 인물의 생각을 파악하는 잣대이다.[12] 따라서 가려서 해야 하는 말의 기준을 알아볼 필요가 있다. 이 가운데 본서에서는 조선 후기의 성리학자 윤휴(1617-1680)의 언설(言說)에 대해

11) '말의 힘이 세상을 지배하는 시대이다'라고 한 저서도 참고 된다(이기주, 『말의 품격』 황소북스, 2017). 이첨(李詹 1345~1405) 눌헌명(訥軒銘)에 "질병은 입으로 들어오고 재앙은 입으로부터 나온다"는 기록 또한 눈길을 끈다.

12) 『논어』 제20편, 요왈(堯曰).

살펴보고자 한다. 그는 (하지 말아야 하는 말로) "나를 과시하는 말, 남을 헐뜯는 말, 진실이 아닌 말, 바르지 못한 말" 네 가지를 꼽았다…(그리고 그는) "이 말을 외운 지 오래되었지만 항상 부끄러운 점이 있어서 이 설(說)을 써서 스스로 유념하려고 하였다"라고 생각을 밝혔다.[13)]

이러한 견해에 비추어 본다면, 역사적 인물들이 했던 말은 눈길을 끈다. 몇몇 대표적인 사례를 제시하면 다음과 같다.

자료1. "먹는 것(食)은 백성의 하늘이고 농사는 정치의 근본이다"이라고 말 한 점(『세종실록』 권78, 세종 19년 7월 23일).

자료2. "종묘사직의 위엄과 영험으로 겨우 조그마한 공로를 세웠는데 임금의 총애를 입은 영광이 분에 넘친다. 장수의 직책을 띤 몸으로 티끌만한 공로도 바치지 못했으니 무사로서 부끄러울 따름이다"라고 하며 이순신이 스스로를 낮추며 한 말"(『난중일기』 1595년 7월 1일).

자료3. "백성이 배고프면 나도 배고프고 백성이 배부르면 나도 배부르다"고 한 정조(『홍재전서』 권166, 일득록 6, 정사1).

자료4. "(수원 화성 공사 중) "하물며 축성은 일마다 마땅히 백성들의 마음을 기쁘게 하고 넓은 마음으로 백성들이 그 힘을 쓰게 해야 한다. 하나라도 백성을 병(病)들게 하면 비록 공사가 짧은 기일에 이루어지는 효과가 있더라도 그것은 나의 본래 뜻이 아니다" 고 한 말(『정조실록』 권40, 정조 18년 7월 6일, 신묘).

---

13) 윤휴, 『백호전서』 권26, 잡저(雜著), 언설(言說) 중에서. 한편 맹자는 「…공손추(라는 인물이) 자신에게 말을 이해한다는 것은 무엇입니까? 물었을 때, "편벽되이 기운 말에는 음폐된 것이 있음을 알고, 음란스러운 말에는 함정이 있음을 알고, 간사한 말에는 이간함이 있음을 알고, 회피하려는 말에는 궁색함이 있음을 안다. 말은 마음에서 나와서 정사(政)를 해치고, 정사에서 나와서 모든 일을 해치느니라. 성인이 다시 나셔도 반드시 내 말을 인정하실 것이다"」 라고 하였다(『맹자』 2장, 공손추 上). 말의 배후에 도사린 의미가 무엇인지를 시사해준다.

자료5. "목민관이 백성을 위해 존재하는가, 백성이 목민관을 위해 있는가?"라는 물음을 던지며 목민관의 역할을 통해 백성들의 아픔을 공감한 정약용.[14)]

동아시아사상 황제관념은 신비적 존재인 황(皇)과 신성을 보유하여 숭배의 대상이었던 제(帝)를 결합시켜 만들어낸 것인데 후일 신격화되어 경외의 대상으로 받아들여졌다.[15)] 백성의 하늘인 황제를 천자라고 한 것은 진시황(秦始皇)의 시대를 거치면서 보다 지배적인 관념이 되었다. 그러나 세종대왕은 그렇게 인식하지 않았다(자료1). 그리고 무장으로서 자신의 군공에 따른 공명심을 멀리하고 군신 사이에 맺어진 역학 관계의 정석이 무엇인가를 보여주면서 스스로를 낮춘 이순신(자료2), 백성들이 보여주는 삶의 실상과 연계하여 자신의 심정을 나타낸 정조(자료3,4)와 정약용(자료5)은 그들의 직위에 부여된 소명의식과 책임감에 근거해서 무엇을 말해야 하는지를 알고 있었다.

참고로 여기서 한 걸음 더 나아가 그들이 했던 단편적이며 산발적인 말의 진상을 연대기적 전후 맥락과 연계한 물음 즉 화자(話者)의 당시 심적 상태는 어떠한지, 어떤 특정한 배경과 이유에서 말을 했는지? 하는 점에 착안하여 관련 자료를 추가한 후 이를 분석 · 추론한다면, 그 의미를 더욱 부각함으로써 또 하나의 역사 이야기(서사)를 기술할 수 있다고 본다.[16)] 왜냐하면 글로 표현한 말

---

14) 다음의 저서에 구체적으로 확인된다(박혜숙, 『다산의 마음』 돌베개, 2008).

15) 황제 칭호 제정의 기원은 오랜 시기를 거슬러 올라가 갑골문(甲骨文)이나 금문(金文)에서부터 사용되었다(鄭夏賢, 「皇帝支配體制의 成立과 展開」 『講座 中國史 I』 지식산업사, 1989, pp.207~208).

16) 인물의 심적 현상을 파악하기 위해 바깥 세계와의 인과적 연관이 요청되는 것은 의미론의 본성이다(김명석, 「사유의 조건으로서 사랑의 원리」 경북대학교 문학석사학위논문, 1998,

의 명시적 의미를 인식하는 데서 벗어나 그에 내포된 유의미한 그리고 잠재적인 뜻까지도 파악할 수 있다고 생각하기 때문이다. 이것은 말이 비록 화자의 경험을 과학적으로 검증·확증할 수 없는 약점은 있지만 생각과 감정을 밖으로 드러내는 몸짓 수단인 바 그 실체적 의미를 구체화하려면 무엇보다 역사적 인물의 마음 상태나 행위를 발화(發話)의 배경과 연관 시켜야 한다는 저자의 생각에 따른 것이다.

한편 이상 논급한 것들은 역사교육뿐만 아니라, 앞으로의 민주시민(성)교육에서도 요구된다. 현재 우리가 알고 있는 합리적인 의사결정능력은 "사회과교육의 근본 목표인 동시에 민주사회가 지향하는 목적이며 시민에게 요청되는 필수적 자질이다"라는 포괄적인 형태로 제시되어 있을 뿐이다. 그러나 '합리적 의사결정능력'이라는 개념을 제대로 부각하려면 다음 지적에 주목할 필요성이 있다. 합리적 의사결정능력의 성공은 합리적 의사소통능력의 성공이며 합리적 의사소통능력의 성공은 합리적 의사결정능력의 성공이라는 점이다.[17]

합리적 의사소통에 관해서는 여러 논의가 필요하겠지만 여기서 필자는 다양성과 포용성에 토대한 소통과 공감능력에 대한 연구 성과를 간학문적으로 수용·활용해야 한다는 점을 지적하고자 한다.[18] 그리고 그에 입각하여 참과 거

---

p.55) 이런 지적은 모든 역사적 인물들에게 어김없이 적용된다. 특히 본문의 자료3·4·5는 이 점을 잘 보여준다. 정조와 정약용은 19세기 후반 정파간의 정치적 갈등과 외래문화의 충격, 전면적인 사회변화를 초래한 격변의 시대 속에서 외롭게 몸부림치다 사라졌는데, 그들이 남긴 말(어록)의 배경은 이러한 외부적 요인들의 영향에 따른 결과였다.

17) 종전 2011년 11월 10~11일 조선일보는 두 차례에 걸친 헤드라인 기사에서 한국을 '괴담의 나라'·'괴담에 휘둘리는 사회…놀랍고 걱정 된다'라는 보도를 하였다. 그로부터 10년 이상의 세월이 지났지만 현재까지도 가짜 뉴스와 불분명한 논거에 따른 괴담이 확대 재생산되고 있다는 점에서 여전히 우리사회는 참과 거짓을 구분하고 해석적 사고를 하는데 극히 취약하다고 하겠다. 양질의 시민의식을 방해하는 걸림돌인 셈이다.

짓의 출처를 따지는 한편 그것을 분별하는 주관과 객관의 대조를 통해서 해석해내는 교육활동이 요청된다. 나아가 이것이 지향하는 메타 목적으로서 공동선(Common Good)이라는 개념을 도출하여 그 논리적 뼈대를 정립해가는 것이 요구된다. 이 같은 점들을 모두 총괄할 때, 비로소 의사소통능력의 성공은 해석능력의 성공이고 해석능력의 성공은 의사소통능력의 성공이라는 하나의 명제가 성립할 수 있다고 본다. 요컨대 합리적 의사소통능력 양성에 적합한 배경과 세부적인 요건을 구축하는 것이야말로 올바른 사고 행위의 절대적 조건인 것이다.[19] 더욱이 이때, 우리의 뇌는 이미 박제화 · 통념화 · 타성화되어 버린 지식과 정보에는 별반 흥미 · 관심을 갖지 않는다는 점, 기억 또한 새로운 지식과 정보를 통해 촉발시키는 감정의 영향을 많이 받는다는 것도 감안할 필요가 있다.

특히 이러한 견해는 근래 자주 논의된 포스트모더니즘이 종래의 전체성 · 집단성의 사회질서 보다는 철저히 자아라는 개인 중심의 느낌과 생각에 몰두하는 삶의 퍼포먼스를 강조한다는 데서도 찾을 수 있다. 즉 포스트모더니즘은 객관적 기준과 가치보다는 개인의 주관적 기준과 판단의 가치를 부추기고 있다. 그러나 앞서 역사적 인물들에 대한 여러 갈래의 조명을 통해 볼 때, 그들이 '나'라는 자아 중심의 개인적 욕망에 따른 소유하는 삶에 눈길을 돌리지 않고 자신들이 서 있는 자리를 지키며 타자를 겨냥한 삶의 여정을 끝까지 견지했음을 알 수 있다.

18) 리처드 플로리다 지음, 이원호 외 옮김, 『도시와 창조 계급』 푸른길, 2008. 이종일, 『정치적 올바름 논쟁과 시민성』 교육과학사, 2019.

19) 김명석, 앞의 논문, p.78.

이것이야말로 사랑의 요체라고 생각한다. 필자가 역사적 인물들의 면면(面面)을 통해서 파악한 이른바 사랑하며 산다는 것은 '죽음보다 강하고 무덤처럼 비극적인 것'이라 생각한다. 존재를 존재답게 하는 잠재적 · 가시적 힘인 사랑이라는 것은 생명의 원천인 셈인데, 몇몇 역사 인물은 사회로부터 고립 · 외면당할 수밖에 없던 현실 가운데서 만난 타자라는 대상을 깊이 알아가는 동안 그들로부터 사랑하는 방식을 배웠다고 생각한다. 그런 점에서 역사적 인물들은 사랑의 원리를 알았고 그 사랑을 펼쳐나가는 힘을 지닌 '개념 있는 인물'로 생각된다. 모든 악은 육신의 자기보존적 경향성에서 나온다.[20] 곧 육적(肉的) 자아는 자신의 보존이나 그 욕망 실현에 연계된 삶의 초점과 방향을 따르는 반면 역사적 인물들은 사랑하는 타자와 더불어 공존할 수 있는 삶의 길을 살았다.

이상 언급한 점에 포착한 후 다양한 시각과 연동시켜 체계적인 자료나 교수지식을 기저에 깔고 학습자가 처한 여러 상황과 입장의 동질성을 다각도로 고려함으로써 그들로 하여금 엄격한 기준에 따른 관찰과 탐구를 통해 참과 거짓을 구분하며 해석하는 다원적 교육활동이 모색되어야만 한다. 왜냐하면 역사인물 프로젝트라는 주제가 근본적으로 지향하는 교육적 기대 효과 이른바 아동들이 앞으로 자신들의 삶을 굳건하게 살아내게 하려면 무엇보다 학습 주체와 대상과의 관계를 중층적으로 탐색하는 과정에서 양자 사이의 동질적 느낌과 감정, 심리적 정서에 따른 다층적 정체성의 확인이 필요하기 때문이다.

---

20) 인간이 악에 빠지는 원인을 정약용은 육신의 탐욕, 나쁜 생활태도와 습관, 외부로부터의 유혹 등 세 가지로 지적한다. 그리고 이것들 때문에 양심을 벗어나 큰 악에 이른다고 보았다(『맹자요의(孟子要義)』, 2권: 25. 한형조, 『주희에서 정약용으로-조선 유학의 철학적 패러다임 연구-』 세계사, 1996, p.218).

필자의 희미한 기억 가운데 오래전 '음미하지 않는 인생은 가치가 없다'고 한 소크라테스의 말이 문득 떠올랐다. 물론 그 계기는 자신의 진정한 욕구의 정체를 자각하는 순간부터라고 본다. 앞서 언급했듯이 그 과정에서 온 고통과 실패는 성찰과 비판에 커다란 자극제가 될 것이다. 많은 사람들이 삶의 기술(技術)에서 실패하는 이유는 자신들을 향해 다가오는 갖은 양상의 물음과 그 선택의 갈림길 앞에서도 이를 외면하고 간과한 데 따른 결과라고 생각된다. 이는 정도전, 정조, 정약용 등 몇몇 역사적 인물들의 경우 역설적으로 누구보다 당대의 정치·사회적 불합리성과 모순을 깊이 자각하며 반응했던 점에서 읽혀진다. 따라서 학습자들로 하여금 삶의 길에서 성숙한 힘을 발휘한다는 것이 어떤 것인지를 배우도록 이끌어내야 하는 교육활동의 가치와 정당성은 자명해 보인다.

이러한 접근은 본질적으로 (역사)교육이야말로 '타자'와의 관계 맺기를 전제로 한 '나'라는 실존적 자아를 찾는 유일한 방식인 동시에 민주시민의 자질 향상에도 필요하다는 판단에 따른 것이다.[21] 그리고 이 같은 견해는 이제까지 역

---

21) 이런 점에서 2012년 출판된 다음의 저서는 매우 주목된다(한병철 지음, 김태환 옮김, 『피로사회』 ㈜문학과 지성사). 왜냐하면 저자는 "시대마다 그 시대에 고유한 질병이 있다"라는 첫머리 글을 시작하면서 현대사회는 성과 사회의 주체가 가해자인 동시에 피해자라는 테제를 통해 그 배경과 현상 그리고 의미를 다양한 논리방식에 의해 조명하고 있는데 특히 피로와 폭력이라는 개념의 상관관계를 논의하면서 피로사회=폭력사회라는 최종적 도식을 이끌어낸 바 있다. 먼저 학문이라는 길 또한 선학들이 이루어 놓은 길을 따라가는 과정에서 거두는 하나의 작은 결실에 지나지 않는다는 점을 지적하며 필자는 두 가지 이야기를 덧붙이고자 한다. 즉 피로와 폭력이라는 개념의 한문학적 의미이다. 전자는 노동이 진행되면서 피곤함이 수반한다는 의미인데 그 원인은 다름 아닌 영혼의 결핍에 의한 결과라고 생각된다. 그리고 후자인 폭력의 의미에 해당하는 용례로는 '난폭하다, 사납다, 거칠다, (돌변해서)습격하다, 억누르다, 헤매게 하다, 성급하다, 갑자기 일어서다, 쇠약해지다, 마르다 등의 제법 많은 것이 있다(諸橋轍次, 『大漢和辭典』, 주식회사, 大修館書店, 1956).
따라서 이상의 지적한 뜻을 두루 묶어서 볼 때, 폭력이라는 개념은 힘(상대적 관계 예컨대 부모와 자녀, 지배자와 피지배자, 고용주와 고용인을 비롯하여 자본이나 지식 등의 매개 수

사교과라는 분야에서 제시하는 통사적 지식(공적 지식)을 학생들이 무비판적으로 받아들이는 것이 아니라, 이를 학생들 각자의 생각과 경험 그리고 배경지식들 사이의 창의적 연관성과 계열화를 통해 자기 의미적 재구성과 해석을 하도록 유도하는 데에 있다. 주지하듯이 한 개인의 인지와 성찰에 근거한 자아의 객관화는 또 다른 자신의 거울에 해당하는 역사적 인물의 '타자화'를 통해 자리매김 된다. 결국 교육이라는 것이 학생들로 하여금 가치 있는 교수내용을 모색하고 이를 자신의 것으로 내면화시키는 활동과정이라고 본다면 그들이 삶속에서 겪는 제반 문제를 역사적 인물의 자세와 연동하여 해법을 찾아가게 만드는 학습은 미래 역량 구축의 교두보 역할을 위해 반드시 요청된다는 점을 언급하며 긴 이야기의 마침표를 찍는다.

단)에 토대하여 자신은 물론 대상을 향해 행하는 폭력의 양상 모두를 가리킨다고 본다. 이렇게 피로와 폭력이라는 개념의 의미를 수용한다면, 현 단계 우리사회에서 발생하는 정치 · 사회적 병리 현상 예컨대 가짜 뉴스와 진짜 뉴스의 충돌에 의한 혼란과 무질서, 출처와 논리적 정당성을 결여하고 편벽되이 일방적인 주장만을 거듭하는 현상에 이르기까지 학교를 비롯하여 도처에서 발생하고 있는 폭력의 뿌리와 배경을 포착하는데 많은 시사점을 제공해준다. 그래서 필자는 폭력의 정체가 '나'라는 자아와 '너'라는 타자, 그리고 '우리'라는 공동체의 관계와 그 기반을 흔들면서 사회구성원들을 사납고 거칠게 억누르면서 쇠약하고 성급하게 만드는 늪(빨리 빨리도 여기에 해당된다)으로 몰아가게 하는 것이라 생각한다. 덧붙여 한병철이 제시한 '피로사회=폭력사회'라는 도식에 저자는 그에 짝하여 '화풀이 사회=미래를 교살하는 사회'라는 방정식을 추가하고자 한다. 결국 되풀이되는 갖은 폭력의 악순환이야말로 화풀이 사회를 만들어내고 있다는 점은 지금 우리 시대의 자화상에 비추어 볼 때, 자명한 사실로써 확인된다. 이것이 바로 앞의 각주에 서술했듯이 역사적 인물이라는 죽은 자들과의 만남을 통해 산 자가 배우고 마음에 새겨야 만하는 이유인 것이다. 이러한 맥락에서 본서는 미래사회의 중심적 역량의 하나인 인성교육의 지평을 겨냥한 도상계획이라고 생각한다.

차 례

Chapter

06 예비 초등 교사들의 역사 인물 프로젝트 구성의 문제점과 과제

부록1 초등 5학년 역사 인물 프로젝트: 정도전

부록2 초등 5학년 학생들의 역사 인물 프로젝트: 정조

01 Chapter

한국 역사교육연구에 대한 비판적 성찰

Chapter 01

한국 역사교육연구에 대한 비판적 성찰

요약: 본 연구는 '역사를 위한 역사', '역사가를 위한 역사'가 아니라, 역사를 전공한 역사가로서 그리고 교육대학교에서 '역사교육을 담당하는 역사교육자'로서의 복합적 경험에 의거하여 기왕의 한국 역사교육연구에 관한 비판적 성찰을 하려는 데 있다. 그리고 그 연장선상에서 역사교육연구의 방향을 모색한 것이다. 연구자로서 현 단계 우리나라 역사교육연구 전반을 회고할 때 가장 문제가 되는 것은 무엇보다 정확한 현실인식에 입각하여 역사교육을 바라보려고 하는 교육철학의 빈곤이라고 생각된다. 따라서 역사교육에 대한 메타담론을 뿌리로 교육과정의 정체성을 확보하는 한편 그 토대위에서 역사교육과정과 역사교육연구의 이론과 좌표를 설정해야 한다고 본다. 미래를 겨냥한 한국 역사교육연구의 유용성은 교육철학과 교육과정 그리고 역사교육과정과의 유기적이며 정합적인 연계 고리를 통해 그 정당성과 타당성의 준거가 마련될 때 비로소 구축될 수 있을 것이다.

I 비판적 성찰의 배경

본 연구는 진전된 역사교육연구의 초점과 방향 모색을 위해 필자가 지금까지 역사와 역사교육, 그리고 역사교육연구를 배우고 가르치면서 보고 듣고 경험하며 느낀 점을 에세이 형식으로 정리한 것이다. 그래서 논지의 전개과정에서 각주가 반드시 필요하다고 판단되지 않으면 제시하지 않을 것이다. 필자가 이런 입장을 견지하는 가장 큰 이유는 이 글의 초점이 '역사를 위한 역사', '역사가를 위한 역사'가 아니라, 역사를 전공한 역사가로서 그리고 교육대학교에서 역사교육을 지도하며 역사교육을 연구하는 역사교육자로서의 복합적 경험에 의거하여 기왕의 한국 역사교육연구를 비판적으로 성찰하려는 데 있기 때문이다. 그리고 그 연장선상에서 역사교육연구의 방향을 모색해 보려고 한다.[1)]

널리 알려져 있듯이 세계화라는 유령은 세계 곳곳을 장악한 채 개인은 물론이고 국가의 정체성을 흔들어대고 있다(미셸 초스도프스키, 이대훈 역, 1998). 그 결과 인간의 정신과 사고는 날이 갈수록 설자리를 잃고 '자본(돈)'이 그 자리를 대체하고 있다. 후속세대로 하여금 역사를 통하여 현재의 시대를 읽어내는 능력을 배양해야 할 사명을 지닌 역사교육연구 또한 제 역할을 수행하지 못

1) 이러한 배경에는 '역사를 매개로 한 역사학과 역사교육의 관계와 교육적 위치를 탐색하려는 의도가 내포되어 있다. 최근 현대 한국 역사학의 성과를 진단하고 그에 입각하여 역사교육의 방향을 논의한 학술대회가 개최되었다(현대 한국 역사학의 성과와 역사교육의 방향, 공주대 역사교육과 창립 50주년 기념 연합학술대회, 2012). 한국사, 동양사, 서양사로 영역을 나누고 해당 분과마다 각 시대별로 축적된 연구 성과에 의거하여 역사교육의 방향을 둘러싼 논의를 전개하고 있지만 여전히 그동안 되풀이 해온 역사적 사실과 그 논리의 타당성 여부에 치중하고 있을 뿐, 교육적 맥락 혹은 교육철학적 관점과 담론에 입각하여 어떻게 역사지식을 교육현장에 적용하여 풀어낼 것인가? 그리고 무엇을 기대할 것인가? 하는 문제에 관해서는 인식전환을 하지 못하고 있다. 게다가 이 점은 가장 최근에 열린 학술대회에서도 어김없이 재생산되었다(역사교육과정의 이론과 적용: 역사교육과정 개발 방향의 이론적 접근, 2014년도 4개 학회 연합학술대회, 역사교육연구회 주관).

하고 세계화라는 장벽에 갇혀 제자리를 찾지 못하고 있는 형국이다. 그리하여 시대적 추이의 반향과 무관하게 역사교실수업에서는 여전히 역사를 배우는 학생들도, 역사를 가르치는 교사들도 역사를 왜 배우고 가르치는지, 무엇을 어떻게 배우고 가르쳐야 하는지, 무엇을 기대해야 하는지에 대한 감각과 방향을 찾지 못하고 있다.

마르크스는 루이보나파르트가 노동자들이 피를 흘려가며 쟁취한 헌법을 단숨에 무력화시키는 사태를 역사적으로 조망하며 다음과 같은 말을 남겼다.

> "모든 죽은 세대의 전통은 악몽과도 같이 살아 있는 세대의 머리를 짓누르고 있다" [2)]

이 말은 '죽은 자들이 남긴 과거라는 유산과 전통' 가운데 다가올 미래 사회의 성장과 변화와 연계하여 반드시 계승해야 하는 것, 거부해야 하는 것, 만들어 가야 하는 것을 변별한 이후 이를 제대로 직시하지 못한다면 죽은 자들에 의해 산 자들의 현재적 삶이 황폐화된다는 의미로 파악할 수 있다고 본다.[3)] 현실에 대한 비판에서 마르크스가 보여준 역사적 혜안은 역사교육을 고민하는 우리에게도 적지 않은 시사점을 준다고 본다. 이런 맥락에서 역사(학)이 시민사회에 그 입지를 마련하려면 역사학의 학문적 존재 이유를 사회 권력의 주체인 민중들에게 납득시켜야 한다고 한 지적은 눈길을 끈다(임지현, 2007).

현재의 역사교육연구에 대한 이러한 비판의 기저에는 필자 자신의 교육적 성장에서 경험한 편린(片鱗)이 배여 있다. 필자는 학교교육의 전 과정을 거치

2) 카를 마르크스, 최형익 옮김, 『루이 보나파르트의 브뤼메르 18일』 비르투출판사, 2012, 11쪽에서 재인용.

3) 2024년 노벨문학상 수상자로 선정된 작가 한강이 자신의 글은 과거가 현재를 도울 수 있는가?, 죽은 자가 산 자를 구할 수 있는가? 하는 질문을 따라 써내려갔다는 언급을 한 바 있는데, 이는 '역사를 망각하면 미래가 없다'는 역사학의 명제를 매우 실감있게 부각한 것으로 본다. 또한 역사의 세계에서 여러 겹의 지층으로 둘러싸인 인간의 삶을 바라보는 실존적인 문제의식과 자세의 정곡을 찌른 것으로 주목된다.

면서 때때로 말할 수 없는 불쾌한 일들을 겪었지만 그래도 교육은 우리에게 살아가는 힘과 방향을 부여해주며 우리의 자존감과 역량을 높여준다는 사실을 믿었다. 그러나 그 믿음은 학습자의 입장이 아니라, 교육대학교의 교수가 된 직후부터 변질되기 시작했다. 그것은 주로 교실수업의 현장에서 벌어지는 충격적인 장면들에서 비롯된 것이었다. 주관적인 생각이겠지만 학생들에게는 배우려는 열의가 별로 없어 보였고 필자를 포함한 교수들에게는 혼신을 다해 가르치려는 생각도, 자세도 없는 듯 보였다. 더욱이 최근에 우리가 지켜보고 있는 치열한 교사 임용경쟁은 교사를 양성하는 교육대학교의 위상에 중대한 변화를 가져온 것으로 보인다. 지금의 교육대학교는 표면적으로는 진리를 탐구하는 지성인/민주시민을 길러내기 위해 준비하는 교육목표를 지향하고 있지만, 그 안을 좀 더 자세히 들여다보면 오로지 임용을 겨냥하여 학생들을 이끌어가는 기관차와 같았다.

더욱이 근래 대학원 과정에서 내가 만난 일선 교사들의 모습도 학부의 모습과 크게 다르지 않았다. 교육의 심장부 역할을 해야 하는 교사에 대한 필자의 기대는 '관찰자로서의 자아'를 자임하며 교육의 본령이라 할 수 있는 끊임없는 자기반성의 주도자였다. 그런데 학교교육의 질과 성공여부는 교과 전문가로서 개별 교사가 지닌 교과교육 능력에 의해 결정된다는 점에 비추어 보면 현실에서 내가 대면한 교사들은 거의 수업형태나 방법론에 매달리는 기술자에 가까웠다. 그래서 대학원 수업은 어느 순간부터 내가 기피하며 싫어하는 시간이 되어가고 있었다. 이처럼 교사들에게 필요한 '관찰자로서의 자아'가 성숙하지 못했다는 것은 한마디로 교사들의 '자기 관찰 능력'이 빈곤하다는 점을 의미한다. 교사와 학생의 전인적 교섭과정이 교육이라면 교사의 '자기 관찰 능력'은 아무리 강조해도 지나치지 않다고 본다. 교사상에 대한 이러한 지적은 현재 우리 사회에서 아동들이 하고 있는 학습이 숙제와 시험, 시험점수 그리고 가족이나 사회의 기대치 등과 같은 외부적인 강요에 의한 수동적이라는 점에서 시사점이 크다고 하겠다.

이런 상황이 발생하는 이유는 여러 가지가 있겠지만 필자는 교과를 바라보는 교사들의 의식이 제한적이라는 점과 자신들의 직업의 정체성에 관한 자각이 선명하게 자리를 잡지 못한 점이 주된 요인이라고 본다. 그래서 필자는 대학원 강의 때 마다 학습의 주체 중의 하나로서 교사의 권리와 의무를 주장하며 그들 스스로가 시종일관 독립적으로 사고하는 자아가 되어야 한다는 점을 강조하였다. 하지만 적지 않은 기간 동안 그들의 몸에 배여 있는 수동성과 싸우는 일은 쉬운 일이 아니었다. 대학이라는 교육 현장과 강의실은 외견상 희망과 가능성의 공간으로 비추어져 있지만 언제부터 나에게는 벽 없는 감옥, 활기가 사라져버린 공간으로 느껴졌다. 학부와 대학원 교육을 통해서 알게 된 교실 현장은 필자로 하여금 '빚진 자'로서 엄청난 부담을 느끼게 하는 것이었고 그것은 고통스러운 일이었다.

그런데 이러한 안타까움은 학생으로 인해서 생겨나는 것만은 아니었다. 필자를 포함한 교수들도 지금의 상황에 일조했다고 생각한다. 우리는 과연 무엇을 위해 그리고 각자가 최선을 다해서 실력을 발휘하려고 했는가? 이러한 물음은 필자로 하여금 교수나 교사들이 자신들이 지닌 지배력을 근거로 일상에 안주하거나 교육적 맥락과 무관하게 행사할 수 있는 힘을 이래저래 노출하고 있음을 절감하는 계기가 되었다. 더욱이 '전공' 이라는 이름하에 진행하는 수업내용에 치중하기 보다는 지루하고 냉랭한 수업 분위기를 어떻게 하면 해결할 수 있을까? 하는 점 또한 언제나 고민거리였다. 그리고 이러한 생각은 지금 이 순간에도 계속되고 있다.

필자의 교육적 경험에 따른 역사교육연구를 대상으로 한 비판적 성찰은 이러한 과정을 겪으면서 쌓여져 갔다. 성찰은 현재의 삶과 삶의 자리에 근거해서 과거의 역사와 삶을 짚어보는 통렬한 자기반성의 행위이다(제임스 밀러, 2012). 그런데 이러한 접근은 한 사건이나 사태가 발생한 요인들의 뿌리에 관한 물음과 이를 전체적인 도안(圖案) 속에서 검토하고 재검토하는 사고와 행동의 절차이다. 즉 역사가는 역사라는 타자를 왜 다루는지, 자신이 다루는 역사가 무엇인지, 다루는 역사를 통해 무엇을 하려고 하는지를 묻고 또 물어야 하는 것이다. 이와 마찬가지로 역사교육자는 왜 역사교육을 하는지, 자신이 다루는 역사교육이 무엇인지, 역사교육을 통해 무엇을 기대하는지에 대해 질문을 던지는 사람이어야 한다.

문제가 발생했을 때, 일시에 문제를 바로잡을 수 있는 힘이 있다면, 이런 절차는 필요하지 않을 것이다. 이런 점에서 역사교육연구를 대상으로 한 본 연구는 필자의 주관적 경험과 성찰에 준거해 쌓아올린 결과물이다. 요컨대 이제까지의 역사와 역사교육 그리고 역사교육연구라는 장르를 통해서 '나'와 '너' 그리고 '우리라는 집단'이 지닌 삶의 문제와 관계를 어떻게 생각해보아야 하는지, 무엇을 기대하며 미래를 준비해야 하는지를 비추어 보려는 자세라고 하겠다. 이러한 시도는 앞으로의 역사교육연구가 스스로의 현재적 위상과 자기 근거를 찾아가는 출발로서 자리매김 하는 데 그 의의를 찾을 수 있다고 본다.

Ⅱ 교육철학 빈곤의 역사교육연구

1. 교육철학 빈곤의 역사적 배경

역사적인 관점에서 볼 때, 현재 우리가 경험하고 있는 대자본 중심의 자본주의 체제가 초래한 문제점은 이미 근대화의 출발부터 예견된 일이었다. 교육도 예외는 아니어서 근대화의 시작부터 우리의 교육은 한국사회의 역사적 맥락과 연계된 내재적 필요에 따라 이루어지지 않았다. 오히려 한국의 교육은 세계사적 일원적 발전법칙이라는 서구 근대화의 발전단계도식에 입각하여 그 기틀을 잡았는데, 이는 '몸과 정신'을 조절 통제하려는 이른바 '나라는 주체'를 '너라는 타자의 객체'에 겨냥한 것이었다. 이 과정이 순탄할 수 없었던 것은 어렵지 않게 예상할 수 있는 데, 실제로 그 과정은 교육에 대한 다각도의 실험 형태로 나타났다. 곧 우리 역사의 밖에서 역사를 찾으려는 모색을 지속적으로 해왔던 것이다. 그 결과 외견상 풍성한 교육적 논의에도 불구하고 한국적 메타 담론의 빈곤으로 인하여 여전히 '한국적인 것' 혹은 '한국인의 정체성'에 대한 인식은 희미해져가고 있다.

한국사회가 나아갈 방향과 전환점은 언제나 과거와 현재에 뿌리를 두고 있음은 자명한 사실이다. 그래서 역사교육연구의 진정한 목적 중의 하나는 과거의 역사를 통해 우리의 앞날에 어떤 일이 기다리고 있는지를 예측하여 준비하는 것이다. 이를 위해서 우리는 과거와 현재를 대상으로 일정한 거리를 유지하는 한편 객관적인 시선을 가져야만 한다. 곧 우리의 역사가 남긴 흔적을 대상으로 한 방대한 양의 지식과 정보를 수집, 정리하는 것에 머무는 것이 아니라, 그것을 오늘날 교육적인 차원에서 어떻게 받아들이고 의미를 부여하며 조직화할 것인가? 하는 것이다. 역사교육연구의 주안점은 여기에서 찾아져야 한다. 그럼에도 정작 학교 현장에서 실시되는 역사교육은 여전히 학교 급별에 따른 질적 차이는 거의 고려되지 않고 어제도 오늘도 거의 동일한 패턴과 내용에 따라 움직이는 기계적 수업을 되풀이하고 있다.4)

4) 얼마 전 시내 초등학교에서 재직하는 초등교사로부터 독도교육 강화의 일환으로 교실에서 독도교육에 대한 초등학생들의 포스터 전시회를 열었는데, 이때 어느 학생이 '독도를 폭파하라'는 제목의 작품을 제출하였다는 사실을 들었다. 이 이야기를 전해 듣는 순간 필자는 그 초등학생의 입장에서 얼마나 독도라는 주제가 그에게 피로를 주었으면 이렇게까지 반응을 했을까? 하는 점을 생각해볼 수 있었다.

이런 맥락에서 필자는 한국의 역사교육연구 전반에서 발견되는 문제점을 '교육철학 빈곤의 역사교육연구'라고 본다. 한국사에 국한시켜 보면 한국사교육에는 한국사교육에 대한 교육철학적 인식이 빈약하다고 할 수 있다. 해방 이후 이제까지 기왕의 선학들에 의해 역사(특히 한국사)는 물론이고 역사교육연구에 대해서는 열거할 수 없을 정도로 많은 접근이 이루어져왔다. 준비되지 않은 상태에서 맞이한 해방, 그리고 한국전쟁과 그 연장선상에서 되풀이되는 몇 차례의 사회적 격변기를 감안할 때, 사실 앞선 연구들은 황무지나 다름없었던 한국 역사교육연구사상의 선도적인 길잡이 역할을 했다고 볼 수 있다. 이런 점에서 선행 연구들이 지닌 성과는 아무리 강조해도 지나치지 않는다.

그러나 근대역사학이 도입되면서 사회 그리고 국사 교과서에 서술된 한국의 역사가 어떻게 기술되었는지 이른바 역사서술의 시대적 배경과 상황을 고려할 때, 필자는 지금의 역사교육(한국사) 및 역사교육연구가 바람직한 방향으로 가고 있다고 말하기는 어렵다고 생각한다. 그래서 우리는 무엇을 주목해서 읽어해야 하는가? 하는 점이 대두된다.

2. 역사교육연구가 풀어야 할 향후 과제

필자는 선학들이 이루어놓은 성과들을 이어받으면서도 교육철학 빈곤의 역사교육연구를 넘어서기 위해서는 반드시 다음의 몇몇 문제점들에 대하여 유의할 필요가 있다고 생각한다. 이 같은 언급은 교육철학이라는 시각과 담론과의 계기적인 관계선상에서 현재의 한국 역사교육연구가 풀어나가야 할 제반 현실을 바르게 이해해야만 한다는 필자의 문제의식을 드러내는 것이다. 덧붙여 연구의 정당성은 자기 성찰적 질문에 근거하여 연구자 자신은 물론이고 연구자를 둘러싼 외적 동향을 빠저리게 읽어내는 한편 이를 연구로 치환시키려는 실존적 의지에서 비롯된다는 점도 지적하고자 한다.

첫째, 역사교육연구는 연구의 근거를 학교현실에서 찾아야 한다. 학생들의 비행과 자살이 확산일로에 있고 교사들 또한 강한 압박감과 자괴감으로 고통을 겪는 등 현재 학교교육은 몸살을 앓고 있다. 인간은 경험을 통해 인식을 갖추어간다. 학생들이 교육과정을 통해서 자신의 삶에 유의미한 경험을 만들어가는 활동이 바로 교육이다. 그런데 현재 학교 현장에서는 이러한 활동들이 거의 자취를 감추고 있다. 양질의 교육은 해당 아동의 지금까지의 경험 세계에 발을 딛고서야 가능하고 아동이 당면한 학습문제와 능동적 씨름을 할 때만이 가능하며 이런 자기 경험에 발을 딛고 이루어지는 능동적 경험이 후속 경험에 도움이 되는 방향으로 이루어질 때 가능하다고 한 논자의 견해는 그래서 주목된다(조용기, 2005).

이 같은 교육적 경험의 빈곤은 학교라는 사회의 존립기반을 시시각각 위협할 수 있다. 특히 필자가 만난 대부분의 초·중등교사들은 여타 과목과 마찬가지로 학생들에게 역사교육을 왜 하는지, 무엇을 가르치는지, 가르치는 목적이 무엇인지에 대한 갈등과 회의감을 보여주었다.[5] 예컨대 신음하는 아이들과 교사들의 모습은[6] 21세기 초반을 살아가는 우리가 목도하고 있는 학교를 가장 적절하게 표현해주고 있다.

---

5) 그래서 종래 John Dewey의 교육에 대한 주된 관심사가 아동으로 하여금 자신의 목적과 의미를 살아내도록 하는 것임에도 불구하고 그의 교육 철학적 접근이 교사의 경험과 내러티브로 전환한 것은 교실이라는 만남의 공간이야말로 교사와 아동의 삶이 어우러져 존재한다는 믿음 때문이었다고 본 견해는 주목된다(박세원·김윤미, 「초등학교 교사의 교사됨의 의미 형성 경험에 관한 질적 연구」 『교육과정연구』 28(1), 2010, 235쪽)

6) 2012년 연세대학교 사회발전연구소에서 실시한 조사를 보면 한국 어린이와 청소년들의 행복지수는 경제협력개발기구 23개 국가 중 최하위로 나타나 있다. 게다가 한국청소년정책연구원의 2006년 설문조사에서 "행복한가"라는 질문에 "매우 그렇다"고 답한 고교생의 비율은 13.7%였다. 그런데 2011년 이 비율은 11.7%로 떨어졌다. 우리 사회를 물려받을 청소년들 절대다수가 불행하다는 점을 보여주는 지표로써 과연 이런 사회에 미래가 있을까? (강인규, 『망가뜨린 것 모른척한 것 바꿔야 할 것』 오마이북, 2012, 13쪽)라는 심각한 고민을 기성세대들에게 던져준다고 하겠다.

둘째, 역사교육연구는 역사학이 제공해주는 학문적 유용성과 정체성의 토대에서 이루어져야 한다. 역사는 현재의 토대 위에서 과거를 진단함으로써 미래라는 시대를 지향하며 변화를 추구하는 학문이다. 그러나 종래와는 다르게 외견상 민주화가 이루어진 이후부터 역사학을 비롯한 대부분의 인문학이 설 땅을 잃어버렸다. 필자는 이것이 오늘날 자본과 경제를 강조하는 시대정신이 세계를 지배하면서 역사학의 현실적 힘과 가치가 무력화된데 따른 결과라고 본다. 한편 역설적으로 이러한 현상은 시대적 변화의 추이를 정확히 읽어내지 못한 공교육이 자신들이 장악하고 있는 (역사)교육과정이라는 프레임을 통하여 적확한 밑그림을 그려내지 못함으로써 역사가 제공하는 유용성과 정체성을 거의 상실해버렸다고도 볼 수 있다. 예컨대 그럼에도 여전히 역사교과서는 민족 혹은 민족주의라는 담론을 되풀이해서 교육하고 있다(임지현, 이성시, 2007). 이상의 지적은 죽어버린 교육과정의 정신과 그 연장선상에 놓인 역사교육과정에 대한 전면적인 인식의 전환이 전제되지 않으면 앞날을 기대할 수 없다는 점을 보여준다고 하겠다.

셋째, 역사교육연구는 역사교육과 역사학의 관계 정립에 기초해야 한다. 역사교육연구는 그 성립의 전제가 역사 혹은 역사학과 불가분의 관계를 지니고 있다. 곧 동전의 양면과도 같다. 따라서 역사교육연구가 올바른 방향과 좌표를 제시하려면 '역사와 교육'이라는 개념에 대해 사회적으로 합의된 인식이 절대적으로 필요하다. 그런데 현 단계 한국의 역사교육연구는 역사를 가르치기 위해 교육적인 원리와 방법을 활용하는 논자들과 교육목적을 실현하기 위해 역사를 매개(수단)로 접근하는 논자들로 나누어져 있다. 편의상 전자의 경우가 전통적 입장이라면 후자는 사회과교육의 입장이라고 할 수 있다. 후자가 자리를 잡아감에 따라 사회과교육의 맥락에서 민주시민성을 달성할 목적의 일환으로 역사를 다루려고 하는 입장이 탄력을 받아가고 있다. 여기서부터 혼선은 비롯된다.

사회과라는 교과목은 민주주의라는 역사적 이념을 바라보는 관념과 신념이 융합되어 자리매김하는 과정에서 출현하였다. 우리나라 사회과(교육)의 전범(典範)인 미국은 자신들이 추구하는 국가로의 진입을 위해 직면했던 이른바 다원주의적 삶과 문화의 증진 필요성에 따라 민주주의를 정착시키려는 다양한 설계와 정책을 추진하였다. 그런데 이러한 접근은 과거 미국혁명 당시의 이데올로기적 정신과 이상을 현실 속에서 실현하려는 미래지향적인 질문과 모색에 근거하고 있다.[7] 나아가 여기서 부각된 의제들을 대상으로 한 끊임없는 이론적 · 실천적 타당성의 검토 · 검증 작업을 통해 자국 내의 시민들의 단합과 조화를 견지하는 한편 미국이 '문명사회에서 갖는 힘의 우위'를 확보하려는 점도 작용했다고 본다.

그래서 민주주의라는 하나의 시스템 안에서 국가라는 모습은 무엇이고 어떠한 역할을 해야 하는가?, 사회라는 거대한 조직에서 교육이라고 하는 것은 왜, 무엇 때문에 하는지, 그리고 어떠한 정체성을 가져야 하는가? 미래의 사회와 인간상은 어떠한 형태를 지향할 것인가? 등의 메타적 담론에 의한 접근을 지속적으로 진행하였다. 그 결과 미국이라는 민주공동체가 담아내야하는 최적화된 가치를 공유하면서 사회체제 유지에 필요한 당위적 대전제와 하부 원칙들을 기획 · 설계했던 것이다.

따라서 그 과정에서 출현한 사회과는 이러한 목표를 구현하기 위한 인재에 주안점을 둔 이른바 시민(성) 양성인 셈이다. 이에 비해 한국은 해방 직후 우리 역사의 정체성과 방향을 자각하게 해 준 숱한 역사적 사건들을 겪었지만, 이를 교육이라는 공공재 내부로 녹여내지 못하고 말았다. 예컨대 이루 열거할 수 없을 정도로 많은 한국사상의 전승과 유전 가운데 어떠한 것들을 공동체의 의미 있는 기억과 유산으로 선정할 것인가? 그리고 그 선택의 합리적 기준은 무엇이며 이러한 작업을 통해 이루고자 하는 미래의 사회와 인간상은 무엇인

7) 버나드 베일린 지음, 배영수 옮김, 『미국 혁명의 이데올로기적 기원』 새물결, 1999.

지? 하는 점에 대해서는 그리 주목하지 않았다. 그런 까닭에 아직까지 전통적 가치와 새로운 가치가 병존해서 만나는 경계선상마다 무엇을 왜, 어떻게 준비하고 조정하면서 앞으로의 교육적 논지를 구체화시켜야 하는가? 하는 점은 논제로써 부각되지 않고 있다. 민주주의를 움직이는 절대적인 추동력은 깨어 있는 시민들의 양성이고 이것이 민주주의를 지탱하는 황금률이라고 본 미국과는 달리 한국 사회는 오랜 시간 고유의 역사적 내력과 집단의 체험을 반복하면서도 그에 토대한 합리적 메타 질문을 간과함으로써 미국 사회과교육을 그대로 받아들이고 말았다. 그 결과 사회과교육의 정체성과 방법론상의 회의는 지금까지도 되풀이되고 있다. 사회과교육을 바라보는 문제인식과 자세의 출발점부터 빗나가고 만 것이다.[8)]

뿐만 아니라 사회는 '나'라는 자아가 '너'라는 타자를 만나 관계를 형성한 이후 '우리'라는 집단적 자아(복수적 자아 혹은 군집적 자아들의 결사 · 공동체)로 확대 · 조직된 개념이다. 앞서 피상성이 비극이라고 언급한 것처럼 이제까지 역사교육과 사회과교육의 연구 동향과 그 연장선상에서 진행되는 교육이론과 교수 · 학습을 개관하면, 주로 사회구조적인 측면(사회변동과 변화의 배경과 동력이나 그것을 작동하는 여러 형식의 기제-민족주의, 민주주의, 자본주의-)에서 접근한 경향이 매우 크다. 그러나 사회라는 개념 성립의 근간은 '나'라는 자아의 주체에 달려있다는 점에서 문제인식의 전환이 요청된다.[9)]

필자는 한국사상 출몰한 역사적 인물을 비롯하여 세계사상에 부침을 거듭한 역사적 인물들에 이르기까지 이제껏 정확히 드러나지 않았던 그들의 생각과

8) 또한 필자의 경험에 입각해 볼 때, 역사교육과 사회과교육의 목표라고 지적하는 역사적 사고력과 합리적 의사결정능력은 그 지칭하는 의미는 같지만 서로 다른 영역의 표현방식이라는 점을 지적하고자 한다.

9) 공자 시대 노(魯)나라의 제후인 애공(哀公)이 공자에게 질문한 것에 대해 공자가 답변한 형식에 따라 기술된 『중용』 20장과 『공자가어(孔子家語)』 제17, 애공문정(哀公問政)에서도 확인된다. 여기서 지적하는 메시지는 "주체적 나의 확립이야말로 곧 나의 존재성 속에 있는 성(誠)을 실현 · 확립하는 것인데 그것이 포괄적 의미의 인(仁)이다"라는 점도 주목된다.

행동 양태에 담겨진 의미는 자아를 바라보는 관점과 정체성에 근거할 때 찾아낼 수 있다고 본다.[10] 왜냐하면 교육의 사회화를 통해 두루마리처럼 겹겹이 둘러싸인 자아는 스스로의 자발성에 의하여 만들어진 것이 아니라, 기존의 관습과 타성적 양식에 의하여 틀지어진 것이라는 점에서 어떠한 요인과 경로를 거쳐 구성되었는지를 추적하는 작업은 중요한 연구 과제라고 생각하기 때문이다. 덧붙여 역사(사회학)를 통해서 사회구조와 변천의 뼈대를 파악한다고 보면, '나'라는 자아와 '너'라는 타자에 대한 시선과 이해 방식은 그 뼈대에 살(Flesh)을 붙이는 것이라는 점도 밝혀둔다. 새로운 연구도 필요하지만 지금까지 선학들이 만든 길 위에서 논의된 인접 학문의 연구를 적극 수용하는 (서로 구분되지만 서로 분리되지 않는) 통전적(Holistic) 사고를 진행한다면 인물 이해에 보다 획기적인 서사를 도출할 수 있다고 하겠다. 이처럼 평행선을 달리는 양자의 대척적인 관계와 문제를 바라보는 시각을 극복하지 않으면 역사교육연구는 제 역할을 감당해내기 어렵게 된다.

넷째, 역사교육연구는 역사 및 역사교육이라는 개념에 대해서 정리된, 일치된, 합의된, 견해에서 출발해야 한다. 역사라는 것은 무엇인가? 왜 배우는가? 무엇을 위해서 알아야 하는가? 어떤 것을 배워야만 하는가? 라는 질문에 대한 해답의 정당성에 상응하는 메타담론이 제시되어야 하지만 정작 이에 관한 접

10) 몇몇 사례를 들어보면 조선왕조 건국 초기에 단종의 후견인 역할을 하면서 중앙과 지방의 병마권(兵馬權)을 장악한 김종서가 무뢰배(현재로 보면 깡패들이다)를 축으로 사적으로 결합한 수양대군과 맞싸워 어떻게 허무한 주검을 당했는지, 이순신이 선조와 조정 신료들의 시기와 반목에 시달리면서도 침묵하는 자세를 견지하였는지, 연산군과 정조는 생모와 생부를 잃어버리는 비극적 트라우마를 겪고도 전자는 폭군으로 후자는 성군으로 평가받는 이유는 무엇인지, 세자 시절 아버지 사도세자의 주검을 실시간 곁에서 지켜보며 맞이한 극한의 고통이나 왕위에 즉위한 직후에도 몇 차례의 암살 위협의 그림자 가운데서도 꿋꿋하게 대응하며 자기 길을 걸어간 정조의 자세는 어떻게 만들어졌는지, 정조대왕의 사후(1800) 직후 정약용이 유배형을 받고도(1801) 항변하지 않고 유배지로 내려가서 자신을 보존할 수 있었던 힘의 원천은 어디에서 비롯되는지? 하는 점 등 이루 열거할 수 없을 정도이다. 자아의 정체를 둘러싼 논제의 필요성이 재확인된다.

근은 찾아보기가 어려운 실정이다. 물론 역사라는 개념을 그 자체로 따져 정의해보자면 만만찮은 일이겠지만, 필자는 적어도 역사교육이라는 영역에서 볼 때 적어도 학생들이 반드시 알아야하는 것, 반드시 붙들어야 하는 것은 제공되어야 한다고 본다. 실제로 초등이나 중등의 사회과 혹은 역사교육과정은 어느 학년에, 그리고 또 어떤 학교 단계에서 필수적으로 배워야하는 역사 개념들이 무엇인지, 왜 배워야하는지, 이를 통해 무엇을 기대해야 하는지가 항목별로 계열화되어 제시되지 못하고 있다.

마지막으로 역사교육연구는 교육철학이라는 젖줄과 여기서 분출되는 담론에 근거한 교육과정 그리고 그 연장선상에서 만들어내는 역사교육과정 사이의 함수 관계를 통일적으로 연결하는 것을 목표로 해야 한다. 아직까지 '교육철학이란 이것이다'라고 전 세계적으로 합의되어 정립된 정의나 기준은 아직 없다. 하지만 교육이 개인의 삶 전반에 관련된 필수적인 활동임을 감안할 때, 이 활동의 기반을 이루는 것은 필연적으로 철학적일 수밖에 없다. 다시 말해 끊임없이 양산되는 교육이론을 통해 이루어지는 교육적 결정을 전체적으로 조율하는 한편 그 준거를 따지는 교육철학이야말로 개인이나 공동체의 삶 전반에 개입될 수밖에 없는 교육의 핵심이라고 하겠다.

이런 관점에서 볼 때, 기본적으로 교육철학은 출발점에 따라 차이는 있겠지만 교육이라는 대상을 철학적 방법에 의하여 탐구하는 학문 영역이라고 할 수 있다. 문제는 한국의 교육은 한국 역사상의 내재적 변모와 외래적 영향을 감안하여 교육의 씨줄과 날줄을 직조하지 않고 서구의 교육 사조나 사상가들의 관점과 이론들을 병렬적으로 정리 · 나열하는 태도를 견지하였다는 점이다. 그 결과 우리 교육 현실에서 요구되는 다양한 주제와 문제를 발전적으로 수용하지 못하고 '실험교육'을 위한 형태로 운용될 수밖에 없었다.

그 결과 역사교육연구는 통일적인 관계망에 근거하여 논의를 수렴하지 못함으로써 대개의 연구들이 개별적이며 분산적인 형태로 각양각색의 목소리를 내고 있는 실정이다. 현재 필자가 보기에는 역사교육의 목적과 목표를 비롯하여 역사교육연구의 유용성을 둘러싼 기왕의 많은 견해들이 그 논의의 구체성과 깊이에도 불구하고 여전히 울리지 않는 메아리로 되돌아오는 것도 결국 각각의 담론을 전체적으로 묶어내지 못한 데서 찾을 수 있다고 생각된다.

이상에서 필자가 언급한 것들은 한마디로 학습자들에게 역사를 가르치는 것이 아니라, 교육이라는 '삶의 길'의 물꼬를 터주기 위한 수단으로써 역사 속에 묻어 있는 주제를 이슈화시켜 활용해야 한다는 시각에서 비롯된다. 요컨대 현 단계 '한국사교육 · 역사교육을 위한 철학의 빈곤'은 다름 아닌 '교육철학 빈곤의 역사교육연구'에서 비롯된 것이라고 할 수 있다. 그러므로 필자는 지금 기성세대가 '길 없는 길 위에서' 후속세대들을 향하여 '길'을 찾아 가라고 유도하지는 않는지 반문하고 또 반문해보아야 할 때라고 생각된다. 왜냐하면 가치 있는 역사지식을 배우는 것도 중요하지만 더 중요한 것은 그것에 이르는 과정이라고 볼 수 있기에, 의미 있는 과정이야말로 교육의 기본이 되는 것이라고 판단되기 때문이다.

그런 점에서 여러 수업활동을 통해 확인되듯이 그동안 학생들이 배운 역사지식은 과정으로서의 앎이라기보다 '결과로서의 지식이었다'라는 점을 부정하기 어렵다. 학습과정의 질을 소홀히 한 교육은 본질적으로 지식 습득을 위주로 한 수업을 강조할 수밖에 없는데, 이 경우 활동과정은 수동적이고 지루하며 무의미해질 가능성이 높아지게 된다. 결국 이렇게 획득한 지식은 교육과정이 개인에게 의미 있는 교육경험을 구축해주어야 한다는 본연의 취지를 무색하게 할 수 있다.

Ⅲ 역사교육연구의 방향

앞에서는 교육철학의 빈곤이라는 시각을 통하여 역사교육연구의 문제점과 그로 인하여 파생된 현상들에 대해서 살펴보았다. 그리고 진전된 역사교육연구를 위해서 요청되는 몇 가지 전제들을 알아보았다. 이를 바탕으로 필자는 본 장에서 우리의 역사교육연구가 나아가야할 방향에 대해서 몇 가지를 검토해 보고자 한다.

앞서 지적하였듯이 우리 사회는 가시적으로 미래의 경제성장과 복지를 부르짖고 있지만 정작 내용 면에 있어서 성장 없는 시대에 들어섰다. 이 시점에서 우리가 반드시 점검해보아야 하는 것은 사회에서 영향력 있는 기관에서 정말 학생들에게 생각하는 방법을 잘 가르쳤는가? 아니면 단순하게 생각하도록 부추겼는가? 하는 점이다. 이른바 사회에서 공신력이 있다는 기관들(다양한 정부기구, 매스미디어, 종교기구, 사회단체)이 우리들의 삶에 막대한 영향력을 행사한다는 점을 고려할 때, 학생들의 삶에서 중요한 문제들에 대해 그들이 전하는 메시지를 가볍게 넘길 수는 없다. 그것은 그 기관들이 특정 생각이나 가치 그리고 생활방식을 선도한다는 점에서 문화적 지도자의 역할을 하고 있기 때문이다. 예컨대 우리 사회에서는 학교를 포함한 다양한 기관들이 입시와 취업의 이데올로기를 확대 재생산하고 있는데, 이들이 던지는 메시지는 '끝없는 경쟁'이다. 이렇게 던져진 메시지는 청소년들의 자살률 급증이라는 엄연한 현실로 나타나고 있다. 게다가 경쟁의 과정에서 탈락한 젊은이들 사이에는 냉소와 절망감이 만연되어 가고 있다.

이러한 상황을 두루 고려할 때, 한국 역사교육연구에서 가장 유의해야 할 점은 역사교육연구 이론의 정당성과 타당성 확보를 위한 사전 정지 작업의 일환으로 정확한 현실 인식이 필요하다고 하겠다. 예컨대 학습자의 상태, 학교라는 공간의 모습, 우리가 사는 시대적 상황 등 현재에 대한 객관적이고도 편견 없는 인식이 그것들이다.

이를 위해서는 무엇보다 교육철학이라는 메타담론을 봉우리로 삼아 교육과정을 수혈하는 한편 그 토대위에서 역사교육연구의 좌표와 방향을 설정해야 한다고 본다. 주지하듯이 철학은 개인의 생각이 극한에 도달했다고 느낄 때 시작된다. 서구의 교육철학과 사상은 이 지점에서 잉태되었고 성장하였다. 그들의 교육철학은 자신들이 마주 서 있는 역사와 문화라는 당면한 삶의 안팎에서 과거를 회고하며 현재를 짚어보는 한편 미래의 삶의 방향을 모색하려는 지적 긴장과 정신적 자각에 따른 투쟁 속에서 성립되었다. 요컨대 서구의 교육철학은 오랜 기간 역사에 걸쳐 전개된 수많은 개별 사상가들의 지적 여정들로 구성되어 있다. 그리고 그 흔적은 교육이라는 삶의 길을 설계하고 이를 되묻는 메타담론 곧 교육철학으로 집약된다.

교육철학이 교육을 매개로 삶의 길을 탐색하는 첨병 역할을 한다면 교육과정은 구체적인 교육목표와 내용(양과 질)을 구성하는 '길 아래의 또 다른 길'이라고 하겠다. 교육과정은 오늘이라는 현실을 기반으로 미래 세대를 겨냥한 교육이 미래를 준비하기 위한 지형도로서 존재하는 것이다. 특히 공교육상에서의 교육과정은 본질적으로 사람의 길을, 인생이라는 삶의 길을 틀 지우는 중요한 몸통이다. 그래서 교육과정에 대한 이해와 개발은 시대와 학습자에 대한 인식에 토대하여 지속적으로 변화되어야 한다고 본다.[11] 하지만 이때 교육과정이라는 길에서 분명한 점은 가치 있는 지식은 무엇이고, 왜 가치가 있는지, 어떻

11) 그러나 미국의 교육과정을 대부분 선험적으로 답습했던 해방 이후 4차 교육과정을 기점으로 한 시기의 교육과정을 비롯하여 그 후 몇 차례 개정된 교육과정의 면면을 들여다보면 과연 우리의 교육과정이 얼마나 진정성 있게 한국의 현실과 한국이 지향하는 미래를 구체적으로 파악하면서 교육과정이라는 문제를 풀어나갔는지 극히 의문시 된다. 그래서 지금이라도 교육과정의 정신에 대한 전면적인 이해와 인식의 전환이 요구된다고 하겠다.

게 가치 있는 지식을 추구하고 습득할 수 있는지, 그 예상되는 결과는 어떠한지 등을 물어가는 것이다. 이 같은 질문들은 무엇이 개인과 집단의 삶에 가치가 있는가? 하는 점을 반추하는 것과 연관된다.

그래서 교육과정은 교육철학이라는 메타담론과는 불가분의 밀접한 관계를 지니고 있다. 왜냐하면 교육철학이라는 메타담론의 정체성에 따라 교육과정이라는 '길'의 방향은 물론이고 그 폭과 깊이가 결정되기 때문이다. 그리고 이들의 함수 관계는 최종적으로 역사교육과정을 디자인한다. 역사교육과정 역시 역사를 가르치고 배우는 또 다른 '길'인데, 그 '길'은 교육과정이라는 '길 위의 길'에 의거하여 구성되며 그 원천은 교육철학이라는 '길 가운데 길'에 뿌리를 두고 있다.

따라서 역사교육이 역사 혹은 교수내용지식을 인식하는 과정이나 방법, 결과를 가르치는 것이라면, 그 준거로서 마땅히 교육과정 및 교육철학이 전제되어야 한다는 사실은 더욱 분명해 보인다. 그러나 지금까지 대체적으로 연구자들의 시계(視界)에서 이러한 문제들은 그리 주목받지 못했다.[12] 요컨대 미래를 겨냥한 한국 역사교육연구의 출발점은 교육철학과 교육과정 그리고 역사교육과정의 유기적이며 정합적인 연계 고리를 통해 그 준거를 확보하는 데서 찾아야 한다고 하겠다.

이상의 지적에 유념할 때, 가장 시급한 문제 중의 하나는 앞서 지적했듯이 역사라는 과거의 유산과 전통 가운데 오늘날 우리가 반드시 붙들어야 하는 것과 버려야 하는 것, 계승해야 하는 것을 냉철하게 구별하는 작업이다. 이런 생각을 하는 과정에서 필자 자신 또한 적지 않은 시간 동안 역사학을 공부했으면

12) 다만 교육과정 이론과의 관련성 속에서 역사교육과정을 다루어야 한다는 점에 대한 견해를 펼친 몇몇 논고가 찾아진다.
김한종, 「역사교육과정의 원리와 내용구성」 『역사교육과정과 교과서 연구』 선인, 2006, 133~135쪽.
강선주, 「해방 이후 역사교육과정 개정을 둘러싼 쟁점」 『역사교육』 97, 2006, 122~123쪽.

서도 막상 스스로 무엇이 중요한지, 왜 중요한지, 어떻게 배워야하는지 등에 대해서 제대로 모르고 있었다는 사실을 고백하지 않을 수 없다. 이는 많은 부분 필자 자신의 고정 관념과 편견, 치열한 지적 문제의식의 결핍에 기인한 바 크다 하겠다. 그리고 때론 어떤 역사적 주제에 대해 다양한 측면에서 생각해 보면서도 여전히 확신할 수가 없었던 적도 있었다. 그 때문에 깊이 생각한다고 하면서도 오히려 불확실한 것을 확실한 것으로 받아들여 생각의 혼란을 초래한 적도 있었다. 이른바 과거와 현재 사이에 끼여 어중간한 상태에 머물었던 셈이다. 따라서 필자는 한국 역사교육연구의 현주소와 관련한 논쟁을 무의미하다고 볼 것이 아니라, 그 근본 원인을 냉철하게 분석하여 한국의 현실과 동떨어진 한국 역사교육연구에 대한 전면적인 반성과 인식의 전환이 필요하다고 요청하는 것이다.[13)]

일제 강점기에는 독립이, 분단시대에는 통일이, 군사정권 치하에서는 민주(화)가 있었듯이 모든 시대에는 각 시대마다 고유한 시대정신이 있었다. 시대정신이라는 개념은 한 시대의 문화적 결과를 집약한 용어로 이른바 시대마다 공통적으로 통용되는 인간의 정신적 태도나 양식(樣式) 또는 이념을 지칭한다. 그래서 시대정신은 역사성을 그대로 반영한다. 근대역사학의 영향을 강하게 받은 실증주의 역사학이 종래 다루었던 시대구분 논쟁도 이러한 시대정신을 가늠할 수 있는 척도이다.

그런데 현재는 이러한 시대정신을 담아서 이끌어내는 구체적인 개념이 부재하다. 물론 몇몇 한정된 개념에 국한해서 거론한다면 신자유주의 혹은 경제민주화 등을 들 수 있다. 그러나 이러한 개념들은 우리 역사의 고유한 자생적 맥락과 그에 따른 내적 필요성으로 출현한 것이 아니라, 세계화라는 시대가 빚은

13) 이는 왜 한국의 역사교육연구가 적지 않은 논문과 저서가 쏟아지고 있는데도 이를 대상으로 한 연구사적 검토 이른바 회고와 전망에 대해서는 많은 관심과 주의가 결여되어 있다는 점에서 방증된다.

트렌드에 휩쓸려 부상한 몰역사적 개념이라는 점에서 문제가 있다. 그래서 필자는 서구 중심의 사관과 가치관에서 벗어나 이제라도 우리 역사의 독자성 안에서 생성, 경험한 사회문화적 동향에 입각한 유산을 발굴하여 이를 시대정신으로 개념화하는 작업이 필요하다고 생각한다.

이는 역사교실수업을 진행하며 확인한 문제의 뿌리에서도 찾을 수 있다. 지금까지 학생들의 수업활동이 때마다 유행하는 갖은 형태의 교육적 담론에 따라 펼쳐지고 있지만 역사(교육)의 시각에서 보면 역사 속에 개입되는 갈등구조의 배경과 다양한 관계, 개방적이며 때론 폐쇄적인 틀의 본질, 특정 주제와 관련된 서사구조에서 드러난 인간의 본성 등에 대한 합리적 문제의식과 질문 등에 관해서는 그것이 자기와의 관계에서 어떤 형태로 엮이고 있는지 혹은 엮어야하는지를 거의 읽어내지 못하고 있다. 여행의 맛은 낯선 세계를 만나는 데서 비롯된다. 배우는 사람은 미처 자신이 알지 못하는 배움의 세계로 나아가면서 생각의 울타리를 넓혀간다.

그러나 이 같은 사실을 간과한 채, 오랜 시간에 걸쳐 굴곡을 거듭하며 형성·축적한 우리 역사의 터널 속에서, 우리(선조)들이 추구했던 역사의 역사 가운데 버려야 하는 것과 승계해야 하는 것, 새로이 만들어야 하는 것을 변별해내지 못하고 말았다. 그래서 기왕의 지식에 정당성을 부여하는 한편 학생들이 고루한 통사적 지식을 획득하는데 빠져들게 하고 말았다. 결과적으로 역사(교육)에 대한 학생들의 지적 관심과 자발적 사고를 동력으로 이끌어낼 수 있는 요소를 매개로 그들이 삶의 지평을 찾아가도록 하는데 실패하고 말았던 셈이다.

이런 점에서 종래 “지식 습득을 보장해주고 인식 주체로 하여금 길을 잃고 방황하도록 도와주는 않는 호기심이란 무슨 필요가 있을까”라고 한 말은 여전히 시사적이다.[14] 즉 배우는 학생들에게 과거를 파고 되새기며 확대하면서 현

14) 이영남, 『푸코에게 역사의 문법을 배우다』 푸른역사, 2007.

재의 영역을 단단히 다지기 위해서는 무엇이, 왜 필요한지를 되묻게 한다. 이상 필자의 지적은 교육이 미래(세대)를 준비하는 것이라고 한다면, 앞서 지적한 점들에 근거해 이를 교육철학과 교육과정이라는 청사진을 통해 각과 교육과정으로 녹여내야 하겠지만 현재까지도 서구에서 제시된 이론을 비판 없이 수용 · 적용하려고 한 데 따른 통렬한 자기반성이기도 하다.[15)]

다음으로 급격하는 변모하는 사회적 발전과정에서 기성세대와 후속세대들 사이에 발생하는 문화적, 아카데믹한 갈등의 문제를 역사교육연구를 통해 해결하려는 방안이 이루어져야 한다. 기성세대들이 배운 역사와 현재에 성장하는 세대들이 배운 역사는 별반 다르지 않다. 마치 초등학교에서 배우는 역사와 중등에서 배우는 역사가 양적인 차이만 다를 뿐 질적으로는 차별화 되지 않는 점과 일맥상통 한다. 이러한 현상은 한마디로 초등과 중등의 학교 급별 위계나 학습자들이 보여주는 인지발달단계와 정서의 편차를 면밀하게 고려하지 않은 획일적인 역사지식의 일방적 적용이 불러일으킨 결과에서 비롯된다고 하겠다.

더구나 가르쳐야만 하는 역사지식에 관한 교육적 메타담론의 빈약은 학생들이 교실에서 배우는 수많은 역사적 지식에도 불구하고, 그것이 개인의 삶과 생각에 뿌리를 내리며 작용하기는커녕 단순히 '뇌에 저장되어 화석화된 지식의 한 덩어리'로써의 역할을 되풀이 하고 있다. 예컨대 현재 우리가 가르치고 있는 역사는 현대사회를 살아가는 시민의식의 형성과 발전에 거의 영향을 미치지 못하고 있다. 그 결과 대부분의 학생들은 학교에서 배우는 역사를 삶을 위한 생존과 자기 성장에 유용한 것으로 경험하지 못하고 있다.

교육적인 관점에서 볼 때, 학생들이 반드시 배워야하는 공부는 삶 속에서 필요한 생존과 성장에 직접 관련된 것이어야 한다. 앞서도 언급하였듯이 가르칠 만한 가치가 있는 역사지식과 그것을 전달하기 위한 가장 적합한 방법을 제공

15) 근대화는 전통이라는 유산을 잃어버리게 만든 원형이지만 한편으로 잃어버린 전통의 중요성을 자각하게 만든 원형이라는 말이 여기에 해당된다.

하려면 교육철학적 견지에서 현재를 살아가는 학생들의 경험의 여러 측면들을 고려한 역사교수지식의 내용과 방법이 결정되어야 하는 것이다. 특히 '역사의 초고(草稿)'라고까지 일컬어지는 신문[16]이나 인터넷, 스마트폰 등의 출현으로 현실에 활용할 만한 지식이나 정보의 원천이 곳곳에서 넘쳐나면서 자라나는 학생들의 눈과 귀를 장악하고 있는 반면 정작 학교 현장에서 배우는 역사지식과 정보는 그에 비례하지 못하고 있는 점도 짚어보아야 할 점이라고 본다.

현재에도 변함없이 반복되는 사관이나 과거의 낡은 지식에서 벗어나려면 시대가 돌아가는 추이에 대한 정확한 현실을 포착하는 한편 기성세대들의 입장이 아니라, 학습자들의 삶과 생각을 보다 편견 없이 정직하게 이해하려는 전향적인 자세가 요청된다. 주지하듯이 '인간은 생각이다'라는 말에서 볼 때, 생각의 폭과 깊이에 따라서 인간의 삶과 태도는 결정된다. 교육의 유일한 목적을 사고의 습성이라고 지적한 듀이의 경우도 이를 방증한다(Dewey, 1916,1966). 역사의식의 관점에서 볼 때 사고의 습성은 쉽게 이루어지지 않는다. 학생들의 삶과 태도에 유의미한 영향력을 제공하려면 '나'라는 자아와 '너'라는 타자 그리고 '우리라는 집단'과의 관계적 삶을 생각하도록 유도하는 역사교육연구가 이루어져야 한다고 생각된다. 그리고 두말 할 나위 없이 그 중심축은 교육이다. 교육은 맑은 공기를 마시는 것과 같다. 나아가 그 젖줄은 앞서 몇 차례 지적하였듯이 교육철학과 교육과정 그리고 역사교육과정과의 순환적 관계 속에서 찾아야 한다는 사실은 분명하다고 본다.

---

16) 신문의 정체를 통찰한 글도 참고 된다. 즉 "이 세상에서 벌어지고 있는 모든 일들을 일일이 보고하는 신문이야말로 필요한 지식의 원천이라고 할 수 있다……그러나 신문은 폐쇄된 체계 안에서의 강제된 선택이다."라는 지적이 그것이다(존 나이스비트, 안진환 · 박슬라 옮김, 『마인드세트』 비즈니스북스, 2006, 50~51쪽). 신문의 속성이 조작적 지식이나 정보로 활용될 수 있다는 개연성을 지적하고 있다는 점에서 눈길을 끈다.

02 Chapter

예비 초등 교사들의 역사 인물 프로젝트

-이순신을 중심으로-

Chapter 02

예비 초등 교사들의 역사 인물 프로젝트

-이순신을 중심으로-

요약: 2차 교육과정 이후 교육과정 재구성이라는 개념은 국가 교육과정의 목표 달성을 위해 교사들의 교육과정 구조의 획일성 극복과 더불어 교육과정 내용의 적합성을 이끌어내는 수단이다. 그 초점은 교육과정 및 교과서의 교육 내용과 수업활동을 교실상황에 맞추어 계획하고 지도하는 것이다. 이러한 교육과정 재구성이 미치는 학습효과는 교사가 모든 교과의 교육과정을 편성 · 운영하는 초등학교에서 매우 높은 것으로 나타나고 있다. 특히 주목할 점은 교사가 교과 교육과정을 재구성할 때 내용 추가, 내용 대체를 비롯하여 개발한 교육과정 자료를 수업의 추가적 보조 자료로 활용할 때 상대적으로 높았음이 확인된다. 그럼에도 불구하고 초등 사회과 역사영역에서 교사의 교육과정 재구성을 둘러싼 현장 사례 연구는 매우 부족한 형편이다. 이 같은 연구동향을 고려하여 본 연구는 교사양성기관인 교육대학교에서 예비 초등 교사들이 수행한 역사 인물 프로젝트에 대한 순차적 검토를 통해 그 실태와 문제점을 살펴보고자 한

다. 교육과정의 재구성이라는 시각에서 볼 때 프로젝트 접근을 원용한 역사 인물 프로젝트는 종래 교사 주도의 설명식 수업방식을 벗어나 학생 활동 중심의 수업을 이끌어내는 주도적 역할을 할 수 있다고 본다. 이러한 작업은 교육과정의 재구성과 관련시켜 미래 초등 교사들의 전문성과 자율성 개발을 위한 도상 계획인 셈이다.

I 머리말

2차 교육과정 이후 현재까지 교육현장에서 되풀이되는 교육과정 재구성이라는 개념은[1] 국가 교육과정이 지향하는 목표 달성을 위해 현장 교사들의 교육과정 구조의 획일성 극복과 더불어 그 내용의 적합성 확보를 이끌어내는 수단으로써 교과서의 교육내용과 수업활동을 교실상황에 맞추어 계획하고 지도하는 것이라고 할 수 있다. 이러한 교육과정 재구성이 미치는 학습효과는 담임교사가 거의 모든 교과의 교육과정을 편성 · 운영하는 초등학교에서 매우 높은 것으로 나타나고 있다. 특히 주목할 점은 교사가 교과 교육과정을 재구성할 때 추가하는 내용이나 대체할 내용을 비롯하여 수집한 자료를 수업의 보조 자료로 활용할 때 상대적으로 높았음이 확인된다.[2]

1) 김현규, 「국가교육과정 문서 안에서의 '교육과정 재구성'용어의 의미 연역」『통합교육과정연구』 9(3), 2015. 최석민, 「교육과정 재구성의 의미와 한계」『초등교육연구논총』 33(2), 2017.

2) 김지영, 「초등학교 교사들의 교과 내용 재구성 실태와 그 활성화 방안」『교육과정연구』 22(2), 2002, pp.135~161. 이상민, 「창의적 문제해결력 신장을 위한 초등사회과 교육과정의 재구성 방안」, 이화여자대학교 교육대학원 석사학위논문, 2003. 서경혜, 「교사들의 교육과정 재구성 실천 경험에 대한 사례연구」『교육과정연구』 27(3), 2009, p.160. 박일수, 「교육과정

최근 학습자의 삶의 다양한 맥락 속에서 통합적인 수행 능력을 함양시키려는 데 초점을 맞춘 2015 개정 교육과정의 도입과 더불어 처음으로 핵심역량, 교과역량, 핵심 개념 등이 제시됨으로써 학교와 교사의 교육과정 재구성을 둘러싼 논의는 새로운 국면을 초래할 것이라고 본다.[3] 그리고 2022년 개정 교육과정 또한 미래의 불확실성으로 대변되는 시대의 변화는 물론 다양한 교육 주체의 자발적 참여를 통해 합의한 교육목적을 토대로 개발되었다는 점에서 진일보된 것으로 생각된다. 하지만 여전히 총론에서 명문화한 지적이 구체적으로 역사교육의 목적과 연계하여 어떻게 구현할 수 있는가? 하는 점에 관해서는 인식론적 한계를 드러내고 있다.[4] 이 같은 동향에도 불구하고 교사가 교육과정 재구성을 제대로 수행하지 못하고 있다는 연구[5]와 그 원인으로 교사의 전문성 부족을 거론하는 논고[6]도 찾아진다. 이는 초등 사회과 역사영역의 경우 교사의 교육과정 재구성과 관련한 현장 사례 연구는 물론이고 재구성 양상과 결과에 관한 접근도 매우 부족하다는 점에서 방증된다.

이 같은 연구사상의 추이를 감안하여 본 연구는 교육과정 재구성 사례로서 예비 초등 교사들이 작성한 역사 인물 프로젝트 지도안에 대한 검토를 통해 그

재구성의 학습효과에 관한 메타분석」『교육과정연구』 31(4), 2013, pp.143~161. 이해영, 「역사 교사의 교육과정 재구성 사례연구」『역사와 담론』 74, 2015.

3) 정태호, 「역량기반 교육과정으로서 2015 개정 초등 사회과 교육과정 분석」『사회과교육연구』 26(2), 2019.

4) 교육부, 『교육부 고시 제2022-33호 〔별책 1〕』 초 · 중등학교 교육과정 총론, 2022. 이 점에 관해서는 개정 지리교육과정에 나타난 교육목적 담론을 다각적으로 분석한 다음의 논고가 참고된다(김갑철, 「보다 교육적인 학교지리의 방향 탐색」『한국지역지리학회지』 30(4), 2024). 인접분야의 연구시각과 내용이지만 역사교육에도 적지 않은 시사점을 던져준다.

5) 박순경 외, 「제7차 초 · 중등학교 교육과정 평가 연구(Ⅱ): 초등학교 교육과정 편성 · 운영 · 평가를 중심으로」, 연구보고 RRC 2002-1, 한국교육과정평가원, 2002. 성경희 외, 「제7차 교육과정의 현장 운영 실태 분석(Ⅰ): 초등학교 교과 교육과정을 중심으로(총론)」 한국교육과정평가원, 2003.

6) 김평국, 「중등학교 교사들의 교육 내용 재구성 실태와 그 활성화 방향」『교육과정연구』 23(4), 2005.

실태와 문제점을 살펴보고자 한다.[7] 프로젝트 접근의 교육적 반향을 원용한 역사 인물 프로젝트는 예비 초등 교사들이 역사적 인물을 선정하는 한편 그와 관련된 개별 역사지식과 첨삭할 내용, 자료를 시대적인 구조 속에서 파악하고 차시별로 수업활동을 배치할 수 있어야만 한다. 더욱이 교육과정이나 교과서에 명시된 내용의 일부를 통합하거나 순서를 조정하는 등의 재구성이 반드시 요청된다. 따라서 종래 교사 주도의 수업방식에서 벗어나 학생 활동 중심의 수업을 전향적으로 이끌어내는 길잡이 역할을 할 수 있다고 본다. 이러한 작업은 교육과정의 재구성과 관련하여 미래 초등 교사들의 전문성과 자율성 개발에 필요한 준거를 가늠하기 위한 도상계획의 일환인 셈이다.

Ⅱ 역사 인물 프로젝트 지도안 구성의 실태

교실수업은 교사, 학생, 교재를 중심으로 가르치고 배우는 활동이다. 일반적인 수업 설계의 원리에 비추어 볼 때, 효과적인 수업을 위해서는 무엇보다 구체적인 목표와 수업 내용의 구조화는 물론이고 이를 제대로 실현할 수 있는 자료의 선택과 배치 등이 요청된다. 이러한 요소들은 기왕의 수업 설계 모형이나 매뉴얼에 따라 기계적으로 학습할 내용을 다루는 작업이 아니라 수업의 담당

7) 본 연구는 2017년~2019년 역사 인물 프로젝트라는 주제를 대상으로 대구교육대학교 3학년 학생들이 수행한 결과물 가운데서 역사적 인물을 대상으로 한 교육과정 재구성의 목적과 방법은 무엇인지? 교육과정을 재구성하면서 직면한 문제는 어떤 것들이 있었는지? 하는 점에 중점을 두고 조사연구의 초점과 방향, 인물의 교육적 가치, 차시별 지도안의 구성과 수업 활동, 자료 선택과 활용의 타당성 등을 감안하여 사례를 선정하였다. 그리고 재구성한 보고서 이외에도 수업 실연을 관찰한 이후 피드백과 면담을 진행하는 분석 방법을 활용하였다.

자인 교사의 자율적 판단에 근거하여 학습할 주제를 비롯하여 그와 관련된 수업활동과 전략, 자료를 어떻게 조직화해야 하는지를 찾아서 이끌어내는 전문적인 과정이라고 할 수 있다.[8] 그동안 교육현장에서 교사자질을 대상으로 한 포괄적 논의들은 이 같은 인식과 직결되어 있다.[9]

그러나 교사자질의 중요성이 끊임없이 제기되고 있지만 그 논의는 사변적 수준의 단계를 넘지 못하고 있다. 예컨대 모든 교과에서 거론되는 일반적인 교사자질에 관한 연구 경향에도 불구하고 역사교과의 교과교육학적 자질에 대한 언급은 구체적인 실천성을 담보해내지 못하고 있다. 따라서 교원양성대학 예비 교사들의 역사 교수의 전문성 확보를 위해서는 이론연구에 토대한 제반 논의의 수동적 실행보다는 학습자 스스로 선택한 주제와 문제들을 모색하는 한편 새로운 수업 이론을 창출하는 접근이 필요하다고 본다.[10] 왜냐하면 교사자질의 전문성에 대한 요구가 강조되고 있는 근래의 추세를 감안할 때, 예비 초등 교사들이 수행하려는 수업 청사진을 대상으로 자신들의 수업 능력을 개선함으로써 교실수업의 전문가로서의 위치를 공고히 다질 수 있는 활동이 중요하다고 판단하기 때문이다.

그래서 2017년부터 2019년 1학기에 걸쳐 사회과교과교재연구 및 지도법 강좌에서 예비 초등 교사들이 제출한 역사 인물 프로젝트 지도안을 표본 사례로 삼아 그 실태와 문제점을 점검하고자 한다.[11] 그러면 본 연구의 대상이 된 지

8) 수업 설계를 둘러싼 다양한 이론적 연구에 관해서는 이루 열거할 수 없을 정도로 많은 글들이 제시되고 있다. 그래서 본 연구에서는 논지전개 과정상 반드시 필요한 논고에 국한하여 전거를 제시할 것이다.

9) 이종일, 『사회과 탐구와 교사자질』 교육과학사, 2006.

10) 이종일, 「사회과 교사자질에 대한 CBTE적 접근」 『과정 중심 사회과 교육』 교육과학사, 2001.

11) 지도안의 구성은 역사 인물 프로젝트의 초점과 방향을 개관하는 한편 인물 선정의 배경과 교육적 가치, 자료 해제, 약안과 세안의 작성 순서에 따라 진행되었다. 그래서 본문에서는 그에 대한 내용들을 중점적으로 살펴보고자 한다.

도안을 통해 그 실상을 살펴보도록 하자.

주제: 이순신을 통해 우리를 바라보다

1. 프로젝트 개관

역사교육은 과거의 것을 암기하는 데 그치는 것이 아니라, 과거의 것을 토대로 오늘날의 경험과 연관시켜 스스로에 대한 인식을 하며, 단순 지식에서 살아 숨 쉬는 지식으로의 변모를 꾀하는 것이 되어야 한다. 초등 교육의 특성상 학생들이 자율적으로 의미 있는 지식을 창출하기에 일정한 제약이 있는 바 교사의 수업 설계로 역사는 단순 암기 과목이 아니라, 학습자의 삶과 연관이 있다는 것을 통해 그 의미를 알아가는 과정이 반드시 필요하다. 이에 가장 적합하다고 생각하는 것이 역사 인물 프로젝트로서 이를 통해 자신의 삶과 역사적 인물의 삶을 견주어 기존의 단편적 지식 전달을 목적으로 한 의미 없는 지식을 유의미한 지식으로 바꾸는 것이 역사프로젝트의 목적이다.

2. 인물 선정의 배경과 이유

역사 인물 프로젝트는 인물의 삶을 조명하여 학습자의 삶과 연관 지어 생각하는 접근방안이다. 이제까지 만나기 힘든 존재로만 여겨졌던 영웅들 또한 우리네 삶과 비슷한 부분이 있다는 점에서 동질감을 느낌으로써 좀 더 친숙하게 다가갈 수 있고 비슷하지 않은 부분을 통해 스스로 부족한 부분을 채워나가는 시간을 가질 수 있기에 의미가 있다. 역사를 배우면서 학생들이 역사는 자신과 관련 없는 것이라고 생각하는 경우가 많은데, 인물을 조명하며 역사를 배우면서 학생들이 자신과 관련이 없다는 생각보다 학생들 스스로 역사의 중심이 되려면 본인의 삶과 연관성이 있는 사건을 다루거나 혹은 자신의 경험에 입각하여 인물을 바라보며 이해하려는 자세가 필요하다고 생각한다. 이것이 사고의 신장이며 더는 공허하고 맹목적인 사고로 이어지지 않게 하는 방안인데, 이 시각에서 바라봤을 때, '이순신'이라는 인물이 많은 교훈을 줄 수 있어 프로젝트 주제로 선정하였다.

특히 『난중일기』에서 드러나는 이순신의 인간적 면모는 여타 객관적 자료에 비해 보다 친숙하고 알기 쉽게 다가오며 그의 감정을 느낄 수 있어 공감의 장을 형성하기 충분하며 학습자 스스로도 소통하기에 적합하다. 이해의 시작은 공감이기에 이순신 인물의 이해도를 높일 수 있으며 그의 삶을 통해 '왜 그가 참된 리더인가?'의 물음으로 시작하여 리더로서 지녀야 하는 요소와 자질에 대해 조명해 볼 수 있다. 또한 이순신의 생애가 순탄치 않고 고난과 역경을 극복하는 모습, 일기의 특성상 감정이 솔직하게 드러나는 점은 인간적 면모를 드러내기에 적합하여 멀게 만 느껴지는 성웅이 아니라 가까이 느껴지는 인간적 리더 이순신을 알 수 있다고 생각한다.

3. 교육적 가치와 의미

인성교육이 강조되는 시대에 예비 교육자로서 역사를 짚고 넘어가지 않을 수 없다. 과거를 거울삼아 현재를 올바르게 성찰할 수 있으면 오늘날 시대의 흐름 또한 바르게 직시할 수 있다. 인성 또한 마찬가지인데, 올바른 인성을 지닌 역사적 인물을 선정하여 자신의 삶의 경험과 연관 지어 인물을 조명하는 과정에서 성찰적 인식으로 이어진다면 스스로 '지녀야 할 인성의 부분에는 어떤 것이 있으며 현재 나는 어떠한가?'라는 물음에 답할 수 있는 사고를 지닐 수 있게 될 것이다.

따라서 '리더 이순신을 통해 우리를 바라보다' 프로젝트의 목적은 '리더 이순신의 모습을 통해 알 수 있는 요인에는 어떤 것이 있을까?'라는 물음에서 출발하여 이순신을 탐색하며 인물의 행동 혹은 감정이 일어나게 된 배경을 통해 이를 개인의 삶에 적용하는 것이다. 나아가 학습자 스스로 올바른 인성을 함양할 수 있도록 하는 것과 스스로 사고할 수 있는 힘을 길러주어 바람직한 삶을 영위하는데 목적이 있다. 또한 리더십에 대한 고찰로 진정한 리더십이 올바른 인성 위에서 이루어진다는 사실을 깨닫게 하여 시대를 어지럽게 한 허울뿐인 리더인 인물들에 대해 비판적 사고의식을 갖게 하며 리더로서의 자질이 부족할 때, 그릇되었다고 말 할 수 있는 논리적 사고를 길러주는 것이 중요하다고 생각한다.

4. 자료 해제

유형	자료의 출처	저자	출판사 (저작권자)	출판 년도	자료 내용 및 수업 적용
영상	명량	김한민	빅스톤 픽쳐스	2014	이순신의 명량대첩을 주제로 한 영화이다. 이순신의 명대사를 담은 장면을 통해 전쟁 당시의 상황과 이순신의 리더십을 생생하게 느낄 수 있다.

<table>
<tr><th>유형</th><th colspan="2">자료의 출처</th><th>저자</th><th>출판사
(저작권자)</th><th>출판
년도</th><th>자료 내용 및 수업 적용</th></tr>
<tr><td></td><td colspan="2">불멸의 이순신</td><td>이성주
김정규
윤선주
윤영수</td><td>KBS1</td><td>2004</td><td>임진왜란 당시 큰 공을 세운 명장으로서의 이순신의 일대기를 그린 드라마이다. 이순신의 백의종군과 어머니의 사망이 담긴 영상을 보고 백의종군 당시의 고난과 어머니를 떠나보내는 아픔을 생생하게 느낄 수 있다.</td></tr>
<tr><td></td><td colspan="2">불멸의 이순신</td><td>·</td><td>지니키즈
역사</td><td>2017</td><td>초등 미디어 전문 지니스쿨의 영상 채널인 지니키즈에서 만든 영상이다. 이순신의 전쟁뿐만 아니라 고난과 사망까지 초등학생이 알기 쉽게 정리한 영상으로 학생들의 흥미를 유발하고 임진왜란과 이순신에 대해 쉽게 알 수 있도록 한다.</td></tr>
<tr><td></td><td colspan="2">충무공 이순신
장군의 백의종군</td><td>·</td><td>지니키즈
역사</td><td>2018</td><td>이순신의 백의 종군에 대해 담은 영상이다. 이순신의 백의종군에 대한 이유와 과정을 영상으로 쉽게 이해하고, 이순신의 결단력, 이순신과 선조의 관계, 원균의 칠천량 해전 등을 이해할 수 있다.</td></tr>
<tr><td>서적</td><td>논
픽
션</td><td>『난중일기』</td><td>이순신</td><td>돌베게</td><td>2015</td><td>이순신이 임진왜란 당시의 공무뿐만 아니라 날씨, 가족사, 사소한 일까지 기록한 일기이다. 이순신 장군의 일기를 발췌하여 읽음으로써 이순신 장군이 겪었던 상황에 공감할 수 있다. 또한 이순신의 지혜, 사랑, 대화, 용기, 책임의 덕목을 알 수 있다.</td></tr>
</table>

유형	자료의 출처		저자	출판사 (저작권자)	출판 년도	자료 내용 및 수업 적용
		『다시, 이순신 리더쉽을 생각한다』	순천향 대학교 이순신 연구소	인디북스	2005	이순신에 대한 일화와 그의 리더십을 설명한 책으로, 학생들이 이순신의 상황을 이해하고 그에 대한 고뇌를 이해함과 동시에 이순신이 지녔던 리더십과 그의 지혜, 사랑, 대화, 용기, 책임의 덕목들을 자신에게 적용할 수 있다.
		『진심전력: 삶의 전장에서 이순신을 만나다』	박종평	더퀘스트	2014	임진왜란 당시 전우들을 보살피고 함께 나아가는 이순신의 일화를 담은 내용이다. 혼자가 아닌 함께 나아가는 이순신의 모습을 통해 리더십과 지혜, 사랑, 대화, 용기, 책임의 덕목을 알 수 있다.
		『장비록』	류성룡	역사의 아침	2007	조선 선조 때 영의정 류성룡이 집필한 임진왜란 전란사로서, 7년의 전란의 원인과 전황을 기록하였다. 임진왜란 전개뿐만 아니라 이순신의 업적과 덕목, 유성룡이 긍정적으로 평가한 이순신의 모습까지 알 수 있다.

5. 프로젝트 차시별 약안 구성

가. 약안 지도안

차시	주제
1-2차시	임진왜란 당시의 시대적 배경과 이순신의 생애 개관
3차시	백의종군
4차시	이순신의 고뇌
5차시	리더 이순신에게 배우는 삶의 덕목
6차시	'역사와 나?', 프로젝트 수업의 의의

나. 약안 지도안 세부 계획

	차시별 지도 계획	
1-2차시	학습주제	임진왜란 당시의 시대적 배경과 이순신의 생애
	학습목표	임진왜란 당시 조선의 시대적 배경을 알고 이순신의 생애를 통해 그를 이해할 수 있다.
	학습활동	**[활동1] 역사와 나의 관계 생각하기** • '역사와 나?' 라는 물음에 대해 자신의 생각을 생각주머니1에 적어본다. • 6차시에 다시 하려는 질문에 답해 생각주머니2에 적어보고 1차시 때의 생각과 비교해 볼 것이라고 안내한다. **[활동2] 스무고개를 통해 임진왜란 당시 조선의 시대적 배경과 이순신 맞히기** • 학생들은 질문을 통해 이순신의 생애 및 임진왜란 당시 조선의 시대적 배경과 대외 정세에 대해 흥미를 가질 수 있다. • 모둠별로 질문을 선정해서 이야기를 나누어본다. **[활동3] 이순신 인생그래프 만들고 네컷만화 그리기** • 자료1과 2을 바탕으로 이순신의 생애에 대해 알아본다.

		차시별 지도 계획
		• 자료[1]을 바탕으로 이순신의 인생그래프를 그려본다. • 인생그래프 중 이순신을 만든 사건을 선정하여 네컷만화로 표현해본다. **[활동4] 이순신 인물 관계도 만들기** • 자료[1]과 [3]을 바탕으로 이순신 주변의 인물들을 찾아본다. • 자료[1]과 [3]을 바탕으로 이순신의 인물 관계도를 그려본다. • 인물 관계도를 바탕으로 이순신과 갈등관계에 있는 인물들에 대해 그 이유를 이야기해 본다.
	학습자료	자료[1]. 영상: 지니키즈, 불멸의 이순신 자료[2]. 서적: 징비록 자료[3]. 서적: 난중일기
3차시	학습주제	백의종군
	학습목표	백의종군의 뜻을 알고 배경 및 상황을 이해할 수 있다.
	학습활동	**[활동1] 백의종군 관련 영상 및 사진 보기** • 자료[1], [2]를 통해 백의종군의 배경 및 상황을 이해한다. • 백의종군의 뜻을 파악해본다. • 자료[3]을 보고 백의종군의 의미와 연관지어 추모탑의 의미에 대해 토의한다. **[활동2] 이순신의 백의종군에 대해 선조에게 편지 쓰기** • 내가 만약 선조의 신하였다면 어떤 조언을 했을지 생각해본다. • 선조에게 편지를 써본다.
	학습자료	자료[1] 영상: 드라마 '불멸의 이순신' 자료[2] 영상: '충무공 이순신 장군의 백의종군' 자료[3] 사진: 경남 산청군 이순신 백의종군 추모탑
4차시	학습주제	이순신의 고뇌
	학습목표	이순신의 고뇌를 이해하고, 극복할 수 있었던 이유를 생각할 수 있다.

		차시별 지도 계획
	학습활동	**[활동1] 이순신의 어머니가 되어서 아들에게 보낼 마지막 편지 써보기** • 이순신의 어려웠던 상황을 이해하고 그의 어머니가 되어서 아들에게 보낼 마지막 편지를 써본다. • 작성한 편지를 모둠별로 나눠 읽고, 이순신이 느꼈을 감정에 대해 이야기를 나눠본다. **[활동2] 이순신의 고뇌를 이해하고, 극복하는 과정 알아보기** • 자료[1]을 바탕으로 모둠별로 이순신의 고뇌와 극복 과정에 대해 토의해본다.
	학습자료	자료[1]. 서적: 난중일기
5차시	학습주제	리더 이순신에게 배우는 삶의 덕목
	학습목표	리더 이순신을 통해 삶의 덕목을 배우고 자신의 경험과 연관 지어 실제생활에 적용할 수 있다.
	학습활동	**[활동1] 자료를 통해 리더 이순신의 삶 속 덕목 파악하기** • 활동지를 나누어 주고, 자료에서 리더 이순신의 어떤 덕목이 드러나는지 모둠별로 이야기 해본다. • 각 모둠별로 한 명씩 모여 자신이 속한 조의 자료[1],[2],[3]과 키워드를 설명해주고 리더 이순신을 통해 배울 수 있는 삶의 덕목을 파악해본다. • 모둠별로 키워드를 발표하여 리더 이순신의 모습을 완성한다. **[활동2] 삶의 덕목과 관련하여 친구 칭찬하기** • '너의 이순신과 같은 삶의 덕목을 칭찬해'라는 활동을 한다. **[활동3] 나에게 필요한 삶의 덕목 알아보기** • 자신의 경험을 바탕으로 자신에게 필요한 삶의 덕목은 무엇일지 생각해보고 앞으로의 다짐을 작성한다.
	학습자료	자료[1]. 서적: 진심진력 자료[2]. 서적: 다시, 이순신 리더십을 생각한다. 자료[3]. 서적: 난중일기

<table>
<tr><th></th><th colspan="2">차시별 지도 계획</th></tr>
<tr><td rowspan="4">6차시</td><td>학습주제</td><td>'역사와 나?', 프로젝트 수업의 의의</td></tr>
<tr><td>학습목표</td><td>프로젝트 수업을 통해 얻은 결과물을 전시하고 느낀점을 말할 수 있다.</td></tr>
<tr><td>학습활동</td><td>[활동1] 프로젝트 수업을 통해 얻은 결과물 전시하기
• 프로젝트 결과물인 이순신 인생 그래프, 이순신 네컷만화, 이순신 인물 관계도, 백의종군 편지, 이순신 어머니의 편지를 자신의 전시 공간에 전시한다.

[활동2] 덕목 실천 그림일기를 전시하고 전시회를 통해 느낀점 적기
• 자신에게 필요한 덕목을 실천한 것에 대해 실천하기 전, 실천, 실천 후의 모습을 그림일기로 그린 후 전시한다.
• 다른 사람의 전시물을 본 후 느낀점을 적고 새롭게 알게 된 점을 포스트잇에 적어 자신의 전시 공간에 붙인다.</td></tr>
<tr><td>학습자료</td><td>자료1. 인생 그래프
자료2. 네컷만화
자료3. 인물 관계도
자료4. 선조에게 쓴 편지
자료5. 어머니의 편지
자료6. 이순신 모형</td></tr>
</table>

다. 본시 교수학습 지도안

단원	리더 이순신에게 배우는 삶의 덕목	일시	○○○○년 ○월 ○일 3교시	지도 교사	○○○
차시	5/6차시	대상	○○○학과 32명	교과서	역사
수업 시간	50분	장소	○○교육관 705호	수업 형태	프로젝트 학습 모둠 학습
학습 목표	리더 이순신을 통해 삶의 덕목을 배우고 자신의 경험과 연관시켜 적용할 수 있다.				

수업 단계	교수 학습활동	시간	자료(□) 및 유의점(※)
도입	**◉ 전시 학습 상기** 지난 시간에는 이순신이 가졌던 고뇌와 그 고뇌를 극복하는 과정을 배웠어요. 다들 기억하나요? • 나라에 버려진 참담한 상황을 겪었던 이순신이 취한 태도는 무엇인가요? - 나라는 이순신을 버렸지만 이순신은 나라를 위해 끝까지 싸웠어요. **◉ 동기유발** ▷ 자료(①)를 통해 이순신이 어떤 사람인지 생각해본다. • 선생님이 영상을 하나 보여줄 거예요. 영상을 볼 때 이때까지 배운 내용을 떠올리면서 리더 이순신의 어떤 모습을 엿볼 수 있는지 생각해봅시다. • 영상을 통해 우리는 이순신의 어떤 면모를 보게 되었나요? - 두려운 상황에서도 이순신은 12척의 배로 명량해전에서 승리를 거두었어요. - 강하게만 보였던 이순신 장군도 가족에 대한 그리움이 있었어요. - 부하와 백성들을 사랑했어요. • 네 모두 잘 말해주었어요. 영상에서도 알 수 있듯이 이순신 장군은 임진왜란 당시 명량해전에서 12척의 배로도 용	5분	① 영상 이순신 편집 영상

	기 있게 전쟁에 나가 승리를 거두었고, 자신들의 부하와 백성들 또한 사랑하는 모습과 가족에 대해 그리워하는 모습들을 볼 수 있었어요.		
	◉ **학습목표 확인** • 오늘의 학습목표를 다 같이 크게 읽어볼까요? [리더 이순신을 통해 삶의 덕목을 배우고 자신의 경험과 연관시켜 실생활에 적용할 수 있다.]	30초	
	◉ **학습활동 확인** • 잘 읽어주었어요. 이번 시간에는 자료를 통해서 이순신이 중요하게 생각한 덕목을 파악하고, 이러한 덕목과 관련하여 친구 칭찬하기를 한 다음 나에게 필요한 리더십 덕목은 무엇인지 알아봅시다. [**학습활동 1.** 자료를 통해 리더 이순신의 삶 속 덕목 파악하기] [**학습활동 2.** 삶의 덕목과 관련 하여 친구 칭찬하기] [**학습활동 3.** 나에게 필요한 삶의 덕목 알아보기]	1분 30초	
	◉ **활동1. 자료(2)를 통해 리더 이순신의 삶 속 덕목 파악하기** ▷ 활동지를 나누어 주고, 자료에서 이순신의 어떤 덕목이 드러나는지 모둠별로 이야기 해본다. [활동지1. 지혜. 활동지2. 사랑, 활동지3. 경청, 활동지4. 용기, 활동지5. 책임] • 모둠별로 자료를 읽고 리더 이순신의 어떤 덕목이 잘 드러나는지 이야기해보는 시간을 가질게요. 모둠끼리 이야	20분	2 활동지 1,2,3,4,5,6 ※미리 학습 모둠을 구성한다. ※모둠활동관찰하며 순

기 한 내용을 바탕으로 키워드를 이유와 함께 빈칸에 적어봅시다. • 다 적어보았나요? 그렇다면 이제 모둠 내에서 번호를 정해주세요. ▷ 각 모둠별로 한 명씩 모여 자신이 속한 조의 자료와 키워드를 설명해주고 리더 이순신을 통해 배울 수 있는 삶의 덕목을 파악해본다. • 그렇다면 이제 각 모둠의 같은 번호를 가진 사람끼리 모여서 자신이 속한 조의 자료의 내용과 삶의 덕목을 공유하고 새롭게 알게 된 덕목들도 활동지(2) 맨 밑 칸에 정리해봅시다. • 활동이 끝났다면 자신의 조로 돌아갑시다.		회지도 한다. ※학생의 답변이 구체적이지 않거나 모호할 경우 그 근거를 사료에서 찾아 발표하도록 지도한다.
▷ 각 모둠별로 키워드를 발표하여 이순신 모형(3)을 완성한다. • 다른 친구들과 토의한 것들을 바탕으로 각 모둠별로 찾아낸 리더 이순신의 삶의 덕목과 그 이유를 발표해볼까요? - 상황에 따라 정확한 판단을 하여 거북선을 만들고 임진왜란에서 큰 공을 세운 이순신 장군의 모습에서 지혜의 덕목을 발견했어요. - 전쟁이라는 상황 속에서도 백성들, 부하들, 그리고 전쟁에 참가한 모두의 안위를 생각하는 모습에서 사랑의 덕목을 발견했어요. - 항상 겸손하게 생각하며, 주변 사람들의 말을 귀 기울여 듣는 모습에서 경청의 덕목을 발견했어요. - 두려운 상황 속에서도 솔선수범하여 전쟁을 마주하는 모습에서 용기의 덕목을 발견했어요. - 자신의 위치에서 최선을 다하고 한 치의 부끄럼도 보이지 않는 모습에서 책임의 덕목을 발견했어요. • 다들 잘했어요. 여러분이 발표한 5개의 덕목을 지닌 이순신 모형이 완성되었어요.		3 이순신 모형

	◉ 활동 2. 삶의 덕목과 관련 하여 나 혹은 친구 칭찬하기 ▷ '너의 이순신과 같은 삶의 덕목을 칭찬해'라는 활동을 한다. • 이 5개의 덕목들은 이순신 장군에게만 있는 것이 아니라 여러분 모두에게서도 찾아볼 수 있어요. 활동1에서 찾은 덕목과 관련된 경험을 떠올려 친구들에게서 보이는 삶의 덕목을 칭찬해보는 시간을 가져봅시다. • 선생님이 예시를 보여줄 거예요. • 나는 ○○○ 교수님의 이순신과 같은 경청의 덕목을 칭찬해! ○○○ 교수님께서 지난 주 학생 회의를 통해 교실에 여분의 우산이 있으면 좋겠다는 의견을 듣고 각 교실에 우산을 마련해주었기 때문이야. • 여러분들도 앞의 예시를 참고하여 모둠에서 자신의 오른쪽에 앉은 친구와의 경험을 떠올려 보고 그 속에서 이순신과 같은 삶의 덕목을 찾아 포스트잇(④)에 칭찬하는 글을 써볼까요? • 모두 작성했나요? 그렇다면, 1모둠부터 이순신 장군 모형의 덕목 중 자신이 친구를 칭찬한 덕목 위에 붙여봅시다. • 친구의 '지혜'의 덕목을 칭찬한 내용을 발표해볼 친구 있나요? • 친구의 '사랑'의 덕목을 칭찬한 내용을 발표해볼 친구 있나요? • 친구의 '경청'의 덕목을 칭찬한 내용을 발표해볼 친구 있나요? • 친구의 '용기'의 덕목을 칭찬한 내용을 발표해볼 친구 있나요? • 친구의 '책임'의 덕목을 칭찬한 내용을 발표해볼 친구 있나요? • 우리 반도 이순신 장군과 같은 덕목을 지닌 멋진 친구들이 많군요. 여러분들이 지닌 덕목이 모여 하나의 이순신 장군으로 가득 채워졌네요.	13분	※ 모둠별로 칭찬 활동을 하도록 하여 모든 학생들이 칭찬을 주고받을 수 있도록 한다. ④ 포스트잇

정리	◉ **활동 마무리** ▷ 학습활동3. 나에게 필요한 삶의 덕목 알아보기 • 여러분, 이순신 장군이 리더로서 현재까지 우리에게 존경 받는 이유가 단지 많은 전쟁에서 얻은 승리 때문일까요? - 아니요. 그 외에도 지혜, 사랑, 경청, 용기, 책임 등의 덕목을 지녔기 때문이에요. • 맞아요, 우리 반 모두들 이순신 장군과 같은 덕목을 지닌 훌륭한 친구들이지만 자신에게 필요한 덕목을 더욱 더 발전시키는 것 또한 중요합니다. 그렇다면, 자신의 경험을 바탕으로 자신에게 필요한 덕목은 무엇일지 생각해보고 앞으로의 다짐을 성찰노트(5)에 작성해 봅시다. • 선생님이 이번에도 예시를 보여줄게요. 이순신 장군은 계급이나 신분에 상관없이 모두의 말을 들어주는 경청의 덕목을 가졌지만 저에게는 그것이 부족하다고 생각했습니다. 평소에 친구가 하는 말을 끊고 제가 하고 싶은 말만 해서 친구의 기분을 상하게 한 적이 있습니다. 앞으로는 친구의 말을 귀 기울려 듣고 공감하는 사람이 되겠습니다. • 모두 작성했나요? 자신이 쓴 내용을 발표해 볼 친구 있나요? • 다들 잘해주었어요. 오늘 자신에게 필요하다고 생각한 덕목을 다음 수업 전까지 실생활에서 실천하도록 노력해봅시다. 이번 시간에 배운 내용을 바탕으로 여러분들이 자신의 삶의 진정한 리더가 되길 바랍니다. ◉ **차시예고** • 다음 시간에는 우리가 이때까지 했던 활동 결과물을 정리해 볼 거에요. 또, 자신에게 필요한 덕목을 실천한 내용을 담은 그림일기를 그려보고 전시하여 프로젝트 마지막 수업을 해보겠습니다.	10분	5 활동지, 성찰노트

Ⅲ 역사 인물 프로젝트 지도안의 문제점과 과제

교실에서 전개되는 수업은 기본적으로 학습자로 하여금 수업 목표에 맞추어 활동을 하도록 유도하는 의도된 시스템이라고 할 수 있다. 따라서 모든 수업은 목표를 전제로 한 계획된 절차에 따라 진행된다. 이를 위해서는 다양한 방법과 교수 · 학습 자료가 요청된다. 더욱이 현 단계 교사자질과 관련된 연구 동향을 감안할 때 역사 영역의 경우 교사의 자율성이 최대한 발휘될 수 있고 수업 목표와 주제 선정, 학생 수준에 따른 방법을 탄력적으로 재구성하여 적용할 수 있는 수업 방식으로의 전환이 요청된다.12)

교사 주도의 수업 설계와 전략이라는 청사진에 입각하여 수업을 진행하는 한편 역사교실수업의 주체로서 사건과 인물, 이야기를 통해 학생들의 생각과 견해를 표방하는데 초점을 둔 역사 인물 프로젝트는 바로 이러한 수업 방식을 효과적으로 담아낼 수 있다고 하겠다. 이 같은 문제의식에 착안하여 본장에서는 앞서 예비 초등 교사들이 구성한 이순신을 중심으로 한 역사 인물 프로젝트의 문제점을 지적하고 앞으로의 과제에 대해 몇 가지 언급하고자 한다.

먼저 고려할 점은 현 단계 예비 초등 교사들은 역사적 인물을 대상으로 한 프로젝트 수업을 거의 경험하지 못하고 교원양성대학에 진학했다는 사실이다. 예컨대 역사 프로젝트 수업이란 무엇인지, 어떠한 방식으로 수업의 절차가 이루어지는지, 프로젝트 실행 과정에서 교사와 학생이 어떠한 역할과 활동을 하는지에 대한 구체적인 이미지나 인식이 빈약할 수 있다는 점이다. 이 같은 점

12) 양호환, 「역사교사 양성 문제와 교과과정」『역사교육』 97, 2006, pp.172~173. 서경혜, 「교사들의 교육과정 재구성 실천 경험에 대한 사례 연구」『교육과정연구』 27(3), 2009.

을 감안해 볼 때, 예비 초등 교사들이 보여준 보고서는 구성상 양적 · 질적 평가와는 무관하게 미완의 가능성을 시사해준다고 판단된다. 왜냐하면 프로젝트 작성에 앞서 예비 초등 교사들을 대상으로 구성에 필요한 몇몇 가이드라인과 유의점을 안내하였는데, 대체적으로 외견상 그에 상응하는 보고서를 만들어냈기 때문이다.

더욱이 형태상 전체적인 구성과 절차에 따라 조합한 프레임은 큰 문제가 없어 보이지만 여전히 미시적인 차원에서의 접근은 적지 않은 재조정이 필요하다고 생각된다. 예컨대 (대)주제와 이를 뒷받침하는 차시별 세부 주제들과의 역학 관계가 정합적 구성을 지니고 있지 못한 점에서 읽을 수 있다. 이러한 점에 유의하여 그에 대해서 몇 가지 지적하고자 한다.

첫째, 역사 인물 프로젝트의 첫 단계인 프로젝트 개관의 경우 예비 교사가 프로젝트의 초점과 절차 및 방향에 대해 구상하는 것을 언급해야 하지만 서술한 내용들이 매끄럽지 못한 것은 물론이고 종전 역사교육에서 드러난 문제점을 반복적으로 기술하고 있다. 프로젝트 접근과 같은 중장기적인 수업을 이끌어가기 위해서는 수업의 초점과 방향을 교사 스스로의 교육관에 입각하여 인지하는 것이 요청된다는 점에서 아쉬움을 던져주고 있다.

둘째, 인물 선정의 배경과 그 교육적 가치에 관한 서술 또한 역사적 인물에 대한 일반적인 인식을 노출하고 있음이 확인된다. 가치론적인 견지에서 볼 때 역사적 인물을 대상으로 한 교육적 판단은 무엇보다 교육적 가치에 따라 이루어져야 한다. 이때의 교육적 가치는 다름 아닌 해당 인물이 지닌 고유한 가치를 의미한다. 그런데 막상 이순신이라는 인물의 가치에 대해서는 역사적 인물과의 만남이 친숙하게 다가올 수 있고 이를 통해 역사의 주체로서 학습자 스스로를 인식할 수 있다는 점에서 공감을 구축할 수 있다는 취지로 기술하고 있음을 보여주고 있다. 이러한 지적은 인물 학습의 교육적 의의를 단순히 드러내준다고 하겠다. 통사적 지식 중심의 교육을 기계적으로 학습한 학생들의 행태를 극명하게 읽을 수 있는 증좌라고 본다.

교육적인 시각에서 볼 때, 이순신이라는 인물에게 내재한 교육적 가치는 조선왕조 건국 이후 전쟁이라는 전대미문의 광란의 회오리 과정에서 이순신이 보여준 그만의 생각과 자세가 무엇이고 그 배경은 어떠했는가 하는 점을 부각시켜야 한다. 왜냐하면 의주로 도피한 선조가 사냥을 하던 때 "온 나라의 신민들이 죽지 못하는 것을 한으로 여기고 있다. 그런데도 임금의 수레를 따르는 여러 신하들은 나라를 회복하는 것을 뒤로 하고 사적인 감정을 드러내는 것으로 때를 얻고 있다. 아아! 썩은 나무가 정권을 잡고 걸어 다니는 송장이 권력을 사용한다."라는 기록과,[13] "경기 수 백리 안에는 비축한 식량이 없어 민생이 마치 길바닥의 고인 물에 모인 물고기처럼 날을 세면서 죽기만을 기다리고 있습니다"[14]라는 유성룡의 상소문을 통해 나타나듯이, 200년 만에 맞이한 절체절명의 전란의 터널을 통과하면서 무장 이순신이 보여준 극적인 삶과 생각 그리고 자세는 이 시대를 살아가는 우리 모두의 삶에 커다란 반향을 초래할 수 있기 때문이다.

역사학계의 통사적인 시각에서 볼 때, 이순신 전승의 주된 비결은 절대적으로 열악한 조건에도 불구하고 절대적으로 이길 수밖에 없는 상황을 스스로 모색하며 연출한 것으로 보고 있다. 물론 이러한 지적은 청종할 만하다. 그러나 이순신 승전의 정체는 그의 내면세계와 자세를 통해 보다 입체적으로 읽을 수 있다. 일반적으로 인간은 자신을 둘러싼 여건과 환경의 영향을 받으면서 생존한다. 하지만 이순신은 눈앞에서 몰려오는 수많은 왜군들과 뒤에서는 자신을 향해 의심의 눈초리를 보내며 중상과 모략을 되풀이하는 선조와 조정의 중신들 사이에서 결코 흔들리지 않고 오로지 신념에 따라 해전을 수행하였다. 특히

13) 정경운,『고대일록』권1, 1593년 1월 1일.

14)『선조실록』선조 26년 3월 4일 기미. 그밖에도 임진왜란 직후 극도로 피폐한 사회상은 열거할 수 없을 정도이다.

이순신의 전투 가운데 명량해전은 앞선 칠천량의 패배에 따라 남부 해안의 제해권을 상실함으로써 조선 수군의 기반이 거의 붕괴된 전황(戰況)을 딛고 재기의 발판을 구축했다는 점에서 주목된다. 그래서 필자는 칠천량 대패 직후의 후유증 곧 수군이 주둔한 군영 안팎에 스며든 극도의 두려움과 불안, 강박감 등의 공황 상태를 극복해야하는 한편 그 연장선상에서 맞서야만 하는 명량이라는 또 다른 불확실한 해전이 빚어낸 암울한 죽음의 그림자를 뛰어넘는 힘이 무엇인가를 보여준 이순신의 자아에서 교육적 가치를 찾아야 한다고 본다.

이순신이 명량해전을 눈앞에 두고 휘하 장졸들을 향해 '반드시 죽고자 하면 살 것이요, 살고자 하면 죽을 것이다'라고 했던 초극적 사유에 따른 말은[15] 당시 해전에 즈음하여 조선 수군 내부를 시시각각 압박하는 정서적 · 심리적 상태가 얼마나 극명하게 요동치고 있음을 반증한다. 더욱이 이와 맞물려 이순신이 두 번째 백의종군의 신분에서 풀려났을 때(당시 선조와 조정의 신료들을 중심으로 잔존하는 수군병력을 해체하여 육군에 재편하려는 논의가 분분한 시점에서) 어머니를 잃고 "목 놓아 울부짖으며 어서 빨리 죽기를 바랄 따름이다"라는 절규를 쏟아내면서도 그는 조정의 논의 추이를 지켜본 직후[16] 선조를 향하여 "…신에게는 아직도 12척이 있습니다. 비록 전선은 적지만 신이 죽지 않는 한 적이 감히 우리를 무시하지는 못할 것입니다…"라는 비장한 상소문을 올렸다.[17] 이런 사실은 삶이 송두리째 파탄난 시점까지도 그가 왜적에 의하여 자리매겨지는 무장의 위치를 지켰다는 점을 보여준다.

흔히 자존감이 약한 사람은 판단을 당하거나 비평을 받을 때, 굴욕감을 느끼는 것을 매우 두려워한다. 반면 자존감이 있는 사람은 자신이 할 줄 아는 것과 할 수 없는 것을 안다. 따라서 앞에서 언급한 점에 비추어볼 때, 이순신이 선

15) 『난중일기』 1597년 9월 15일.

16) 여기서 우리는 무장 이순신이 아닌 인간 이순신이 표출하는 극도의 상실감과 고통이라는 감정을 확인할 수 있다.

17) 李芬 撰, 『李忠武公行錄』

조에게 바친 글은 백의종군 직후의 암울한 여건과 추이 속에서, 어머니가 돌아가셨다는 비보 앞에도 끊임없이 솟구치는 절망적 감정과 자괴감에 매몰되지 않고 오히려 아직 자신이 죽지 않고 살아있음을 힘껏 드러내고 있다. 이러한 태도는 끝까지 자신이 서 있는 자리를 지키면서 주어진 상황을 직시하여 난국을 정면으로 돌파하려는 이순신 자아의 자존감을 보여주는 명백한 근거가 된다고 하겠다.[18] 그래서 이순신은 역사적 실존 인물로서 날개짓하며 부활하였고 그런 까닭에 우리 모두의 이순신이며 역사적 자아로 자리매김했다고 본다.[19]

---

18) 이 같은 시각은 이순신이 해전에서의 잇단 승리로 말미암아 우월감에 빠지거나 과도한 자존감으로 자신을 부적절하게 높이는 교만의 사슬에 묶이지 않고 인지·성찰한 점을 통해 알 수 있다. 그래서 "누군가를 깊이 안다는 것, 그 중에서도 나 자신을 깊이 알아가는 일은 바닷물을 뚫고 달의 소리를 듣는 것과 같다. 한 마리 매가 반짝이는 나뭇잎들을 내 발치에 물어다 놓게 하는 것과 같다"고 한 글은 주목된다(마크 네포 지음, 박윤경 역, 『고요함이 들려주는 것들』 흐름출판, 2012).

19) 특히 전란의 끝자락에 이르러 사신(史臣)이 이순신에 관해 기술한 다음의 기사는 주목된다. "이순신이라는 인물은 충용(忠勇)하고 또한 재략(才略: 재능과 경륜)이 있었으며 (군의) 기율(紀律: 군의 질서와 군율)을 투명하게 하여 병사들을 사랑하니 모든사람들이 좋아해 따랐다. 앞서 통제사 원균(元均)은 견줄 수 없을 정도로 탐학(貪虐)하여 크게 군사들의 인심을 잃고 모든 사람들이 그를 배반했으며 마침내 정유년 한산(閑山)패전을 초래하였다. 원균의 사후 (이)순신이 뒤를 이어……이순신의 부음(訃音: 죽었다는 소식)이 알려지자 호남(湖南) 전역(湖南一道: 호남 전체를 지칭)의 사람들이 모두 통곡하여 노파(老婆: 늙은 여자)와 아이들까지도 슬퍼하며 울지 않는 자가 없었다. 국가를 위한 충성으로 몸을 잊고 전사한 의리는 비록 옛날의 어진 장수라 하더라도 이보다 더할 수 없다. 조정에서 사람을 잘못 써서 (이)순신으로 하여금 그 재능을 다 펴지 못하게 한 것이 참으로 애석하다" (『선조실록』 권106, 선조31년 11월 27일 무신).

이순신에 대한 이러한 평가는 다음 자료에서도 읽을 수 있다. 일찍이 섭공(葉公) 자고(子高)가 사신 자격으로 제(齊)나라로 가기에 앞서 공자는 그에게 "천하에는 큰 법칙이 두 가지가 있습니다. 그 하나는 운명이며 다른 하나는 의로움입니다. 자식이 어버이를 사랑하는 것은 운명입니다. 그것은 마음으로부터 풀어 놓을 수가 없는 것입니다. 신하가 임금을 섬기는 것은 의로움입니다……이것을 큰 법칙이라 부르는 것입니다. 그래서 그의 어버이를 섬기는 사람은 처지 여하를 막론하고 어버이를 평안히 모시는 법인데, 이것이 효도의 극치입니다. 그의 임금을 섬기는 사람은 일의 여하를 가리지 않고 임금을 평안히 모시는 법인데, 이것이 충성의 위대함입니다……나라의 신하가 된 사람은 본래부터 자기로서도 어쩔 수 없는 일이 있으니, 일의 실정을 따라 행동하면서 그 자신은 잊어야 합니다. 삶을 기뻐하고 죽음을 싫어할 틈이 어디에 있겠습니까?"라는 말을 하였다(『장자』 제2편, 齊物論).

장자는 세상사에 초연하며 생사를 초월한 인물 곧 '지극한 사람'을 이상적인 인간상으로 본 개인의 실리만 따지는 경박한 세태와 그로 인한 갈등이 빚어지는 오늘날 아들로서, 아버지로서, 장수로서 이순신이 삶 속에서 보여준 치열한 정신과 생명력, 태도는 우리들이 반드시 배워야하는 요소인 셈이다. 요컨대 이순신의 생각과 감정, 절제와 인내, 용기, 의지 등의 여러 모습은 우리 모두가 낯선 외부세계와 만났을 때, 주목해야 할 만한 교육적 가치를 지니고 있다.

교육이 학습자의 변화와 성장을 전제로 한 의도적 활동이라면 학습자의 변화와 성장을 도출하기 위해서는 이순신의 생각과 행적으로부터 무엇을 이끌어내야 하는가를 깊이 생각해보아야 한다. 이런 점에서 역사라는 주제(인물이나 사건) 속에 내재된 가치를 찾아내는 태도가 필요하다고 하겠다.

셋째, 약안 구성을 할 때, (대)주제에 근거하여 차시별 주제로 제시한 세부(소)주제와의 관련성 문제를 들 수 있다. '이순신을 통해 우리를 바라보다'라는 주제를 제시하고 1차시: 임진왜란 당시의 시대적 배경과 이순신의 생애 2차시: 백의종군 3차시: 이순신의 고뇌 4차시 리더 이순신에게 배우는 삶의 덕목 5차시: '역사와 나?', 프로젝트 수업의 의의를 차시별 약안으로 구성하는 한편 4차시 세안의 경우에는 수업활동에 필요한 구체적인 사료를 선정하여 열거하고 있다. 그러나 1차시의 경우 임진왜란의 배경이라는 표현보다는 당시의 시대적 동향이라고 서술하는 것이 좋다고 본다. 왜냐하면 단순히 시대적 배경이라고 하면 임진왜란 발발의 배경으로 이해될 수 있기 때문이다. 또한 1차시에서 이순신의 생애를 개관하는 것은 1차시가 문제의 초점과 행방을 부각한다는 견지에서 볼 때 논리적으로 부합되기 어렵다고 하겠다. 2차시와 3차시 또한 정합적인 차시 구성이라고 볼 수 없다. 이순신의 고뇌는 백의종군을 비롯하여 다양한

다. 이런 점에서 전란의 와중에서 어머니를 생각하는 마음을 감추지 않았지만 부음 소식에 비통해하며 울부짖는 이순신의 포효하는 모습이나 자신을 믿지 못하고 잦은 시기와 의심의 눈초리를 노출한 선조의 언행에 아랑곳하지 않고 시종일관 그리움과 충성심을 보인 이순신이야말로 장자가 추구한 이상적인 인물이라고 생각된다. 결국 이순신은 천하의 법칙을 모두 갖춘 인물로서 우리와 구분되는 성웅인 셈이다.

형태로 나타나는데 이를 분리해서 접근하는 것은 타당하지 않다. 뿐만 아니라 3 · 4차시에서 내가 만약 선조의 신하였다면, 이순신의 어머니가 되어 편지쓰기 등의 수업활동은 역사적 감정이입을 고려한 것이지만 입장의 동일성과 동질성에 근거하지 않은 오류라는 점에서 신중할 필요성이 크다.

마지막으로 본시 교수 학습의 타이틀(세안) 역시 다른 여타의 차시들과 계기적인 연관성을 지니고 있지 못하다는 점에서 주의할 필요가 크다. 4차시가 하나의 유의미한 주제가 되려면 앞선 차시들과의 연장선상에서 인과관계를 지니고 있어야 하는데 백의종군이나 이순신의 고뇌와 관련시켜볼 때, 연결성이 떨어지는 상태에서 4차시를 하나의 독립된 차시로 설정한 것은 문제라고 하겠다. 요컨대 주제를 대상으로 한 개별 차시 구성이 순환적인 관계성을 보여주지 못하고 있는 점은 적지 않은 아쉬움을 주고 있다. 주제는 개별 차시들을 통합하여 집약적으로 부각되어야 하며 개별 차시들과 그 관계망은 주제를 응집해서 축약적으로 보여줄 수 있어야 한다.

따라서 이순신을 통해 나를 살펴보려면 임진왜란이라는 전쟁이 초래한 정치 · 사회적 피폐의 실태나 그 과정에서 드러난 이순신의 갈등과 고뇌를 진단하는 한편 여기서 도출할 수 있는 이순신의 역할과 자세를 하나의 항목으로 설정한 이후 수업 활동을 만들어가는 것이 바람직하다고 판단된다. 하지만 이러한 시선에 이르지 못한 원인은 무엇보다 종래 예비 초등 교사들이 역사 인물 프로젝트에 근거한 역사수업 지도안을 구성한 경험이 거의 없다는 점에서 비롯된다는 점은 두말할 나위가 없다. 앞으로의 교수 · 학습 지도와 관련시켜 볼 때 풀어야할 과제를 확인한 셈이다.

Ⅳ 맺음말

본고는 이순신을 대상으로 예비 초등 교사들이 수행한 역사 인물 프로젝트 지도안의 실태를 검토하고 몇몇 문제점을 살펴본 것이다. 연구자가 교사자질 향상과 관련된 요소 가운데 주목하는 것은 교육과정 재구성에 필요한 자율적 교수 · 학습 능력의 배양에 있다고 본다. 하지만 이러한 중요성에도 불구하고 역사교수 영역에서 그 실천 사례에 대한 접근은 거의 찾아볼 수 없는 형편이다. 그래서 필자는 어떻게 하면 예비 초등 교사들이 역사수업에서 교육과정 재구성이라는 시각에 입각하여 수업 지도안을 구성할 것인가를 다각도로 탐색한 결과 역사 인물 프로젝트라는 프레임을 통해 이 문제를 풀어내려고 하였다. 물론 이 같은 시도는 프로젝트 접근이 차지하는 교육적 성과의 반향을 적극적으로 원용하여 이를 역사교수 영역에 적용한 것이다.[20)]

이제까지의 역사수업이 여전히 특정한 주제나 통사적 지식에 근거한 연대기적 회상에 국한되고 있는 점을 감안하면 역사상 뚜렷한 발자취를 남긴 역사적 인물에 초점을 맞추어 추구할 만한 가치가 있는 문제들을 통해 그들의 생각과 자세를 추적하는 역사 인물 프로젝트는 역사수업을 기획하고 설계하는 주체로 하여금 우리가 누구인지, 무엇이 문제인지, 어떠한 태도로 살아가야 하는지에 관하여 생각하도록 유도할 수 있다고 하겠다. 삶이라는 길의 성패는 자세에 달려 있다. 어떠한 자세를 견지하는가 하는 것은 학습자가 어떠한 생각을, 어떠

20) 초등 단계에서 프로젝트 접근의 교육적 평균 효과가 크다는 견해에도 불구하고(한경희 · 정정희 · 정한철, 「프로젝트 접근법의 효과에 대한 메타분석」『아동학회지』 25(6), 2004), 역사 영역에서 적용한 사례는 필자의 연구를 제외하면(송인주, 「예비 초등 교사들의 역사 프로젝트 구성상의 문제점과 과제」『역사교육논집』 67, 2018. 송인주, 「예비 초등 교사들의 역사 인물 프로젝트 후기 분석」『사회과교육』 58(2), 2019. 송인주 · 이하나, 「초등 5학년 학생들의 역사 인물 프로젝트」『역사교육논집』 75, 2020) 극히 제한적이다.

한 마음을 가슴에 담고 있는가에 따라 결정된다. 따라서 역사 인물 프로젝트는 그 연장선상에서 해당 인물의 정체를 짚어보고 그 자세를 읽어내는데 있다고 생각한다.

그래서 한반도 전체를 광란의 소용돌이로 몰아넣은 임진왜란 당시에 23전 23승 불패신화를 만들어낸 이순신의 존재는 주목할 만하다고 본다. 다만 교육적 관점에서 볼 때 이순신이 미증유의 해상 전투에서 전승을 거둔 가시적인 업적보다는 앞서의 지적처럼 그러한 결과를 이루어낸 복합적 배경이 무엇인가 하는 점이 부각되어야 한다고 판단된다. 왜냐하면 종전 역사수업에서 학생들의 역할이 부재했던 점을 고려하면 중요한 역사적 주제를 매개로 한 질문들을 조사하고 접근하는데 아동들을 참여시키는 활기찬 역사교육과정이 요청되기 때문이다. 이것이 바로 역사교과의 성격과 목적을 이해하는 것이다. 이를 위해서는 미래의 교사들이 그에 상응하는 수업 플랜을 지도안이라는 청사진 위에 그려놓을 수 있는 경험이 매우 필요하다고 하겠다. 본고는 그 출발선상에 놓여 있는 셈이다.

03 Chapter

예비 초등 교사들의 역사 인물 프로젝트

-정약용을 중심으로-

Chapter 03

예비 초등 교사들의 역사 인물 프로젝트

-정약용을 중심으로-

요약: 해방 정국 이후의 역사교육은 한국사 연구와 더불어 괄목할 만한 성장을 거듭하고 있다. 역사교육과정과 교과서 분석을 비롯하여 학습 자료의 개발과 활용, 교수·학습과 평가, 현장성을 강조한 유형별 교수 지도의 방법 등 다양한 주제를 폭넓게 다루고 있다. 그러나 여전히 교육적인 시각에서 볼 때, 학생들의 성장과 변화를 겨냥한 연구는 적지 않은 과제를 남기고 있다. 물론 역사교육 현장에 제공해야 하는 시각과 내용의 문제를 둘러싼 논고들도 있지만 효과적인 결실을 맺지 못하고 있다. 따라서 역사교육이 학습자 주체로 하여금 그들의 삶에 필요한 문제를 이슈화하여 이를 교육적 행위에 적용할 수 있는 관점과 내용으로 끌어내려면 새로운 돌파구를 찾아야 한다고 본다. 최근 몇몇 역사적 인물을 중심으로 한 역사 인물 프로젝트에 대한 설계는 이러한 배경에서 출발하였다. 역사적 인물을 대상으로 한 접근은 그들이 실현한 가시적인 업적에 기초한 역사지식보다는 역사라는 타자와의 관계 속에서 '나'라는 자아의 삶

속에 내재된 문제들을 조명하고 자신이 살아내려는 삶의 길을 찾아가려는 데 초점을 맞추어야 한다고 본다. 이러한 시각은 무엇보다 교육적 판단이 교육적 가치에 따라 이루어져야 한다는 교육적 명제를 고려할 때 자명하다고 하겠다. 이제는 학생들이 그동안의 통념적 역사지식에 따라 자신들과 무관한 역사적 인물들의 삶을 이야기하는 것은 지양되어야 한다. 그래서 본고는 역사와 역사 교육이라는 개념의 정체를 진단하면서 그 실체가 예비 초등 교사들의 역사 인물 프로젝트에 어떻게 나타나는지를 확인해 보았다.

I 문제 제기

이제까지 역사라는 개념의 의미를 둘러싼 논의는 그 중요성에 비추어 열거할 수 없을 정도로 분분하지만 아직 명확한 실체를 드러내지 못하고 있다. 더욱이 교육적인 시각에서 볼 때, 개념에 대한 적확한 이해를 위한 동의된 절차가 결여된 상태와 짝하여 역사자체 또한 부분적이며 선택적이라는 속성을 감안하면 그동안 수많은 담론이 양산될 수밖에 없는 동향을 역설적으로 읽을 수 있다.[1] 그럼에도 불구하고 기본적으로 역사를 이해한다는 것은 현재의 우리들

1) 이 점은 현대 역사학의 지침서로써 가이드 역할을 한 종래의 대표적인 연구에서도 확인된다. 이기백 · 차하순 편, 『역사란 무엇인가』 문학과 지성사, 1976. 박성수, 『역사학개론』 삼영사, 1977. 베네데토 크로체 著, 이상신 역, 『역사의 이론과 역사』 삼영사, 1978. 시드니 후크 著, 민석홍 역, 『역사와 인간』 을유문화사, 1982. 林健太郎 著, 우윤 · 황원권 공역, 『역사학 입문』 청아출판사, 1983. 齊藤孝 著, 최민 역, 『역사와 역사학』 형성사, 1983. 太田秀通 著, 방기중 역, 『역사과학론』 청아출판사, 1985. 이 가운데 일찍이 역사란 무엇인가? 하는 의문을 제시하고 역사연구에 대한 역사가의 기본적 태도를 검토하면서 역사라는 것은 오늘날에 이르기까지

의 삶과 과거가 남긴 증거물들 사이의 접점이라는 점은 분명하다고 본다. 따라서 적어도 역사를 연구한다는 것은 무엇을 어떻게 문제로 삼아야 하는 것인지, 그리고 역사적으로 보는 방법이라는 것은 현실생활에 있어서 어떠한 생활 자세와 관계되고 있는지를 짚어보아야 한다는 점은 자명하다고 하겠다.

이상의 지적에 따라 본고에서는 역사란 무엇인가? 하는 점에 대한 몇몇 견해에 토대하여 역사교육현장에 제공해야만 하는 시각과 내용의 문제를 예비 초등 교사들이 담아낸 보고서를 검토하고 그 문제점을 짚어보려고 한다. 이러한 접근은 역사교육이 역사교육을 위해 추구해야 하는 교육적 행위에 적용될 수 있는 관점과 내용의 문제를 더 이상 미루지 말아야 하겠다는 판단 때문이다. 아울러 현 단계 역사교육이 학습자들의 삶과 교육 문제에 유용하게 기여하려면 무엇보다 종래 학습자로서 우리가 배웠던 역사지식에 관한 이슈와 입장은 물론이고 그것이 보여준 영향력에 관해 생각해보았던가? 하는 점을 되돌아보아야만 한다고 본다. 왜냐하면 우리가 학교교육에서 일상적으로 배우는 것들은 학습자들의 삶과 직결한 동기와 근거에 기초해서 이루어져야 하는데 역사지식에 대해서는 적지 않은 학생들이 필요성 여부를 알려는 동기나 그것들이 현실적으로 체화되었는지를 보여주는 사례 연구는 거의 간과되고 있기 때문이다.

검증되지 않은 지식으로 생각하고 삶을 사는 것, 일상적인 추이에 따라 자동화된 사고를 하며 사는 것은 결과적으로 학습자의 실존적인 삶을 만들어갈 수 있는 기회를 잃어버리게 만든다. 역사라는 타자와의 관계 속에서 '나'라는 자아의 삶의 문제들을 조명하고 자신이 살아내려는 삶을 찾아가려면 무엇을 확보해야 할지 유념해야만 한다. 그래서 교육적 판단은 교육적 가치에 따라 이루어

의 인간생활의 모든 자취 일체에 관해 그 본질이 무엇인가? 그리고 이러한 과거를 체계적으로 탐구한 내용은 어떠한 것이 되어야 하며 또 그러한 탐구의 한계는 어디에 있는가? 하는 점을 물음으로 던진 논고가 주목 된다(이기백 · 차하순 편, 『앞의 책』. 역사라는 개념에 내재된 다양한 의미상의 용례를 가장 적확하게 서술했다고 생각한다. 이 점에 관해서는 2장에서 보다 상세히 언급할 것이다.

져야 한다는 교육적 명제는 매우 타당하다고 생각한다.

이러한 맥락에서 본고는 종래 역사와 역사교육의 관계를 둘러싼 논의를 진단하고 그 연장선상에서 예비 초등 교사들이 구성한 역사 인물 프로젝트의 실제를 분석하려고 한다. 이 같은 작업은 앞으로의 역사교육의 초점과 방향을 기획하고 설계하는데 작은 시금석이 될 수 있다고 본다.

Ⅱ 역사와 역사교육의 관계

역사와 역사교육의 관계를 언급하기에 앞서 종전 Alan Griffin이 지적한 다음 지적을 통해 본장의 논의를 이끌어내는 단초로 삼고자 한다.

> 사람들은 역사교육에 관해 생각해보기 전까지는 역사교육이 무엇인지 안다. 그러나 일단 이 문제를 생각하기 시작하면 아무도 역사교육이 무엇인지 모르게 된다.[2]

그리핀의 지적은 과거 미국에서 전개된 역사교육의 내용과 방법에 대한 100여 년의 논쟁의 해묵은 정체를 상징적으로 보여준다.[3] 그러나 역사와 역사교육의 학문적 논거와 정체성을 둘러싸고 치열한 논쟁을 거친 미국에 비해 아직

2) 키쓰 바튼 · 린다 렙스틱 지음, 김진아 옮김, 『역사는 왜 가르쳐야 하는가』 ㈜역사비평사, 2017, 각주1에서 재인용.

3) 역사와 역사교육의 학문적 정체성에 관한 연구사적 논쟁은 키쓰 바튼 · 린다 렙스틱 『위의 책』에 간결하게 정리되어 있다.

까지도 한국은 양자 사이의 협력적 의견을 위한 아카데믹한 논의들이 첨예하게 부각된 경우는 거의 찾아볼 수 없다. 더욱이 1920년대를 기점으로 국가 사회적 필요성에 따라 대두한 다문화교육정책을 통해 미국 내의 다양한 가치를 자신들의 특수한 역사적 정황 속에 담아내려는[4] 교육적 수단의 일환에서 역사와 역사교육을 바라본 반면 그동안 단일민족 혹은 단일문화를 표방하면서 깊이 뿌린 내린 한국 민족주의로 말미암아 역사와 역사교육과 연계된 교육적 담론은 여전히 자리매김을 하지 못하고 있다.[5]

왜냐하면 전자가 근본적으로 미국의 건국철학과 정신 그리고 가치를 민주주의라는 역사적 관념과 신념을 실현하려는 차원에서 교육정책과 전략이 추진된데 반해 후자는 해방이후의 열악한 공간에서 시기마다 트렌드로 부상한 서구의 교육철학사조에 입각하여 교육정책들이 수립되었기 때문이다. 역사교육을 비롯한 한국의 모든 교육정책과 결정들은 한국사회가 지향하는 장기적인 방향과 인물상 그리고 교육적 가치의 토대에서 이루어져야 한다고 본다. 이런 맥락에서 우리가 역사를 통해 역사교육을 구현하려면 교육적 가치는 무엇이고(가치의 개념화), 그것은 왜 중요한지, 그리고 그것이 최종적으로 만들어내려는 사회상과 인간상은 무엇인지에 대한 교육적 논의와 그에 상응한 메타담론이 병행되어야만 한다.[6]

역사(학)는 기본적으로 죽은 자들이 삶이라는 무대 위에서 남긴 유형 · 무형의 자취에 대한 흔적에 근거하여 성립한다. 물론 이때의 기록은 오로지 문서와 비판 그리고 삶과 사상이라는 문헌적 요소들의 결합이다.[7] 그런데 지금까지

---

4) 송인주, 「미국 다문화교육의 시각과 역사교육의 방향」『역사교육논집』 49, 2012.

5) 최근에 이르러 다문화정책과 다문화교육이 강조되면서 교육기관이나 공공기관에서 풍부한 활동들이 진행되고 있지만 오랜 시기에 걸쳐 축적된 통념적 단일문화의 속성을 발전적으로 해체하지는 못하고 있다.

6) 이에 관한 서술은 후술된다.

7) 베네데토 크로체 역, 이상신 역, 『앞의 책』 p.21.

역사라는 개념은 기록이라는 것, 발전과정이라는 의미, 과거사건 자체와 그 사건들의 기록과 의미, 역사가와 사실의 상호작용, 사건의 객관적 기술의 의미, 인간의 과학 등 다양한 용례로 알려져 왔다. 이처럼 몇몇 정의(定義)를 고려할 때, 역사라는 개념을 명확하게 정립하는 것은 매우 지난한 것으로 보인다. 그 결과 역사라는 용어를 매개로 파생되는 적지 않은 개념들 예컨대 역사인식, 역사의식, 역사이해, 역사주의, 역사적 상대주의 등 역사(학)의 대상과 세부 범주와 이론과 방법을 둘러싼 접근 또한 백가쟁명(百家爭鳴)의 형국을 빚어내고 있다.

더욱이 역사자체의 개념에 관한 합의점이 거의 선행되지 않은 국면에서 역사이해와 방법론을 비롯하여 사관의 유형문제까지 거론됨으로써 적지 않은 연구들이 넘쳐나고 있지만 실제로 그것이 후일 가져다준 교육적 효과는 심각한 혼선과 혼란을 초래하고 있다. 왜냐하면 앞서 언급하였듯이 이제까지 한국 역사교육학계의 기조는 대개 아카데믹한 학문으로서 역사와 역사교육을 연구하는 전문가들의 연대적 제휴 관계에 의거하여 관련 개념을 제시하고 있지만 막상 그 성과의 밑바탕에는 교육적 시각과 가치라고 할 만한 교육철학적인 입장에[8] 따른 접근이 뿌리를 내리지 못하고 있기 때문이다.

만약 교육이 사회과학이라는 한정된 토픽을 다루는 것이 아니라 사회적 규모에서 이루어지는 실험정신이라고 한다면[9] 그 정신의 가치와 가치표준은 학습자로 하여금 학습 경험을 삶에 적용하며 구현하도록 해야 한다고 본다. 따라서 역사와 역사교육이라는 협력적 장르에서 진행하는 교육내용과 방법 또한 어떻게 하면 이 같은 실험적 정신에 따른 경험을 이끌어내는가 하는 것으로 귀결된다고 하겠다.

역사와 역사교육이라는 개념에 관한 문제는 그 본질상 역사와 역사교육의 이론과 실제연구가 서 있는 주춧돌이다. 하지만 교육적 관심과 질문이 빈약한

8) 송인주, 「역사교육 개념의 반성적 검토」『초등교육논총』31(2), 2015, p.34.

9) 존 듀이 저, 이홍우 번역 · 주석, 『민주주의와 교육』 교육과학사, 1996.

상태에서 역사와 역사교육을 둘러싼 개념이 전개된다면 그것은 추상적인 이해로 그칠 수밖에 없다. 이 점은 앞서 지적하였듯이 종래 해방 정국을 맞이하며 우리 역사의 정체성과 방향을 자각하게 해준 숱한 역사적 이슈들을 교육이라는 장르 안에서 확인하고 재현할 수 있는 계기적 통로로써 활용하지 못하고 급변하는 일련의 사회적 추이에 대한 대응의 장이 되고 말았던 점에서도 확인된다.

그래서 무엇보다 전통적 가치와 새로운 가치가 만나는 경계선상에서 현재를 재구성할 수 있는 교육적 성찰과 자성의 시선이 요청된다. 요컨대 지금의 역사와 역사교육이 출발단계에서부터 얼마나 교육적 차원에서 한국사회가 안고 있는 문제들과 그 속에서 자라나는 학습자의 삶을 겨냥하며 그 비전과 목적을 갖추어 나갔는지를 짚어보아야 하겠다. 그러면 이 같은 논의에 유념하면서 역사와 역사교육의 개념 사이의 관계에 관한 다음 견해를 통해 그 실상을 살펴보자.

> **A:** 역사교육은 역사학에서 이루어 놓은 학문적인 연구 성과의 바탕 위에서 교육 목적을 달성하고자 학교 교육에 있어서 실시하는 교과교육의 한 분야이다(송춘영, 『역사교육의 이론과 실제』 형설출판사, 2001, P.16).

> **B:** 역사교육은 역사를 소재로 하여 인간을 교육하는 활동이다. 즉 인간의 과거에 대한 지식을 가르치고 이를 기초로 역사적 사고력과 통찰력을 신장시키며 바람직한 역사적 가치관과 태도를 함양하기 위한 교육활동이 역사교육이라고 할 수 있다. 왜냐하면 역사교육에서 역사라고 하는 것은 교육의 목적인 동시에 수단이 된다. 역사적 내용을 가르친다는 측면에서 볼 때는 역사가 교육의 목적이지만 이를 소재로 바람직한 역사적 기능과 태도를 함양시킨다는 측면에서는 교육적 수단이 되기 때문이다(정선영 외 3인, 『역사교육의 이해』 삼지원, 2001, P.19).

교육이라는 과정적 삶의 가치를 학습자가 구체적으로 경험할 수 있는 기반을 축적하려면 무엇보다도 학습자의 실제적인 삶과 연동된 역사적 소재를 매개로 한 학습능력이 요청된다고 본다.[10] 앞서 인용한 역사교육을 둘러싼 대표적인 연구를 보면 기본적으로 역사와 역사교육이 불가분의 관련성을 지니고 있다는 점은 일치해 보인다. 그러나 전자의 견해에 따르면 역사학에서 구축한 학문적인 성과에 입각하여 교육 목적을 연계한 것을 확인할 수 있는데 문제는 준거의 가이드라인이 명백하지 않다는 점이다. 그리고 후자의 경우에도 역사를 교육의 목적과 수단으로 거론하면서 역사교육을 정의하고 있지만 교육이라는 개념의 정체성에 대한 지적이 빠져 있는 한계가 있다. 다만 양자의 지적에서 확인할 수 있는 점은 교과교육의 하나로 역사교육이 지닌 포괄적인 성격에 관해서 논의가 되고 있다는 것이다.

하지만 교육적인 시각에서 볼 때, 학교라는 공간을 어떻게 이해할 것인가? 그리고 그 공간에서 배우는 학습자를 어떠한 시선으로 볼 것인가? 하는 점과 더불어 학생들이 만나야만 하는 과거에 대한 지식은 어떠한 것인지, 바람직한 인간상과 역사적 가치관은 무엇을 의미하는지에 관한 구체적인 설명이 결여되어 있다는 점에서 많은 아쉬움을 던져주고 있다. 이러한 지적은 역사를 매개로 인간을 교육하는 활동이 어떠한 교육적 관점과 방향성을 설정하는가에 따라 확연하게 달라진다는 점을 감안할 때 필요하다고 본다.[11]

한편 역사가 과거에 남겨진 삶의 흔적을 대상으로 역사가가 연구하는 것이라면[12] 이상 필자가 앞서 언급한 것처럼 삶에서 요청되는 것은 무엇이고 어떠한 시각으로 이 문제를 다루어야 하는가? 하는 점은 더욱 분명해 보인다. 과거

10) 하지만 종전 예비 교사 혹은 교사의 역량 강화를 다룬 몇몇 연구의 경우 수업 전문성 개발을 위한 다양한 논의들이 거론되었지만 주로 수업 기술의 구체화와 교과 내용의 재구성 및 수업 소통 능력에 초점이 맞추어져 있다.

11) 송인주, 「역사교육 개념의 반성적 검토」 『초등교육연구논총』 31(2), pp.34~36.

12) 杜維運 저, 권중달 역, 『역사학연구 방법론』 일조각, 1984, pp.25-26.

와 현재가 만나는 접점은 본질적으로 삶이라는 문제를 떠나서 생각할 수 없다. 그래서 학습자의 실존에 필요한 삶의 정체에 대한 접근은 불가피하다고 하겠다. 물론 삶이라는 것은 무엇인가? 하는 점에 관한 명확한 해답은 없다. 그럼에도 분명한 사실은 강물의 경우 장애가 없는 한 고요히 흘러가는데 반해 우리의 삶은 근원적으로 고정된 것은 하나도 없고 문제와 고통의 연속이라는 점이다. 그래서 역사란 무엇이고 교육은 어떠한 방향으로 그려나가야 하는지를 둘러싼 개념을 비롯하여 연구주제의 프레임과 청사진이 모호한 상태에서 담론이 공전(空轉)된다면 삶의 고통과 위기상황 앞에 집단과 개인이 제대로 대응하는 것을 기대하기는 어렵다고 본다. 그러면 필자가 제기한 논의에 입각하여 종전 예비 초등 교사들이 구성한 몇몇 역사 인물 프로젝트의 사례를 통해 그 진상을 살펴보겠다.[13)]

Ⅲ 역사 인물 프로젝트의 초점과 학생들의 인식

한국사상 여타의 역사적 인물 가운데 정약용은 학급 당 25명 내외의 학생들로 구성된 6개 반에서 8명의 예비 초등 교사들만이 관심을 표명하였다. 따라서 보고서 전체에서 정약용이 차지하는 비중은 높지 않았다.[14)] 조선후기 사회경

13) 본 연구는 2020년 사회과교재연구 및 지도법 강좌를 수강했던 6개 반의 표본 학생 8명이 제출한 교수·학습 지도안 가운데 2장에서 논의한 점들을 중심으로 그 실상을 살펴보려고 한다. 한 반당 대략 25명 내외의 인원으로 구성되었는데 의외로 정약용에 관한 관심은 크지 않다.

제사와 실학에 관한 한국사학계의 논고 가운데 독보적인 위치를 차지하고 있는 인물이 정약용임에도 불구하고 학생들의 주목을 받지 못한 원인에 대해서는 별도의 접근이 필요하겠지만 본고에서는 후일을 기약하고자 한다.

정약용은 1800년 정조가 별세한 직후인 1801년 신유사옥에 연루되었을 당시 정적들의 모함과 질시를 크게 받았다(정약용 『자찬묘지명』). 그 결과 정약용은 전라도 강진으로 유배되어 관직박탈과 사회적 관계의 단절을 경험하면서 자신의 인생 행보를 모색하였다. 결국 정약용은 이를 계기로 이상과 현실이 교차하는 고난과 갈등의 시간을 보내는 동안 '길 없는 길에서 또 다른 길'을 만들어 나갔다. 한국사상 정약용이라는 인물의 존재와 그 정체성이 현대사회에서 부각된 것은 조선후기 한국사 연구의 내재적 발전론과 궤적을 같이하고 있다. 그 결과 정약용의 내면세계에 대한 접근은 본격적으로 조망되지 못하고 말았다.

그러나 학생들이 배워야하는 역사적 인물로서의 정약용이 지닌 교육적 가치는 비교적 순탄한 관직 생활을 하던 시절 그가 구현한 업적이 아니라, 유배라는 절체절명의 암흑기를 경험하며 바라본 시대적 상황과 그 연장선상에서 승화시킨 자아상이라고 본다. 정약용은 1801년 3월 경상도 장기로 유배를 갔다가 그해 10월 강진으로 유배지를 옮겨갔다 두 차례의 유배 가운데 18년의 시간을 보낸 강진에서 보다 처음 7개월 정도 머물렀던 장기에서 자기 독백의 흔적이 강한 한시가 남아 있다.[15] 그러면 다산이 자신의 처지와 자아를 어떠한 시선으로 바라보고 있었는지를 그가 남긴 한시 두 편과 자료3을 통해 살펴보자.

---

14) 최근 63인의 역사학자들이 공동 집필한 연구에서도 정약용의 모습은 찾아볼 수가 없다(『한국사인물열전』 1,2,3권, 돌베개, 2003).

15) 다산이 유배지에서 남긴 한시에 대해서는 다음의 저서가 주목된다. 정민, 『한밤중에 잠깨어 －한시로 읽는 다산의 유배일기－』 ㈜문학동네, 2012. 본문에서 인용한 한시는 이 책을 참고하였다.

한시1. 취한 듯 술 깬 듯 반평생을 보내니 간곳마다 이 몸의 이름만 넘쳐난다. 온 땅 가득 진창인데 갈기 늦게 요동치고 하늘 온통 그물인데 날개 마구 펼친 듯해. 제산(齊山)에 지는 해를 뉘 묶어 잡아맬까 초수(楚水)에 바람 치니 마음대로 갈 수 있나. 형제라도 운명이 다 같지는 않은 법 우활하여 물정 모름 혼자서 비웃누나(정민, 자소(自笑)『한밤중에 잠깨어』㈜문학동네, 2012, p.12. 송재소 지음,『시로 읽는 다산의 생애와 사상』세창출판사, 2015, p.173).

한시2. 초초한 옷차림이 결국 너를 속여서 십 년을 내달려도 피곤함 뿐이로다. 만물 모두 안다면서 어리석어 답 못하고 일천 사람 이름 알아 비방이 따라오네. 고운 얼굴 박명탄 말 그대는 못 보았나 예로부터 백안시(白眼視)는 친지에게 달린 것을. 뱀 비늘과 매미 날개 끝내 어이 믿겠는가 우습구나 내 인생 간데없는 바보로다(정민,『위의 책』p.14).

자료3. 수오재(守吾齊)라는 것은 '나를 지키는 집'으로 큰 형님이 자신의 서재에 붙인 이름이다. 나는 처음 그 이름을 보고 의아하게 여겼는데……장기로 귀양 온 이후 일찍이 홀로 지내면서 생각을 깊이하게 되었다. 어느 날 문득 (이러한 의문점에 대해) 크게 터득할 수 있었다. (그래서) 벌떡 일어나 스스로에게 말하였다. "무릇 천하 만물은 지킬 게 없으나 오직 나만은 마땅히 지켜야 한다. 내 밭을 지고 도망갈 사람이 있겠는가? 밭은 지킬 필요가 없다. 내 집을 지고 달아날 사람이 있겠는가? 그러니 집은 지킬 필요가 없다. 내 정원의 꽃과, 과일 나무를 뽑아 갈 수 있겠는가? 그 뿌리가 땅 에 깊이 박혀 있다. 내 책을 빼앗아 없애 버릴 수 있겠는가? 성현(聖賢)의 경전과 책이 세상에 배포되어 물과 불처럼 흔한데, 누가 마음대로 없애겠는가?……

> 따라서 천하 만물 가운데 반드시 지켜야 하는 것은 없다. 그러나 오직 이 '나'라는 것은 그 성품이 달아나기를 좋아하며 출입이 일정하지 않다. 아주 친밀하게 붙어 있어 서로 배반하지 않을 것 같다가도 잠시라도 살펴보지 않으면 어느 곳이든 가지 않는 곳이 없다. 이익으로 유혹하면 떠나가고 위험과 재앙으로 두렵게 하면 떠나가며 아름다운 음악 소리만 들어도 떠나가고 (미인의) 예쁜 눈썹과 하얀 치아, 요염한 얼굴빛만 보아도 떠나간다. (그런데) 한번 떠나가면 돌아올 줄 모르고 붙들려고 해도 당길 수가 없기 때문에 천하에 잃어버리기 쉬운 것은 나만한 것이 없다. 따라서 돌아보아 마땅히 꽁꽁 얽어매어 그물을 치며 빗장을 걸고, 자물쇠를 채워 단단히 지켜야하지 않겠는가? 나는 (이를 관리하는 것)을 소홀히 하다가 나를 잃어버린 사람이다……(그런데) 오직 큰 형님만이 자신을 잃지 않고 편안히 수오재에 단정히 앉아 있으니 어찌 평소에 지키는 바가 있어 (나를) 잃지 않은 것 때문이 아니라고 하겠는가?……(정약용 지음, 박혜숙 역, 『다산의 마음』 돌베개, 2008. 원문은 『다산시문집』 권13, 『여유당전서』 1집 참조)

엄밀한 의미에서 우리가 만나는 세상에 관한 유일한 지식과 정보의 통로는 우리의 감각적 표면 위에 닿는 외부의 충격이다. 따라서 앞의 자료는 정약용이라는 역사적 인물이 그의 감각기관을 통해 보고 듣고 느끼며 경험한 것을 글로 환원한 것이다.[16] 이런 점에서 다산이 자소(自笑)라는 주제로 남긴 글 가운데

16) 논리경험주의는 인간의 감각 경험에 근본적인 역할을 강조한다. 따라서 경험적 자료로써 환원될 수 없는 서술은 무의미하다고 본다. 즉 문장이나 서술한 글의 의미는 경험과의 관계 속에서 설명되어야 한다는 자세를 견지하고 있다. 이러한 입장에서 학문의 정체성을 둘러싼 다양한 시각과 풍부한 해석학적 담론을 진행하고 있다(김명석, 「사유의 조건으로서 사랑의 원리」 경북대학교 문학석사학위논문, 1998). 필자는 언어 의미론에서 거론되는 행위이론과 행위주체의 서술과 이유, 의미론의 경험검증 등을 참조하여 (백도형, 「데이빗슨의 행위론」 서울대학교 석사학위논문, 1988. 홍경남, 「인간행위의 합리성에 대한 설명: D. Davidson의 행위이론을 중심으로」 성균관대학교 석사학위논문, 1996. 이영철, 『진리와 해석』 서광사, 1991. 김선희, 『자아와 행위: 관계적 자아의 자율성』 철학과 현실사, 1996) 다산의 정신세계와 내면

본문에 인용한 두 편의 한시는 그의 성찰적 삶의 실체를 명백히 보여주고 있다. 특히 그의 한시는 외견상 에세이 형식의 자기 비평적 고백이 주류를 이루고 있다. 또한 단편적인 서사 형식의 표현과 수사법 등 비유적인 연상을 통해 자신의 자아를 그려낸 점은 주목할 만하다. 왜냐하면 자신에게 무슨 일이 일어났으며, 어떻게 그런 일들이 발생하였고, 어째서 결말이 이렇게 되었는지를 개별적으로 엮어 하나의 이야기를 구성하고 있기 때문이다.

모든 인간의 경험에는 의미가 담겨 있다. 다산의 유배 경험 또한 적지 않은 것을 보여준다. 먼저 구석지고 외딴 유배지로 쫓겨난 직후에야 그동안 자신이 스스로 헛된 이름에 매몰되어 지낸 삶을 되돌아본 점, 자신의 능력을 믿고 그에 갇혀 관료생활을 한 점(한시1) 등을 토로하고 있음을 알 수 있다. 그리고 과거 관료생활 당시 관복에 매료되어 이리저리 뛰어다녔지만 결과적으로 남은 것은 피로뿐이라는 점, 유배와 더불어 들끓는 주변 사람들의 비방, 아무것도 아닌 능력과 재주에 기대어 살아온 점 등을 지적하며 자신을 바보라고 자평하였다(한시2). 요컨대 정약용이 태어나서 처음으로 부닺치는 박탈과 고립이라는 유배지에서의 상황은 분명 사회적 관계의 단절과 공허감, 소외감 등을 빚어낸 요인이었다. 이러한 고통과 역경은 다산으로 하여금 극도의 두려움과 불안, 좌절 등의 절박한 정신적·감정적 경험을 유발시키는 시작점인 동시에 비로소 타성화된 소욕(所欲)의 세계에서 벗어난 이후 유배공간을 통해 자신에게 집중하면서 자의식을 새롭게 정립시키는 계기로 작용하였다고 본다.

일반적인 기준에 따르면 한 인물의 삶을 둘러싼 평가에서 성공과 실패라는 기준은 상대적이라는 점을 감안할 필요가 있다. 그래서 필자는 어쩌면 다산이 비통한 회상에 젖어 "도대체 어디서부터 길을 잘못 든 것일까? 현재 고난의 최종 정착지는 어디일까? 언제 다시 돌아갈 수 있을까?" 하는 등 고인 물과 같은 유배의 땅에서 자신의 처지를 되돌아본 점은[17] 실패라고 볼 수 있지만, 잃어버

을 해석학적으로 풀어나갔다.

린 자신의 실존과 더불어 삶의 목적을 재발견한 이후 스스로를 관리하며 저술 활동에 모든 의지를 쏟아낸 점은 그의 성공을 역설적으로 의미한다고 본다. 이 점은 "사람들은 닭이나 개를 잃어버리면 즉시 찾을 줄 알지만, 마음을 잃어버리면 찾을 줄 모른다. 학문의 길은 다른 것이 아니라 잃어버린 마음을 찾을 뿐이다"(『맹자』 6장, 告子章句 上)라는 글에서도 확인된다. 또한 통시적 · 공시적인 시각으로 볼 때, 다산이 도착한 유배지는 그로 하여금 성찰적 삶의 기회를 제공함으로써 본격적인 자아혁명(내적 쇄신)의 길 이른바 '사유에 대한 사유'의 전환점인 동시에 서사적 공간을 펼쳐나가는 장소라고 생각된다. 이 점은 다산이 소외된 채 무리한 징세와 갖은 형태의 강제 노역, 푸대접을 감당했던 백성들의 세계를 체험하면서 사회의 비리를 통렬히 고발하며 그들의 삶을 웅변하는 전향적 사고와 자세를 견지했다는 것에서도 읽을 수 있다.

생각하면서 사는 것과 살면서 생각하는 것은 분명히 다르다. 있는 그대로의 자기를 수용하며 자기 자신의 내면에 대해 관심을 가지고 생각한다는 것은 종래의 생각과 관념의 관계에서 응축된 것을 거울로 삼아 그 속에 비친 현재의 순간을 시시각각 관찰함으로써 '나'라는 자아가 진정 추구하는 삶을 만나기 위한 첫걸음이 분명하다고 본다. 그리하여 다산은 치솟는 감정의 문턱을 뛰어넘어 침묵하면서 자신의 불행에 대해 어떠한 변명과 회피나 책임을 전가하지 않고 스스로에게 몰입하며 절제와 인내의 시간을 통과함으로써 19세기 후반의 암울했던 세상사를 견뎌낼 수 있는 행로를 찾아갈 수 있었다.[18] 덧붙여 필자가

17) 유배를 기점으로 다산의 삶이 전면적으로 바뀌는 과정에서 그의 자전적 심정의 경로와 양상을 추적한 다음의 글은 주목된다(정민 지음, 『삶을 바꾼 만남』 (주)문학동네, 2011. 송재소 지음, 『시로 읽는 다산의 생애와 사상』 세창출판사, 2015).

18) 자료3은 이를 보여준다. 다산 성찰의 정점으로 생각되는 흔적은 다음에서도 확인된다. "신독(愼獨)이라는 것은 자기 홀로 아는 일에서 신중을 다해 삼간다는 것이지, 단순히 혼자 있는 곳에서 행동을 삼간다는 것을 말하는 것이 아니다. 사람이 방에 홀로 앉아서 자신이 했던 일을 묵묵히 되짚어보면 양심이 드러난다. 어두운 곳에서 반추했을 때, 부끄러움이 드러난다는 것이지, 어두워 보이지 않는 곳에서도 감히 악을 행해서는 안 된다는 뜻이 아니다. 사람의 악은 늘 사람과 함께하는 곳에 있다" (조윤제 지음, 『다산의 마지막 공부』 청람출판, 2018,

보기에는 다산의 경우 현실의 패배감에서 비롯될 수 있는 어떠한 정신적 우월감의 흔적 역시 찾아 볼 수 없다.

정당한 것이 언제나 옳은 것으로 평가받지 못하는 것은 '비열하고 왜곡된 상식'이 통하는 시대와 사회에서 흔한 일이다. 사람들이 사는 세상은 그저 누군가 가져다주는 것도 아니고 물리적인 시간이 지나면 자연스럽게 달성되는 것도 아니다. 이처럼 이상과 관념이 현실과 실천을 담보하지 못해 일어나는 지점에서 다산이 피해의식에 빠져 자신의 시대가 짓누르는 중압감으로 무기력하게 함몰되거나 내적 회한의 세계에 구속당하지 않았던 것은 눈길을 끈다. 왜냐하면 앞서 인용한 한시1 · 2와 자료3은 유배 이전 지난 10년 동안의 과거와 현실을 넘나들며 스스로를 회상하는 과정을 통해 다산으로 하여금 전향적 삶을 열어가게 만든 주체적 의식각성의 경로와 본질이 무엇인지를 보여준다고 생각하기 때문이다.

따라서 시대의식과 사회의식의 전면에 서서 가야할 길을 비켜가지 않고 응시한 다산은 분명 후대의 우리들이 성공하려는 열정 못지않게 자신을 사랑하며 살아가려고 할 때, 삶의 전환점을 어디에서 포착해야 하는지, 이때 필요한 생각과 자세가 무엇인가를 잘 보여주고 있다. 만약 다산이 오만한 권력의 우산 속에서 속박과 두려움이라는 거센 물길 가운데 표류하여 실의에 빠진 채 아무것도 시도하지 않았다면, 실패한 것이 없어도 그 삶은 그 자체로 실패했다고 볼 수밖에 없다. 그리고 오늘날 우리가 아는 역사적 인물로서 다산으로부터 물려받은 이미지는 존재하지 않는다. 덧붙여 정약용은 역사적 서사로써 중요한 점의 하나인 '이야기는 전체적인 줄거리(길이)가 아니라, 그 내용이 얼마나 독창적이고 빼어난 것인가' 하는데 필적할 만한 인물이라는 것도 재확인 된다.

역사라는 학문은 자기 인식과 정체성 확립을 위한 핵심이다. 결국 정약용이 남긴 한시와 자료3은 정약용이라는 타자가 보여주는 자기 인식과 정체성인 셈

p.51).

이다. 따라서 정약용이 만난 고난의 배경 즉 상황을 인지하고 그가 이를 통해 후일 어떠한 생각과 자세를 견지하였는가를 추적하는 것은 학생들이 미래를 살아가면서 겪을 수 있는 문제를 푸는 좋은 길잡이가 될 수 있다. 역사는 떠돌아다니는 시선이다. 타자라는 대상을 어떠한 관점으로 바라보는가에 따라 역사를 인식하는 것은 매우 다르다. 후술하듯이 교육의 근본 목적이 학생들의 성장과 변화라면 정약용의 사례에서 확인되듯이 그 자양분은 고통과 역경을 매개로 한 자기 인식과 정체성의 재확립인 셈이다.

이 점을 유념하면서 학생들이 구성한 보고서를 살펴보자. 예비 초등 교사들이 작성한 교수·학습 지도서에는 정약용을 배우는 교육적 가치와 학습 효과에 대해서 다음과 같은 내용을 서술하고 있다.

1. 교육적 가치

1) 실용적인 사상으로 사회개혁을 주장
2) 발명가, 행정가, 법의학자, 지리학자 등 다양한 분야에서 전문가로 활동하면서 수많은 저서와 업적을 남김
3) 관련된 사료가 풍부함
4) 끊임없는 자기 계발을 함
5) 애민정신과 청렴 등의 마음가짐
6) 사회현실의 문제점에 대한 문제의식과 비판적 자세
7) 정치적 탄압에 따른 유배 생활 동안 보여준 인내와 학문적 자세

2. 학습 효과

1) 애민정신과 나라를 위하는 마음을 배울 수 있다
2) 고난과 역경을 극복하며 삶을 견지한 데서 긍정적인 가치관을 제공할 수 있다.
3) 삶의 자세를 통해 다양한 사회 모순을 비판할 줄 아는 태도를 함양할 수 있다
4) 정약용의 행적을 통해 그의 가치관을 배울 수 있다
5) 인물탐구를 통해 소외된 약자에 대한 생각을 재정립할 수 있다.

교육의 유일한 본질은 사고의 성장이다. 그리고 사고의 성장은 반복적인 학습과 기왕의 생각을 뛰어넘는 강력한 충격에 의해 이루어진다. 이 점에 입각해서 학생들이 제출한 보고서를 살펴보면 이제까지 자신들이 배웠던 기존의 통념적인 역사지식내용에 근거하여 인물의 교육적 가치와 학습 효과를 되풀이하여 기술하고 있는 것이 확인된다. 따라서 예비 초등 교사들의 통념적 지식에 따른 논의는 여러모로 진지하게 검토해볼 만하다. 교실이라는 공간에서 '나'라는 자아는 '너'라는 자아(여기서는 정약용이라는 타자)와의 관계를 통해 성장·변화한다고 본다면 학생들이 배워야하는 지식은 통념으로 굳어진 개념이 아니라 존재론적 삶의 구성 능력에 필요한 것이 되어야 한다.

이것이 바로 2015 개정 초등 사회과 교육과정에서 핵심적으로 지적하는 역량에 해당된다. 이 가운데 여기서 가리키는 핵심역량의 초점은 추구하는 인간상을 구현하기 위해 중점적으로 기르고자 하는 역량으로 지적·정서적·윤리적 자질과 태도를 의미한다.[19] 요컨대 역량기반 교육과정이 기대하는 것은 교

19) 정태호, 「역량기반 교육과정으로서 2015 개정 초등 사회과 교육과정 분석」『사회과교육연구』 26(2), 2019, pp.105~106.

과교육을 통해 가르치고 배운 것이 해당 교과의 내용 지식에 대한 이해에 머무르지 않고 학생들로 하여금 삶의 다양한 맥락 속에서 발휘되는 일반 능력으로 전이되는데 있다는 점이다.[20] 이러한 존재론적 삶의 구성 능력을 기르는데 가장 주목해야 하는 것으로는 성찰을 꼽을 수 있다. 성찰은 강화나 조작에 의해 자극되는 기술이나 태도의 개념보다는 학생들이 자신들의 개인적인 가치와 내적 동기에 기반을 두고 일상생활 속에서 직면하는 문제들을 풀어나갈 수 있게 하는 힘이다.

물론 보고서에 적시한 내용 가운데서 태도와 관련해서 몇몇 눈길을 끄는 점도 찾아진다. 그러나 앞서 지적했듯이 정약용은 1801년 유배를 만나면서 삶이 극명하게 달라진다. 그럼에도 학생들은 정약용이라는 역사적 인물의 빛과 그림자의 변곡점이 되는 시기를 전후한 내용에 관해서는 아무런 언급 없이 추상적이며 일반적인 진술을 하고 있다. 이러한 접근으로는 인간 정약용의 진면목을 제대로 만나기는 어렵다. 학생들이 역사적 인물을 만나려면 해당 인물이 직면한 시대적 상황에 대한 구체적인 인지를 발판으로 그가 어떠한 생각과 자세를 통해 자신의 시대를 인식하며 행보했는가에 초점을 맞추어 접근해야만 한다고 본다. 하지만 학생들의 보고서를 보면 여전히 정약용이 보여준 자기 인지와 정체성에 관해서는 아무런 언급이 없다. 그래서 앞서 지적하였듯이 연구자는 역사란 무엇이고 왜 배워야 하는지 그리고 그 교육적 담론은 어떻게 설계해야 하는지에 대한 전면적인 성찰과 진단이 필요한 까닭을 재확인해 본다.

20) 한혜정 외 3인, 「역량기반 교육과정에 대한 국내 선행연구의 이론적 논의 분석 및 쟁점 탐색」 『교육과정평가연구』 21(3), 2018. 소경희, 「역량기반 교육의 교육과정사적 기반 및 자유교육적 성격 탐색」 『교육과정연구』 27(1), 2009.

Ⅳ 맺음말

예비 초등 교사들은 향후 역사학습을 매개로 초등학생들의 자아상과 가치관 형성의 길잡이 역할을 위한 준비를 해야 한다. 그러나 이를 실현하는데 있어 역사교과 자체가 지니는 전문성과 학습내용의 방만함은 하나의 장애물로 간주되고 있다. 더욱이 예비 초등 교사들 또한 종래의 지식형성과정 보다는 통사적 교과지식에 젖어있는 점 또한 문제로 작용하고 있다. 그러나 이러한 현실적 제약 속에서도 교육이 학습자로 하여금 삶의 사회적 연속성을 확대재생산하는 목적이면서 수단으로 기능하려면 무엇보다 교육이 지향하는 목적과 내재적 가치를 보다 선명하게 부각시켜야 한다고 생각한다.

역사 인물 프로젝트에 대한 설계는 이러한 문제의식에서 출발하였다. 역사적 인물을 대상으로 한 접근은 그들이 실현한 가시적인 업적에 기초한 역사지식 보다는 역사라는 타자와의 관계 속에서 '나'라는 자아의 삶속에 내재된 문제들을 통해 자신의 삶의 길을 찾아가는데 초점을 맞추어야 한다고 본다. 이러한 시각은 반복해서 지적하였듯이 교육적 판단이 교육적 가치에 따라 이루어져야 한다는 교육적 명제를 고려할 때 자명하다고 하겠다. 이제는 학생들이 그동안의 통념적 역사지식에 따라 자신들과 무관한 역사적 인물들의 삶을 이야기하는 것은 지양되어야 한다.

이를 위해서는 제도적 지원의 뒷받침과 더불어 다양한 시도가 선행되어야 하겠지만 특히 현 단계 교사의 자기 혁신과 더불어 수업을 바라보는 교사의 교육관과 인식 전환에 필요한 성찰과 반성이 요구된다. 이것이 이번 예비 초등 교사들이 구성한 역사 인물 프로젝트 보고서에서 확인한 결과이다.

04 Chapter

예비 초등 교사들의 역사 인물 프로젝트

-정조를 중심으로-

Chapter 04

예비 초등 교사들의 역사 인물 프로젝트

-정조를 중심으로-

요약: 해방 이후의 역사교육은 학습자들의 존재론적 자아와 삶의 성장에 주안점을 맞추기 보다는 국가주의적 역사교육과 학문적 연구 경향에 따라 출현한 풍조에 치중한 점이 매우 컸다고 본다. 예컨대 오늘날 대다수의 한국 학생들은 출생과 더불어 자신의 존재성이나 자질과 무관한 주입식 학교교육, 학원교육, 수능준비 교육 속에서 자신들의 생명력을 훼손시키고 있다. 학생들이 사회라는 공동체에서 자신의 생명력을 적극적으로 발휘할 수 있는 교육적 기회를 보장해 주려고 할 때 무엇보다 고려되어야 할 점은 국가, 교육청, 교사 등의 관점이 아니라, 삶이라는 관점에서 학생들의 성장을 이해하는 한편 그 연장선상에서 무엇을 어떻게 학습할 것인지를 설계하며 수행할 수 있는 교육으로 전환되어야 한다고 본다. 왜냐하면 본 연구를 통해서도 학생들이 초·중등학교 때부터 반복된 통사교육에 따라 배운 정조에 대한 역사지식들을 무비판적으로 쏟아내고 있음을 확인할 수 있었기 때문이다.

I 문제 제기

역사라는 학문은 근본적으로 삶이라는 무대 위에서 자취를 남긴 인물들의 생애와 그들이 빚어낸 사건을 다양한 사료를 통해 담아낸다. 따라서 역사연구는 삶과 인물을 대상으로 한 접근이라고 할 수 있다. 해방 이후 한국사 연구의 추이와 동향을 보면 다양한 갈래의 영역에서 적지 않은 논고들이 축적되어 왔는데 그 가운데 하나가 바로 역사적 인물에 대한 것이다. 그러나 그 대체적인 기조는 편년체적인 방식에 따라 인물의 생애를 정리한 전기문 형식의 글과 사전을 비롯하여 시기별로 몇몇 특정한 인물 자체에 관한 실증적인 연구가 이루어졌을 뿐이다.[1)]

물론 연구사적으로 볼 때 역사적 인물들에 관한 성과는 특정한 학문 분야의 학술적 차원에서 그 위상과 의미를 찾을 수 있다. 하지만 역사교육적인 시각에서 보면 대부분의 인물 혹은 인물사 연구들은 해당 인물이 살았던 시대적 배경과 관련시켜 그에 관한 전기적 평전(역할과 업적)에 초점을 맞추고 있음이 확인된다. 그 결과 역사적 인물의 가시적인 모습은 드러났지만 그들의 내면의 생각이나 갈등 등과 같은 부분에 대해서는 거의 제대로 파악하지 못하고 있다.[2)] 그래서 학습자들의 삶과 성장에 생명력을 제공할 수 있는 역사적 인물들의 교육적 가치에 대해서는 거의 언급을 하지 않고 있다.

주지하듯이 '나'라는 자아는 '너'라는 타자와의 접촉에 따른 소통과 공감을 통

1) 대표적인 연구로는 다음을 들 수 있다. 한영우선생정년기념논총 간행위원회 엮음, 『63인의 역사학자가 쓴 한국사인물열전』 1,2,3권, 돌베개, 2003.

2) 다만 최근에 간행한 몇몇 연구에서 이를 극복한 논저들이 나타난다. 김용선, 『생활인 이규보』 일조각, 2013. 이익주, 『이색의 삶과 생각』 일조각, 2013. 문철영, 『인간 정도전』 새문사, 2014. 이이화, 『허균의 생각』 교유서가, 2014.

해 자아로서의 인격을 구성해간다. '나'라고 하는 자아는 '너'라는 타자와의 관계적 전제 없이는 결코 스스로 나를 나로서 만들어갈 수도 없고 알 수도 없다. 왜냐하면 '나'라는 자아는 철저하게 출발부터 타자가 만들어놓은 틀 속에서 개념적 · 논리적 · 추상적으로 사유하며 느끼고 의미와 가치를 부여하는 인격체이기 때문이다. 그래서 '나'라는 존재를 온전히 직시하려면 무엇보다 자아를 안팎으로 두루마리처럼 감싸고 있는 외피의 정체를 알아야 할 필요성이 크다고 하겠다.

이런 점에서 그동안의 역사교육은 학습자들의 존재론적 자아와 삶의 성장에 주안점을 맞추기 보다는 국가주의적 역사교육, 학문적 연구 경향에 따라 재생산되어버린 교육에 치중한 점이 매우 컸다고 본다. 예컨대 오늘날 대다수의 한국 학생들은 출생과 더불어 자신의 자질이나 기질과 무관한 주입식 학교교육, 학원 교육, 수능준비 교육 속에서 자신들의 생명력을 훼손시키고 있다.

결국 이 점에서 현 단계 역사교육 또한 자유로울 수는 없다. 왜냐하면 교육적 가치는 교육적 판단위에서 이루어져야 한다는 교육학적 기본 원리에 상치되는 역사지식과 방법을 재생산하고 있기 때문이다. 따라서 수많은 역사지식 가운데 무엇이 교육적 가치가 있는 지식인가? 그리고 그 지식은 학습자들의 성장과 변화에 어떠한 영향력을 끼칠 수 있는가? 하는 점을 진지하게 고민해보아야 한다. 학생들이 사회라는 공동체 안에서 자신의 생명력을 적극적으로 발휘할 수 있는 교육적 기회를 보장해 주려고 할 때, 무엇보다 고려되어야 할 점은 국가, 교육청, 교사 등의 관점이 아니라 삶이라는 관점에서 학생들의 성장을 이해하는 한편 그 연장선상에서 무엇을 어떻게 학습할 것인지를 설계하며 수행할 수 있는 교육으로 전환되어야 한다고 하겠다. 교육받는 사람은 교육하는 사람의 아이덴티티에 따라 기본적인 모습이 결정된다. 교육하는 사람이 자신이 가르치려는 지식이 어떠한 힘과 의미를 지니는지에 대해서 정확히 의식하고 있지 않다면 그 지식은 교육받는 학생들에게 무기력한 상태로 전달될 수밖에

없다. 일찍이 화이트헤드가 지적한 무기력한 지식도 이러한 점을 지적한 것이었다.[3)]

이상의 논지에 유념하면서 본고는 예비 초등 교사들이 구성한 역사 인물 프로젝트의 실태를 통해 앞서 필자가 제기한 지적들의 타당성 여부를 실증적으로 검토하려고 한다. 이러한 작업은 앞으로의 역사교육의 전향적인 치환을 위해 무엇이 필요한가를 탐색하는 데 반드시 요청된다고 하겠다.

Ⅱ 리더십에 대한 오해

여러 곳에서 특정한 역사적 인물에 관한 이야기가 넘쳐나고 있다. 정조라는 인물은 한명인데 영화, 소설, TV 드라마(이산), 대중서, 역사서는 물론이고 시류에 편승한 시사토크 등 다양한 경로를 통해 각양각색의 이야기가 채색되어 떠돌아다니고 있다. 현대인들에게 역사에 대한 지적 관심을 이끌어내면서 유의미한 지식을 제공하는 경우도 있지만 정조와 정조시대의 역사적 진상과 거리가 먼 재미와 흥미 위주의 이야기가 무분별하게 펼쳐지고 있다.[4)] 그러나 이러한 현상은 종래 교육이 무엇인가 가치 있는 것을 추구하는 활동이라는 점을 알고 있는 교사와 학습자의 입장에서 볼 때, 혼돈을 초래할 개연성이 매우 크다

3) A. N. Whitehead, (1929) *Aims of Education* London: Macmillan.

4) 대표적인 사례로 『영원한 제국』이라는 소설의 상업적 성공 이후 일반인들에게 통설이 된 '정조독살설'을 지적할 수 있다. 물론 작가의 상상력의 산물인 소설의 내용이 반드시 역사적 사실과 일치할 필요는 없다. 그러나 당대의 사실적 역사 정황에 대한 치밀한 고증에 입각하여 그 정당성을 검토해야 한다.

고 하겠다. 왜냐하면 교육이 무엇인지, 교육목적은 어떠한지. 무엇이 교육적으로 가치 있는지를 두루 고려하면 제기될 수밖에 없기 때문이다. 사실적인 이야기든지, 재미와 흥미 위주의 스토리든지 현대사회는 학습자들의 교육적 활동을 인지적으로 방해하는 걸림돌이 도처에 산재해 있다.

현 단계 우리 사회는 가시적으로 미래의 경제성장과 복지를 강조하고 있지만 내용면에서는 성장 없는 시대에 들어섰다. 이 시점에서 다시 점검해보아야 하는 것은 영향력 있는 기관에서 학생들에게 생각하는 이유와 방법을 잘 가르쳤는가? 아니면 단순하게 생각하도록 부추겼는가? 하는 점이다. 사회적으로 공신력이 있는 기관이나 매체들이 막대한 영향력을 행사한다고 할 때 학생들의 삶에서 중요한 문제들에 대해 그들이 전하는 메시지를 가볍게 넘길 수는 없다고 본다.[5)]

본고의 역사 인물 프로젝트의 대상이 되는 정조는 통사적으로 볼 때 조선후기라는 격동의 시기에 조선을 이끈 개혁군주로 평가받고 있다. 할아버지인 영조대 빚어진 임오화변을 경험하는 한편 노론의 강력한 견제 속에서 왕위에 등극한 정조는 적지 않은 정적들이 포진된 정치현실과 암살의 위협에도[6)] 아랑곳하지 않고 백성들은 물론이고 신하들과의 다양한 소통을 통해 여러 분야에서 주목할 만한 업적을 도출함으로써 통합과 화합의 리더십을 펼친 국왕으로 기억되고 있다. 그러나 정조는 격동의 시대 혁신과 의지를 실현하려는 각고의 노력에도 불구하고 잦은 저항과 제약 속에 좌절을 겪어야만 했다. 하지만 연구자

5) 송인주, 「한국 역사교육연구에 대한 비판적 성찰」 『사회과교육』 53(2), 2014.

6) 1762년 사도세자의 비참한 죽음 이후 왕세손으로 14년간의 기간을 보내고 마침내 왕위에 오른 정조였지만 수년 동안 정적들로부터 자신을 겨냥한 따가운 감시의 눈초리와 경악할 만한 핍박을 받았다. 그래서 당시 그는 "홀로 고립된 상태에서 밤낮으로 끊임없이 주변 정적들의 동정(動靜)의 대상이 되어 불안하여 옷을 벗고 잠자리에 들지 못해 잘 수도, 밥을 먹지도 못했는데 이는 (자신이) 마치 바늘방석에 앉아 있는 것처럼 두렵고 달걀을 포개 놓은 것처럼 위태로웠다…끝내 자리를 보전할 수 있을지도 모르겠다"라고 술회하였다(『홍재전서』 권170, 일득록 10, 정사 5. 『존현각일기』 5월~12월 기사. 『정조실록』 정조 원년 7월 28일 등에 근거해 윤문하였다).

의 입장에서 볼 때 우리가 기왕에 배운 정조의 이러한 이미지의 배후에는 정조 자신의 진정한 자기성찰과 반성 및 타인(백성)에 대한 이해를 통해서 실현될 수 있었다고 본다.

한 국가를 이끄는 리더로서 지도자가 보여주는 역량은 해당 시기의 정치사회와 문화를 가늠할 수 있는 좌표가 된다. 이러한 시각에서 조선시대사상 뛰어난 정신적인 유산을 남긴 정조에 대한 접근은 21세기 현대의 리더들의 본보기가 될 수 있다고 생각된다. 그러나 무엇보다 주목되는 점은 교육적인 차원에서 볼 때, 학생들이 정조의 리더로서의 자세와 그 리더십에 관해 학습한다는 것은 민주시민으로서 자신들에게 필요한 인성과 태도를 위한 하나의 가이드라인이 된다.

하지만 역설적으로 정조라는 역사적 인물에 내재된 교육적 가치에도 불구하고 예비 초등 교사들이 작성한 대다수의 보고서와 에세이를 보면 정조의 내면적 세계보다는 그가 성취한 외면적 업적을 일방적으로 부각하고 이를 통해 리더십을 이해하고 있음이 확인된다. 이러한 현상은 다양한 경로를 통하여 정조를 만나면서도 정조라는 인물의 본질보다는 단순히 그의 가시적인 업적을 인지하는 것과 다를 바 없다고 생각된다.[7] 가까운 미래에 역사 수업을 담당할 예비 교사들에게 오래된 미래로써 역사교육을 바라보는 시각을 갖도록 하는 것은 매우 중요하다. 역사 수업에 대한 시선은 역사교육의 본질과 특성을 이해한 토대 위에서 어떠한 역사 수업이 역사교육이 추구하는 철학이나 목표에 상응하는지, 가르치는 내용과 방법이 적절한지 등을 분석하며 비판할 수 있는 것을 말한다.

이러한 점에 비추어 볼 때, 현재 역사 인물 프로젝트를 통하여 예비 초등 교사들이 보여주는 면면들은 중심 내용이 무엇인지, 중심 내용은 왜, 어떻게 파

7) 그의 시를 읊고 그의 글을 읽으면서도 그를 알지 못한대서야 쓰겠느냐? (『맹자』 5장, 만장, 하)

악해야 하는지, 중심 내용을 뒷받침하는 자료는 무엇이고 어떻게 찾아서 어떠한 대목에서 제시해야 하는지 등에 대해서 적지 않은 혼란을 불러일으키고 있음을 말해준다. 그래서 본고에서는 그 실태를 리더십에 관한 이해와 에세이에 서술한 내용으로 나누어 제한적으로 살펴보고자 한다.[8] 보고서 작성시 정조라는 주제를 구성하려면 어떻게 세부 키워드를 설정할 것인지를 생각하며 차시별로 약안을 탑재하라고 가이드라인을 주었다. 다음은 학생들이 기획한 차시별 약안 편성 가운데 정조의 리더십을 방증한다고 본 키워드를 추출하여 박스 안에 나열한 것이다.

1. 정조의 왕권 강화 정책 2. 정조의 탕평책 3. 정조의 개혁 의지가 담긴 수원 화성 4. 수원화성에 깃든 과학 기술 5. 국왕 친위부대인 장용영과 규장각 설치 6. 신해통공에 따른 금난전권 폐지 7. 노비제도 혁파 8. 능행과 격쟁을 통한 백성들과의 소통

동서양을 막론하고 리더와 리더십에 대한 기원과 관심은 오랜 역사를 가지고 있지만 막상 그 의미는 합의된 개념에 도달하지 못하고 있다. 분명한 점은 교육적 차원에서 리더십의 본질적 의미를 조명하지 않고 주로 리더십의 가치를 부각시키고 있는 형편이다.[9] 그러나 최근 리더십에 관한 몇몇 연구에 따르면 리더십은 외재적 가치가 아니라 내재적 가치로 보아야 한다는 견해가 찾아

8) 학생들이 작성한 보고서(2021년 1,2학기)의 차례는 역사 인물 프로젝트 개관, 인물의 교육적 가치, 자료 활용과 그 해제 등으로 진행되었고 에세이 후기라는 형식의 보고서를 구성하면서 느낀 점을 적도록 하였다. 본고에서는 정조를 대상으로 보고서에 나타난 논지의 초점과 몇몇 에세이 글을 통해 문제점을 확인해보았다.

9) 주현준, 「교육리더십 연구의 재조명」 『교육행정학연구』 34(1), 2016. 「사회변화와 혁신을 선도하는 미래의 교육리더십에 관한 시론적 고찰」 『교육정치학연구』 24(2), 2017. 「교육리더십의 재개념화」 『교육정치학연구』 25(1), 2018.

진다.10) 이러한 지적에 근거할 때 리더십의 근본은 리더의 자성적 성찰과 내면 세계를 중심으로 접근되어야 한다는 점은 분명해 보인다.

이 같은 입장에서 볼 때, 박스 안에 나열된 개념들은 정조라는 인물의 리더십이 빚어낸 최종 결과물일 뿐 리더십 그 자체를 보여주는 것은 아니다. 사실 박스 안에 보이는 키워드들의 공통점은 학생들이 초·중등학교 때부터 반복된 통사교육에 따라 배운 정조에 대한 역사지식들이라는 점이다. 학생들의 이러한 기억의 소환은 이제껏 역사영역에서 되풀이된 주입식 교육이 빚어낸 결과라는 점은 자명하다고 본다.

게다가 역사 인물 프로젝트의 대상인 정조를 다루면서 그 초점이 되는 부제를 '고난을 극복해낸 조선의 성군, 정조', '정조를 통해서 배우는 인생의 선택지', '정조에게 삶의 방향을 묻다', '조선의 르네상스 시대를 이끈 리더로서의 정조' 등을 표기한 것과 관련시켜보면 드러난 문제의 양상은 더욱 크다. 왜냐하면 박스 안에 보이는 키워드는 보고서 구성의 부제목을 겨냥해서 전체 차시를 기획하는 것과 거의 무관한 것들이기 때문이다. 이처럼 학생들의 리더십에 대한 생각은 리더의 외형적 가치(업적)와 내면과는 정합적인 관계를 형성하지 못한 것으로 읽혀진다.11)

10) Kafka, J. P. (1990). The principalship in historical perspective. *Peabody Journal of Education* 84(3). Yukl, G. (2010). *Leadership in organization*(7th ed.). Englewood Cliffs, New Jersey: Prentice Hall.

11) 통상적으로 거론되는 수업 설계의 일반적인 원리를 포함하여 역사 교과의 기본적인 점들을 간과한 점도 명백히 확인된다.

Ⅲ 에세이 후기

인간의 사고와 행동을 지배하는 것은 언어이다. 따라서 존재론적 자아 탐구의 준비공간인 에세이 쓰기는 학습의 연장선상에서 학생들이 스스로의 생각과 느낌을 언어로 표출하는 것이다. 곧 기왕의 관성적인 표현방식을 걷어내고 정조라는 역사적 인물과 나 사이를 왕래하면서 배운 점을 토대로 향후 자신들이 지향하는 실존적 삶에 필요한 탐구적 언어를 체험하는 활동이다.[12] 앞서 역사 인물 프로젝트 서설을 통해 필자는 학생들의 교육활동이 역사를 통해 그들의 실존성을 찾아가도록 해야 한다는 입장을 밝혔는데, 이런 점에서 에세이 쓰기는 자신들의 언어로 학습경험을 의미화 시키는 수단인 셈이다.

예비 초등 교사들이 정조라는 인물을 학습한 후 작성한 에세이 내용들을 살펴보면 예외적인 경우도 더러 찾을 수 있지만 앞서 제시했던 문제점이 고스란히 투영되어 나타나고 있음이 재확인된다. 다음은 학생들이 프로젝트 종료 후에 서술한 에세이 후기이다.

> **A:** 초등학교에서 시작하여 중학교, 고등학교에 이르기까지 마주한 역사교육의 현실은 대부분 교사 주도의 일방적 지식 전달 수업이었다. 때때로 역사적 지식과 흥미도 있었지만 시간이 지나면서 거의 모든 사실을 잊어버렸다……따라서 '한 명의 인간으로서의 성장'을 이끌어낼 수 있도록 하려고 역사 인물 프로젝트는 역사가 현대의 우리 인간들에게 시사하는 것이 무엇인지, 배워야 할 가치와 덕목은 무엇인지에 초점을 맞추었다…정조는 통합의 정치를

12) 박세원, 『존재의 성장과 교육』 교육과학사, 2009. 「존재론적 탐구로서의 저널 쓰기: 예비 교사의 자기 정체성 형성 이야기」 『한국교육인류학회』 15(1), 2012.

위해 영조의 탕평책을 적극적으로 계승하고, 규장각과 초계문신 제도, 친위부대인 장용영을 설치하여 직접 젊은 인재와 신하들에게 문·무를 가르치는 리더십을 발휘하였다. 또한 노비제도를 혁파하고 애민정신을 통해 백성들을 배려하고 존중하였다.

B: 역사가 중요한 것은 그리고 역사 학습이 중요한 것은 단순히 사실을 공부하는 것에 그치지 않기 때문이다. 내가 배운 역사적 사실 속에서 과연 나는 무엇을 배웠는가? 그리고 이 사실들이 나에게 그리고 이 사회에 어떤 의미가 있는가? 이것을 고민하는 것이 역사 학습이 지니는 가치이다. 사실들은 머릿속에서 금방 지워지지만 그 사실들을 통해 내면화한 것들은 사라지지 않고 내 안에 남아 있다. 정조라는 역사 인물 프로젝트를 구상하면서 정조에게 무엇을 배울 수 있고, 배운 것을 어떻게 내면화할 수 있을까를 고민하였다. 정조의 삶과 업적을 통해 배울 수 있는 덕목들을 찾아가는 과정은 나에게 큰 울림을 주었다. 정조를 나에게 지혜를 주는 존재로 만날수 있을 것 같다.

C: 정조에 대해서는 많이 배웠지만 예비 초등 교사의 입장에서 후일 가르칠 학생들을 생각하며 차시별로 지도안을 짜보는 것은 매우 어려웠다. 개별로 선정한 중심 차시뿐만 아니라 전체적인 지도안을 기획한 적은 처음이기 때문이다. 특히 차시와의 연계성에 따른 맥락을 고려하여 수업을 설계하며 내용들을 조직화하는 것은 힘들었다. 이전에 12년 동안 받은 교육과는 다르게 스스로 정조에게 접근해서 무엇인가 가르칠 것을 찾았지만 전에 배운 것들을 중심으로 차시를 구성하고 말았다. 교수님이 지적한 인물의 교육적 가치를 정조로부터 찾으려고 했지만 너무 어려웠다.

D: 역사 수업의 초점과 방향을 어떻게 해야 할지를 많이 생각하게 되었다. 특히 픽션과 논픽션을 비롯한 자료의 출처와 타당성을

짚어보아야 하겠다는 생각을 가지게 되었다. 역사수업에서 자료 사용의 필요성과 중요성에 대해 알게 되었다……완성도 높은 수업을 위해서는 교사의 역할이 중요하다는 사실을 깊이 되돌아보게 하였다.

E: 평소에 역사를 좋아하지만 역사 인물 프로젝트는 처음 경험하였다. 역사교과가 암기과목이라는 생각을 많이 하고 있었는데 이번 프로젝트 지도안을 구성하면서 이런 인식을 바꿀 수 있었다. 한 명의 인물에 대해 집중적인 조사를 하면서 이전에 단순 암기로만 배웠던 내용과는 전혀 다른 새로운 사실들을 알 수 있었고 그래서 하나의 사실을 보와도 여러 가지 생각들을 가질 수 있다는 생각을 하였다. 이번 역사 인물 프로젝트를 통해 좋은 역사 수업은 무엇이고 앞으로 어떠한 역사 수업을 해야 할지에 대한 고민을 많이 해보게 되었다.

F: 정조라는 주제에 관해서 좀 더 자세하고 다양하게 공부할 수 있어서 학습의 완성도가 높아졌다는 생각을 하였다……그동안 교과서의 제한적 서술로 인하여 제대로 드러나지 않은 역사적 인물의 내재적 가치와 의미를 재발견하게 되었다. 주제와 관련된 여러 사실들을 조합하는 유의미한 활동을 구성하는 것이 중요하다는 점을 알게 되었다.

몇몇 학생들이 작성한 에세이를 보면 대부분 역사수업의 초점과 방향을 고민하면서 역사적 인물이 지닌 외재적 가치가 아닌 내재적 가치와 의미를 통해 정조에게 배울 것이 무엇이고 배운 이후에 이것을 어떻게 내면화 할 수 있는가를 고민하게 되었다고 서술하고 있다. 이 점은 역사적 인물로서 배운 정조를 내면화하려면 가시적인 업적보다는 그가 보여준 내면의 세계를 구체적으로 포착하는 한편 이를 재개념화 시키는 활동이 선행되어야 한다는 것을 시사해준다. 그러나 정작 수업지도안 작성과정에서는 대개 정조가 실현했던 업적과 정책에 치중하고 있었다.

이러한 시도는 다행히 학생들로 하여금 종래 역사가 암기과목이라는 통념과 편견에서 탈피하도록 한 전환적 사고의 계기라고 여겨진다. 앞으로 정조라는 인물의 감정과 생각을 한 인간의 기초적인 생각과 감정에 입각하여 바라보고 그 연장선상에서 학생들로 하여금 자신들의 견해를 적극적으로 표현하는 학습이 매우 필요하다고 하겠다. 왜냐하면 역사적 감정이입을 통해 역사적 인물의 내면세계를 들여다보려면 근본적으로 오래된 미래로써 역사를 바라보는 입장의 동일함이 요청되기 때문이다.

Ⅳ 맺음말

본 연구의 근본적인 목표는 앞으로 교사 교육과 관련하여 한국 역사교육의 방향을 진단하고 기준을 설정하는 기초를 확보하는데 있다. 역사는 돌아다니는 시선이다. 이 말은 어떠한 역사적 대상도 올바른 관점이 전제되지 않으면 제대로 파악할 수 없다는 것이다. 시각이 뒷받침되지 않는 학습 경험은 대개 경험한 대상에 관한 인상이나, 희미한 기억 혹은 순간적으로 지나쳐 버리는 느낌으로 끝나고 만다. 그래서 무엇보다 관점에 입각하여 경험하는 한편 경험한 것을 정리하고 인식하는 것이 필요하다.

이런 점에서 그동안 정조를 둘러싼 역사학계의 학문적 접근은 조선후기 개혁군주의 상징으로서 그가 펼친 다양한 정책들을 통해 그 역사적 공과(功過)를 논의하는 정도에 머물고 말았다. 물론 그 이면에는 조선후기의 역사를 대상으로 한 연구의 전반적인 틀이 한국사의 내재적 발전이라는 시각에 따라 세계사적 일원적 발전법칙이라는 서구 근대화의 발전단계라는 도식적 프레임이 작용하고 있었다.

역사적인 관점에서 볼 때, 세계 자본주의 시장경제의 서막인 근대화의 여명에 따라 우리 역사의 밖에서 확인한 문제와 시각에 의거하여 우리의 역사를 자주적으로 찾으려는 모색이 집중적으로 추진되었는데 이러한 연구방법은 조선후기 특히 정조의 경우에도 예외는 아니었다. 그 결과 외견상 정조라는 빼어난 역사적 주제를 소재로 풍성한 연구 성과들이 제시되었지만 연구자의 입장에서 볼 때, 그 교육적 내용을 둘러싼 담론은 여전히 많은 아쉬움을 던져주고 있다. 왜냐하면 대부분의 접근이 계몽군주, 절대군주, 개혁군주로 일컬어지는 정조의 정책과 업적을 매개로 근대화의 지평을 보여주는 인물로 정조를 바라보고 있기 때문이다.

물론 이러한 연구방법은 민족의 유산전승과 국가주의 교육이라는 견지에서 볼 때 일정한 정당성을 지니고 있다. 그러나 교육적 판단은 무엇보다 교육적 가치의 전제위에서 이루어져야 한다고 생각된다. 그래서 교육이라는 개념에 내포되어 있는 핵심적 어의(語義)를 현 단계 재확인할 필요성이 크다고 본다. 교육사조와 접근 방식에 따라 적지 않은 쟁점이 있겠지만 적어도 다음의 견해는 주목할 필요성이 크다. 즉 교육은 "첫째, 가치 있는 일을 전달함으로써 그것에 헌신하는 사람을 만든다, 둘째, 지식과 이해 그리고 폭넓은 지적 안목을 길러주는 일이다, 셋째, 학습자의 의식과 자발성을 전제로 한다는 점에서 단순한 사실 중심의 전달과정은 용납할 수 없다"라고 한 견해이다.[13)]

따라서 역사에서 학습자들의 의식과 자발성을 유도할 만한 주제 가운데 가치 있는 것은 무엇인지, 왜 가치가 있는지, 그리고 어떻게 지적 안목을 길러주어

13) R,S, Peter 저, 이홍우 · 조영태 역, 『윤리학과 교육』 교육과학사, 2008, p.59.

야 하는지에 대해 준비하는 작업이 요청된다. 일찍이 존 듀이가 지적하였듯이 교육이 학습자의 사고의 성장을 위한 사회적 기제라면[14] 전인적 성장에 필요한 것이 무엇인지 하는 문제를 되돌아 볼 근거가 여기에 있다. 초등단계의 아동기에 학습자들이 교실에서 보고 듣고 경험한 세계는 자신들의 인생에서 매우 중요한 영향력을 미친다는 사실은 여러 경로를 통해 확인되고 있기 때문이다.

뿐만 아니라 현 단계 격변하는 세계사의 추이 속에서 아동들의 성장의 공간으로 작용하는 것이 초등학교라는 사실을 감안한다면, 그들이 교실수업에서 만나야만 하는 정조는 역사적 인물로 매우 합당하다고 판단된다. 왜냐하면 노론과 소론의 대립과 갈등이라는 18세기의 정국 동향의 추이 속에서 인물들이 보여주는 자세와 성향, 자신의 생부인 사도세자의 비극적인 죽음이라는 전대미문의 역경과 고난을 직접 체험한 정조, 그리고 이러한 행태 속에서도 자신의 정체성을 시종일관 잃어버리지 않았던 그의 태도 등은 이 시대를 살아가는 학습자들에게 매우 효과적인 학습주제라고 생각하기 때문이다. 요컨대 정조라는 역사적 인물은 갈등과 고난 속에서 한계를 뛰어넘는 힘이 무엇이고 이를 어떻게 극복해가야 하는지를 보여주는 교육적 통로를 제공해 준다. 그럼에도 불구하고 이번 연구를 통하여 예비 교사들은 종래의 정조에 대한 통사중심의 인식에서 벗어나고 있지 못하고 있다는 사실을 확인할 수 있었다. 학생들이 배우는 역사 지식내용이 교육적 가치로서의 정당성과 효과를 보장받으려면 그에 대한 전방위적 성찰과 개선이 필요하다고 하겠다.

14) 존 듀이, 이홍우 번역·주석, 「교육에 있어서 사고」 『민주주의와 교육』 교육과학사, 1996, pp.241~259.

05 Chapter

예비 초등 교사들의 역사 인물 프로젝트 후기 분석

Chapter 05

예비 초등 교사들의 역사 인물 프로젝트 후기 분석

요약: 본 연구는 대구교육대학교에 재학 중인 3학년 학생들이 역사 인물 프로젝트를 수행한 이후 제출한 자전적 에세이를 연구자가 항목별로 재개념화하여 분석한 글이다. 그동안 프로젝트 학습은 교실수업에서 교사로 하여금 반성적인 실천가로서의 태도를 이끌어내는 유의미한 자기 반성적 교육활동이라는 점에 대해서는 이론의 여지가 없다. 그러나 실제 현장에서 역사교과라는 교과 내용의 바탕이 되는 통사적 역사지식의 방대함과 역사교육 방법론의 적용에 따른 교사의 전문성 그리고 이를 뒷받침하는 교육상황이 부족한 관계로 그 실현성은 매우 떨어져 있다. 이를 위해 필자는 이미 종래의 한 연구를 통해 연구자의 입장에서 예비 초등 교사들이 작성한 역사 프로젝트의 다양한 양태와 문제점을 조명한 바 있다. 이번의 논고는 그 연장선상에서 역사 인물 프로젝트 수업 실행에 참여했던 예비 초등 교사들이 자신들의 시각으로 보고 듣고 느끼며 경험했던 점을 회고해 보려는 목적에 따라 기획되었다. 미래의 예비 교사들

인 학생들이 역사주제를 구체적으로 어떻게 인식하고 접근하고 있는지, 그리고 프로젝트와 연계한 초등 현장 역사교실수업의 진전을 위해 필요한 것이 무엇인지 하는 점에 관한 선행 연구가 거의 없는 상황에서 본 연구는 사회과 역사영역의 수업을 담당할 예비 초등 교사들에게 하나의 길잡이 역할을 할 수 있을 것이다. 이런 점에서 본 연구는 프로젝트 학습과 관련된 사회과 역사교육의 실천성을 그려나가려는 도상계획의 일환인 셈이다.

I 머리말

필자는 2017년 1 · 2학기에 걸쳐 '역사 인물 프로젝트'라는 주제 하에 예비 초등 교사들이 수업 지도안을 구성한 후 그에 따라 진행하는 수업 실행을 지켜보았다. 초등 『사회』 역사영역에 나타나는 몇몇 역사적 인물을 선별하여 시작된 이번 역사 프로젝트는 대개 5명을 한 그룹으로 편성하여 모두 6개조가 참여하였다. 이때 연구자는 역사 프로젝트 구성에 필요한 가이드라인을 안내하였다. 첫째. 역사 인물 프로젝트의 개관에서는 인물 선정의 배경과 학습할 내용의 초점을 비롯하여 그에 근거한 학습 목표와 활동 및 평가기준을 제시해야 한다. 특히 프로젝트의 출발점인 개관의 경우 가르치려고 하는 주제(인물)를 바라보는 예비 초등 교사의 역사 교육관과 철학관이 집약적으로 표현된다는 점에서 면밀한 준비가 요청된다는 점을 강조하였다. 둘째, 인물 선택의 교육적 가치와 기대되는 학습 효과에 관해서 언급해야 한다. 셋째, 학습목표와 수업활동 그리고 학습 자료의 순환적 관계를 고려하면서 약안 및 세안의 세부적인 관계망을 차시별로 명시해야 한다. 마지막으로 역사 프로젝트에 활용하는 자료의 출처와 해당 자료의 성격에 대한 해제를 설명해야 한다.[1] 그리고 이상 지적한 점들에 유의하며 학생들이 펼친 수업 실연에 대한 결과물을 검토하여 글을 발표하였다(송인주, 2018). 그때의 논고는 연구자의 입장에서 예비 초등 교사들이 만든 교수·학습 지도안과 수업 실연상 드러난 문제점을 검토하여 앞으로 풀어야할 과제를 몇 가지 지적한 것이었다.[2] 이번의 연구는 필자의 관점이 아니라 예비 초등 교사들이 프로젝트를 준비하며 힘들었던 점과 이를 경험한 이후 달라진 점에 대해서 제출한 에세이 형식의 자전적 보고서를 정리한 것이다.

이러한 배경에는 예비 초등 교사들로 하여금 역사적 인물들과의 대화와 탐구를 유도함으로써 교과서에 감추어진 제한된 사실과 의미를 확장시켜 경험시켜 보는데 있다. 이는 통사적 역사지식을 벗어나 역사적 인물이라는 타자와 관계 맺으면서 자신들의 존재와 삶의 방향을 생성하고 자각하는 교육적 활동의 취지에 따른 것이다.[3] 요컨대 역사교실수업에서 역사적 인물들과의 만남은 역사 속의 한 시대를 통해 그 시대가 지녔던 모순과 부조리에 치열하게 저항하면

1) 필자는 학생들의 역사 프로젝트 준비를 위한 사전 정지작업의 일환으로 사료의 정체와 다양한 자료원의 출처 및 성격에 관해서 브리핑을 하였다. 그리고 초등 역사교실수업에서 이루어진 사료학습에 대한 기왕의 사례 연구를 안내하였다(이성형·송인주, 2012·2013).

2) 프로젝트 학습은 학생들이 특정한 주제에 관하여 다각적인 접근을 하는 것으로(Lillian, G. Katz., & Sylvia, C. Chard., 2014), 그 교육적 효과는 매우 크다. 따라서 본 역사 인물 프로젝트는 예비 교사들이 역사적 인물에 대해 심층적인 조사를 추진함으로서 교육과정을 재구성하며 수업자료를 구안하려는 일련의 활동과정을 통해 기존의 프로젝트 학습이 지적한 성과의 반향을 조명하는데 있다. 다만 목적과 과제의 성격에 따라 수업의 형태도 다르기 때문에 하나의 정형적인 모델을 제시하기는 쉽지 않다(윤기옥·송용의·김재복, 1987). 특히 프로젝트 학습의 중요성에도 불구하고 막상 초등『사회』역사영역의 경우 역사 프로젝트 수업의 세부적인 과정이나 전체적인 이미지가 제대로 이루어지지 않은 상태에서 표준적인 모델을 제공하기는 어렵다고 본다. 그래서 필자는 일반적인 지도안을 참고하면서 그룹별로 자유롭게 수업 모형을 설계하라고 지도하였다.

3) 필자는 종래 연구교수 자격으로 미국 위스콘신 주에 위치한 초등학교에서 사회과 프로젝트라는 타이틀 하에 진행되는 교실수업을 참관하였다. 이 기간에 연구자가 경험한 프로젝트 학습은 후일 역사 프로젝트 수업에서 다양한 주제를 재구성하는 중요한 실험적 계기가 되었다. 이에 대해서는 이미 글로 발표하였다(송인주, 2009).

서 그에 대해 어떠한 대응과 자세를 견지하였는가를 다각도로 추적함으로써 앞으로 학생들이 자신들의 삶속에서 빚어내야할 삶의 선율과 방향을 모색하며 찾아가는데 있다고 본다.[4)]

이상의 접근은 이야기를 존재가 자신을 구성하는 양식이라는 시각에서 바라본 연구 즉 "이야기는 인간이 자기 정체성을 형성해가는 근본 구조로서 삶의 의미를 만들어가고 구현하는 삶 자체가 이야기적 구성에 기초해 있음을" 지적한 논고(박세원, 2009; 49)에서 시사 받은 바 크다. 왜냐하면 필자 또한 360 여명의 예비 초등 교사들의 글에 관한 분석을 통해 다음과 같은 점을 읽어낼 수 있었기 때문이다. 즉 예비 초등 교사들은 역사교실수업에서 역사지식의 구성이나 역사적 스토리에 주체적으로 개입할 수 있는 경험을 가져보지 못하고 있었다(송인주, 2010; 173-196). 그 결과 학생들이 역사수업에 관한 진부한 통념이나 역사교과자체에 대한 왜곡된 이미지, 교수·학습방법 등에 편견을 가지고 있음을 확인할 수 있었다.[5)]

그래서 본 연구자는 역사 인물 프로젝트를 통해 주제를 선택하고 해당주제를 둘러싼 교육적 가치와 의미를 다양한 자료에 근거하여 추적하는 활동에 참여할 기회를 제공하였다.[6)] 이처럼 예비 초등 교사들이 수행한 작업을 회고

4) 종래의 역사교육에서 인물을 대상으로 한 학습방안에는 두 가지에 초점이 맞추어져 있다. 먼저 역사적 인물의 고뇌와 가치관, 업적 등 인물 자체에 관한 접근과 인물의 내면과 활동상을 시대적 배경이나 사회적 기반과 관련시켜 살펴보는 인물사 학습이 있다. 대표적인 연구 성과로는 다음을 들 수 있다(강우철, 1974; 이원순 외, 1980; 이원순, 1985; 이원순 외, 1985; 송춘영, 2001). 이는 최근 초등학교 5학년 학생들이 관심과 흥미를 보이는 역사에 대한 경향성을 확인한 연구에서도 방증된다(강선주, 2011). 본 프로젝트는 이 같은 연구를 통합적으로 담아내는 수업활동인 셈이다.

5) 대표적으로 종전 대부분의 학생들은 중요한 주제와 질문들을 탐구하는 역사의 기본적인 활동을 경험하지 못하고 교과서에 열거된 연대기적 역사지식들을 수동적으로 배우거나 의미 있다고 여겨지는 일련의 날짜들과 질문들을 기억함으로써 실제 역사에서 아무런 역할이 없었음을 말한다.

6) Dewey의 진보주의 교육철학에 토대한 프로젝트 학습은 주지하듯이 주제 중심의 통합적 교수·학습 방법의 하나로 그것이 지니는 교육 일반적 의의에 대해서는 적지 않은 연구들에 의

하는 모습을 지켜보면서 역사교과에 대한 부정적인 선입견은 물론이고 후일 교사로서의 역할과 자신들의 존재 양상에 눈을 열어가는 것을 볼 수 있었다. 뿐만 아니라 역사 인물 프로젝트에서 드러난 점은 과거 예비 초등 교사들이 수동적으로 전달받은 역사지식에서 탈피하여 자신들이 선택한 주제 속으로 깊이 들어가서 자료를 수집하고 질문하며 해석하는 지속적인 조사 연구의 경험을 통해 역사교과의 목적과 성격을 바라보는 인식시각의 전환이 일어났다는 것이다.[7)]

해 밝혀진 바 있다. 게다가 프로젝트 접근법의 실제 효과에 관한 메타 분석도 이루어졌다(한경희 · 정정희 · 정한철, 2004). 그동안 역사교과에서 통사적 시대구분에 따라 역사지식을 배열하고 이에 기초하여 수업활동이 이루어진 결과를 되돌아 볼 때(송인주, 2010), 이러한 인접 학문 분야에서 확인된 성과의 반향을 역사학습에 적용함으로써 그 양상을 추적해보는 것은 의미가 있다고 본다. 즉 역사적 인물이라는 특정 주제에 학생들의 생각과 마음을 몰입시킴으로써 학습자들의 개별 사고는 물론이고 다양한 관심사를 반영할 수 있다는 점 그리고 조사의 주체라는 새로운 경험 속에서 기왕에 학습한 역사지식들을 수정하고 확대해 갈 수 있다는 점이다. 연구자로서 프로젝트 접근과 역사학습이 만나 순환적 관계를 맺어야 하는 이유가 여기에 있다고 생각한다.

7) 참고로 역사교실수업에서 교사가 역사와 역사교육의 본질과 관계를 어떻게 인식하고 있는가 하는 점은 수업의 관점과 방향(목표), 내용, 방법, 평가를 설정하는데 있어 매우 중요하다. 그러나 이를 다룬 연구 성과는 거의 찾아볼 수 없다. 필자가 보건대 해방 이후 역사와 역사교육의 정합적 관계를 구축하지 않은 상태에서 각 영역을 자리매김하는 담론과 논고들이 봄처럼 쏟아진 탓에 현장연구 또한 일치된 방향을 찾지 못해 의견이 분분하다고 판단된다. 이러한 지적은 역사와 역사교육의 효용성을 둘러싼 메타담론이 극히 빈약한 학계의 연구동향을 통해서도 읽을 수 있다(송인주, 2014).

Ⅱ 역사 인물 프로젝트 구성상의 난점

역사 프로젝트를 구성하기에 앞서 연구자는 앞서 언급했듯이 2시간에 걸쳐 프로젝트 개관 단계에서 필요한 제반 사항을 비롯하여 교수 활동과 관련된 자료탐색과 수집 및 선정, 조사연구의 초점과 방향에 대한 세부적인 지침들을 지도하였다. 그러나 정작 교육대학교에 입학한 이전은 물론이고 이후에도 역사 프로젝트 수업을 제대로 실행해 본적도 없었던 관계로 프로젝트 수업이 무엇인지, 어떻게 진행해야 하는지 등에 관한 기초 지식이 없어 많이 두렵고 답답했다는 견해들이 많았다. 예비 초등 교사들이 역사 인물 프로젝트 수업에 필요한 교수·학습 안(약안·세안)을 작성함에 가장 어려웠던 점을 재개념화하여 정리하면 주제선정을 위시하여 역사 자료(사료)의 선택과 서로 다른 사료의 조정 및 재구성 문제, 수업 설계와 조직 등에 관한 이야기들이 대부분이었다. 이를 각 항목별로 제시하면 다음과 같다.

〈표 5-1〉 에세이에 나타난 역사 인물 프로젝트 수행상의 난점

번호	항목	기술한 내용
1	주제 선정을 둘러싼 난점	• 역사 프로젝트 수업을 준비하면서 가장 어려웠던 점은 아이들이 좋아할만한 역사적 주제와 활동을 구상해 보는 것이었다. 그러나 우리 조의 조원들 모두가 프로젝트 수업을 경험한 적도 없고 역사 수업 자체를 시연해보는 것이 이번 학기에 처음이라 어떤 역사적 주제나 역사적 인물을 선정하고 어떤 활동이 아동들에게 가장 적합할지 막막했다. • 수업의 주제와 목표를 정하는 첫 걸음에서 가장 많은 시간을 보냈다. 왜냐하면 역사 프로젝트 수업을 구성하면서 이 수업에서 역사와 관련된 주제를 정하는 것과 동시에 그에 맞는 의미 있는

번호	항목	기술한 내용
		교수 활동을 구성하는 것이 중요하다고 생각하였기 때문이다. 프로젝트 수업의 주제와 목표를 분명하게 설정하면 수업의 전반적인 틀이 잡힌다는 점도 하나의 이유라고 보았지만 우리 조는 주제 선정의 이유와 목표가 명확하게 잡혀있지 않았기 때문에 프로젝트 수업의 전반적인 내용이 흔들린 것 같다. • 교육과정과 수업과의 관계 및 활동, 역사적 의미 등을 고려하면서 주제를 선정하는 작업에 많은 시간이 걸렸다. 실제로 우리 조는 발표 기한 직전까지 주제를 변경하고 프로젝트 전체를 새로 짜는 등 난항을 겪었다.
2	역사자료의 선정과 재구성	• 초등학생을 대상으로 하는 역사수업인데 과연 역사적 자료를 어느 수준 그리고 어느 범위까지 제시해야 하는지 파악하기가 힘이 들었다. • 전체 차시를 대상으로 수업 지도안을 구성하는 만큼 각 차시에서 수행해야 할 활동을 구성하는 것과 학습 활동을 뒷받침하는 자료를 어떻게 찾아내고 이를 초등학생 수준으로 재구성하는 과정도 무척 힘이 들었다. • 사료가 중요하다는 사실을 이전에는 깊이 있게 생각하지도 못했다. 역사적 자료의 중요성을 교수님이 자주 강조한 까닭에 우리 조는 이에 무게를 두고 역사적 자료를 바탕으로 학생들의 탐구 과정이 중심이 되는 수업을 구성하기 위해 노력하였다. 그러나 역사적 자료를 뽑고 이를 수업활동에 따라 배치하고 재구성하는 것에 대한 고민이 가장 컸다. • 역사자료를 여러 문헌 등을 이용해서 찾고 자료집의 해제를 쓰는 활동을 통해서 평소에는 자세하게 짚고 넘어가지 않았던 자료의 출처와 사용에 대해 좀 더 깊게 고민하고 생각해보는 시간이 되었다. 그 결과 역사자료를 출처에 따라 찾아내고 수업활동에 따라 어디에 배열해야 하는지를 생각하는 것이 가장 어려웠다.

번호	항목	기술한 내용
3	수업 설계와 조직	• 역사주제를 선정한 이후에도 교과서와 연계하여 수업 시연을 하는 중심 차시뿐만 아니라 전체적인 프로젝트 시안을 차시별로 기획하는 경험은 처음인 까닭에 전·후 차시와의 연계성에 따른 맥락을 고려하여 수업을 설계하여 내용을 조직화하는 것이 어려웠다. • 교과서에 서술된 역사주제를 선택한 이후 그에 맞추어 차시별로 학습활동을 정했는데 이러한 각각의 학습활동들을 모두 차시별 주제와 흐름에 맞게 수업을 짜고 필요한 역사지식을 적절히 배치하는 것이 힘이 들었다.

이상에서 확인된 것처럼 예비 초등 교사들이 주제 선정을 둘러싸고 어려움을 거론하는 가장 일차적인 이유는 중요한 역사적 주제를 이슈화한 후 이를 대상으로 한 역사적 질문들을 통해 문제의 행방을 찾아가는 탐구경험이 빈약하다는 것이다. 이는 종래 교수의 초점을 하나의 역사적 주제나 이야기에 관하여 듣는 것에서 벗어나 추구할 만한 가치가 있는 문제들에 관하여 능동적으로 질문하는 행태의 활동으로 진입하지 못함으로써 역사적 조사·연구의 진정한 기초에 참여할 기회를 가지지 못한 결과 때문일 것이다. 덧붙여 역사적 인물을 바라보는 교사의 역사 교육관이 전제되어야 하겠지만 이 부분 역시 종전 암기 위주의 전통적인 교수법을 감안할 때 많은 아쉬움을 남기는 대목이라고 본다.

한편 역사적 사실은 기록 속에서 존재하는 명백한 사실이 아니라 기록을 바탕으로 역사가의 해석이라는 재구성을 통해서 이루어진다(안병직, 2004).[8] 모든 역사지식은 역사가의 선택적 자료에 따른 해석이 전제되기 때문에 언제나 객관적이지 않다. 그런데 이러한 해석은 본질적으로 역사학자들이 사용하는 자료의 출처가 무엇인지, 그들이 선택하는 자료가 믿을만한지, 그리고 때론 일치

8) 역사적 사실과 사실에 대한 엄밀한 구분 없이 이해하는 연구들도 있다.

하지 않는 자료들을 어떻게 활용해야 할지를 결정한 이후에 수반되는 수준 높은 지적 활동이다. 하지만 학생들이 서술한 몇몇 글들은 역사자료의 중요성에 대한 자각은 물론이고 자료 자체를 본격적으로 찾아본 경험이 거의 전무함을 토로하고 있다. 자료를 찾아내는 것에 관한 사전이해가 부족하다 보니 막상 관련 자료를 찾아내고도 이를 아동들의 학습활동 단계에 맞추어 어떻게 배치해야 할지에 대해서는 더욱 힘들어질 수밖에 없다.

탐구가 모든 교육의 본질이라면 학교교실수업에서 교사가 학생들로 하여금 역사지식이나 사료를 매개로 한 지속적인 상호작용에 참여할 상황을 조성해 주는 것은 매우 중요하다. 왜냐하면 예비 초등 교사들이 통념적 역사지식이나 사료를 찾고 그것을 수업활동에 어떻게 관련시켜야 하는지를 결정함으로써 지식 구성의 맛을 보고 자신들의 부족함, 인지부조화 등을 해결해보려는 시도를 통해 역사해석의 재구성 과정을 경험했다는 사실은 향후 교수활동에 영향을 미치리라 여겨지기 때문이다. 또한 이러한 체험은 예비 교사들에게 역사교육이 지향하는 목표 달성과 연결시키는 시도, 초등학생들에게 적합한 수업주제와 자료 구성방안, 활동구성 안내, 평가방법 등을 적극 고려해 보도록 권장함으로써 교육과정 재구성을 위한 기초능력을 배양할 것으로 생각된다.[9)]

이 같은 견해는 학생들의 입장에서 사료가 역사가들이 과거를 추체험하는 것과 동일한 경험의 경로를 체험해 볼 수 있음을 확인한 연구에서도 읽을 수 있다(이성형 · 송인주, 2012; 송인주 · 이성형, 2013). 사료의 정체와 그 교육적 활용을 둘러싼 이상의 논의는 예비 초등 교사들이 역사 프로젝트 활동을 통해

9) 교육과정 재구성은 교육과정통합이라는 범주 속에서 거론되고 있는데 연구자들마다 개인차를 보이고 있다(J.B. Ingram, 1979). 하지만 각 교과에서 필요한 지식이나 경험을 문제 중심, 학생의 흥미 중심, 특정 수업 제재 중심 등으로 구성한다는 점에 관해서는 일치하고 있다(곽병선, 1981). 예비 초등 교사들이 서술한 내용은 수업전략을 수립하는 과정에서 이 같은 요소를 경험함으로써 후일 교수자로서 자신들의 수업을 어떻게 구조화해야 하는지를 자각한 실험적 계기가 되었다고 본다.

비로소 역사적 기능의 절차를 이해하고 적용하는 방법을 수행하도록 도와주는 스캐폴딩과 그 과정에 대한 중요성을 인식했다는 점을 보여준다.[10] 앞으로 교사 교육과 관련해서 무엇을 준비시켜야 할 것인가? 하는 점을 시사해주는 대목이라고 본다.

Ⅲ 역사 프로젝트 경험 이후의 변화

앞장에서 확인했듯이 예비 초등 교사들이 역사 프로젝트를 경험하면서 직면한 여러 가지 난점들을 술회하는 것과는 다르게, "한 학기가 거의 끝나가는 지금 시점에 돌이켜보면 가장 의미 있었고 가장 열심히 했던 게 이 프로젝트 수업이었다. 역사상의 인물들을 대상으로 프로젝트를 구상하면서 조금이나마 진짜 교사가 된 것 같은 느낌이 들었고 조원들과 협동할 수 있어서 정말 의미 있는 활동이었다.", "처음에는 프로젝트 수업이란 공개 수업이나 연구 수업 때 보여주기 식으로 하는 그런 수업인 줄 알았다. 하지만 한 학기 동안 직접 역사 프로젝트 수업을 해보고 다른 조가 준비한 수업을 들어보면서 '아. 정말 이렇게 수업을 하면 아이들에게 도움이 많이 되겠구나.'하는 것을 많이 생각했다. 실제로 얼마 전 다녀온 농어촌 실습 학교에서도 과학과, 사회 과목을 프로젝트 형식의 수업으로 진행하고 있음을 알 수 있었다. 정말 이번 학기에 역사과목을

10) 학생들이 사료를 탐색하고 추출한 사료들을 어떻게 평가하며, 일치하지 않는 사료들을 조화시켜 해석적인 설명을 어떻게 만들어낼 것인가? 하는 역사탐구의 과정에서 가장 중요한 역사지식의 참된 적용이 어떠한지를 배워야 하는데 그것을 준비시키는 것은 교사의 스캐폴딩 능력에 달려 있다.

통해 프로젝트 수업을 잘 배웠다는 생각이 들었고 교사에 한 발자국 더 가까워진 것 같다."는 등의 여러 지적에서 읽을 수 있듯이 연구자가 예상했던 것 이상으로 학생들이 보여준 반응은 자못 흥미로웠다.

그래서 본장에서는 예비 초등 교사들이 역사 프로젝트를 경험한 이후의 변화를 몇몇 항목별로 나누어 그 실태를 개관해 보고자 한다. 먼저 예비 초등 교사들이 전하는 역사 프로젝트 경험 이후의 달라진 변화로 반복해서 언급되는 것들로는 주제(역사적 인물)를 바라보는 인식과 수업관의 향상, 자료의 중요성에 대한 재인식, 토론의 중요성에 관한 인식의 환기, 역사교과를 바라보는 통념적 이미지와 부정적인 편견 극복, 반성적 실천가로서의 교사의 역할과 자세 등에 걸쳐 제법 많은 서술들이 찾아진다. 이들 각각의 내용들을 항목별로 살펴보면 다음과 같다.

〈표 5-2〉 **주제를 바라보는 인식과 수업관의 향상**

• 역사 프로젝트 수업을 통해 학생들이 어떤 주제에 대해 좀 더 자세하고 다양하게 공부할 수 있었기 때문에 학습의 완성도가 높아진다는 장점이 있다는 것을 깨달았다. 특히 그동안 교과서의 제한된 서술로 인하여 드러나지 않은 역사적 인물들에 내재된 가치와 의미를 재발견하게 되었다. 이번 수업을 통해 새로운 수업 형식을 알아보고 경험할 수 있어서 배운 것이 많았고 현직에 나가서 이 수업 형태를 적용한다면 어떤 수업이 나올지, 그리고 초등학생들의 반응은 어떻게 나타날지 궁금하다.
• 이 수업을 준비하면서 고민하는 시간을 많이 가지고 다른 조가 수업하는 것들을 지켜보고 비평을 해보는 활동 과정에서 역사 프로젝트 주제를 정할 때, 방향을 어떻게 잡아야 할지에 대한 감각이 잡힌 것 같다. 앞으로는 어떤 과목이든 활동 주제를 정할 때는 주제와 전체의 흐름에 맞게 구성해야 한다는 것을 유념해야 할 것 같다.
• 역사 프로젝트 수업을 준비하면서 주제를 정하는 것과 주제와 연계된 의미 있는 활동을 구성하는 것이 중요하다는 것을 깨닫게 되었다……또한 친구들의 역사 프로젝트 수업을 보고 비평하는 과정을 통해서 역사수업 전체를 바라보는 시각이 많이 길러진 것 같다.

- 특히 수업 비평 시간에 다른 학생들의 눈으로 수업을 분석한 것을 들으며 어떤 점이 문제가 될 수 있고 그를 해결하기 위해서는 어떤 해결 방안이 있을지 하는 점을 배우면서 역사 프로젝트 수업의 방향을 개선해 나갈 수 있었다. 역사 프로젝트 수업에서 쓰이는 교수 방법이나 학습절차를 알아볼 수 있었고 이를 통해 역사 프로젝트 전반을 이해하는데 많은 도움을 받았다.

- 역사 프로젝트를 직접 기획하면서도 많은 것을 느낄 수 있었지만 다른 조의 역사 프로젝트 수업을 본 다음 협의하는 시간을 통해서 더 많은 것을 알아갈 수 있었다. 사실 우리 조의 역사 프로젝트 지도안은 앞서 다른 조가 시범을 보였던 역사 프로젝트 수업에서의 피드백을 적절히 고려하여 짠 것이기 때문에 다른 조의 도움을 많이 받았다고 볼 수 있다. 협의 시간을 통해서 지도안 구성은 어떻게 해야 하는지, 어떤 부분이 잘 되고 어떤 부분이 보완되어야 하는지를 알 수 있었고 이를 통해 시간이 지나면서 각 조의 지도안 구성이 탄탄해지고 더 나은 수업을 할 수 있었던 것 같다.

교육활동에서 거론하는 유의미한 학습은 학생들이 특정한 주제와 관련된 내용을 얼마나 깊이 있게 마스터하는 것만이 아니라, 해당 교과의 성격과 목적을 보다 분명하게 이해하도록 하는데 있다(Newmann, 1995). 이런 점에서 볼 때, 역사교과는 학문적 탐구를 통한 역사적 사고의 신장을 본질로 파악할 수 있다. 하지만 초·중등학교의 교육과정을 거치는 동안 학습자들은 방대한 양의 역사 지식을 배우고 있지만 정작 역사교실수업에서 제대로 된 역사적 사고력을 육성하지 못함으로써 '화석화된 지식'을 축적하는 데 머물고 있다.[11] 그래서 역사라는 교과를 어떠한 시각을 가지고 바라보아야 하는지, 어떻게 주제에 접근해야 하는지에 대한 교수관의 제약을 드러내고 있다.

게다가 현 단계 역사교실수업에서 주제 중심의 프로젝트 접근에 거의 참여

11) 이러한 지적은 최근 2018년 1학기 한국사교육의 문제점을 논의하는 과정에서 자신의 경험을 드러낸 어느 한 학생의 에세이 글에서도 읽을 수 있다. "개인적으로는 역사과목을 좋아했다. 그러나 역사 선생님들이 칠판에 빽빽하게 적어주시는 것 날짜, 연표, 사건 등을 노트에 옮겨 적기 바빴으며 시험과 입시에 대비한 단순 암기를 반복한 기억만 남아 있을 뿐이다."

할 기회를 가져보지 못했거나 경험이 없었던 현장교육을 고려할 때, 이는 더욱 두드러진다. 이상의 지적한 점에 유의할 때 예비 초등 교사들은 역사 프로젝트 활동을 통해 '교육과정 정렬'이라는 교육적 경험을 구체적으로 체험한 셈이다. 그 결과 그들은 교육과정의 요소 가운데 하나인 교육 목표와 수업의 일관성을 따져보는 수업 지도안 작성 활동을 통해 수업 목표의 이해는 물론이고 수업을 바라보는 수업관의 향상을 경험하였다고 하겠다.

〈표 5-3〉 **자료의 중요성에 대한 재인식**

- 이번 역사 프로젝트를 준비하면서 역사수업에서 역사적 자료의 사용의 필요성과 중요성에 대해 깨달았다. 그러다보니 역사적 자료 자체는 물론이고 선정에 관한 고민이 가장 컸다.
- 이 수업을 받기 전에는 역사라는 과목은 교사가 학생들에게 일방적으로 지식에 대한 측면을 알려주면 된다고 생각하였다. 그러나 이번 역사 프로젝트를 준비하면서 학생들에게 역사적 사실에 대해 가르쳐 줄때는 객관적인 자료가 밑바탕이 되어야 하는 것을 알게 되었다.
- 역사자료를 문헌 등을 이용해서 찾고 자료의 해제를 작성하는 활동을 통해서 평소에는 자세히 짚고 넘어가지 않았던 자료의 사용에 대해 좀 더 깊게 생각해보는 시간이 되었다.
- 역사적 사실에 대한 출처를 꼭 밝혀야 한다는 것을 깨달았고 나중에 제가 교사가 되어서도 자료의 출처에 대해 고민하면서 수업을 해야 하겠다.

위의 내용은 그동안 학생들이 역사지식을 공급받는 수혈자로서 보낸 시간들 속에서 간과한 것이 무엇인가를 보여주는 글들이다. 역사지식은 기록의 토대 위에서 만들어진다. 앞서 언급했듯이 역사가들의 연구는 사료를 통해서 이루어진다. 이때 역사학자들은 어떤 자료를 사용할지, 자료들은 얼마나 믿을 만한지

(출처의 신뢰성), 서로 일치하지 않는 자료(자료의 합리성)들은 어떻게 할지를 결정한 이후에 자료에 대한 해석을 시도한다, 결국 이와 같은 사료의 조각들을 수집하고 정리하는 과정을 토대로 해석과 판단을 한다. 이러한 역사가들이 수행하는 조사연구의 길을 학습자들이 직접 밟아보는 과정을 통해 역사적 사고는 작동·발전한다. 즉 학생들은 교과서상에 반영된 역사지식에 대해 질문을 던지고 증거자료를 찾아서 수집하며 그것을 어떻게 다루는지를 배움으로써 학교에서 뿐만 아니라, 자신들의 삶과 관련된 다양한 사회적 이슈들을 만날 때 증거를 활용하는 자세를 견지할 수 있다. 그러나 종전 학생들은 사료가 지닌 가치와 성격에 대해 제대로 인식을 하지 못하고 있었다. 하지만 역사 프로젝트를 경험하면서 역사자료가 역사지식을 빚어내는 효소라는 사실에 관해 보다 진전된 이해와 시각을 가질 수 있었다.

〈표 5-4〉 **토론의 중요성에 대한 인식의 환기**

- 역사 프로젝트를 경험한 이후 토론의 중요성을 깨닫게 되었다. 각 조의 역사 수업 시연뿐만 아니라 수업 시연이 끝나고 나서 그에 대한 토의 시간을 가졌는데 이 과정에서 프로젝트의 좋았던 점, 아쉬웠던 점, 추가해야 할 점 등에 걸쳐 여러 사람들의 의견을 들을 수 있어서 매우 의미 있었다고 생각한다. 우리 조원끼리는 볼 수 없었던 관점을 제시해주는 경우가 많았기 때문이다.

- 다른 조의 역사 프로젝트 수업을 보고 토론하는 시간을 통해서 더욱 많은 것을 알아갈 수 있었다. 토의 시간을 통해서 지도안 구성은 어떻게 해야 하는지, 어떤 부분이 잘되고 어떤 부분이 보완되어야 하는지를 알 수 있었고 이를 통해서 시간이 지나면서 각 조의 지도안 구성이 탄탄해지고 더 나은 수업을 할 수 있었던 것 같다.

- 이 수업을 통하여 역사적 주제에 대해서 학생들끼리 협력하여 토의하는 과정을 통해 심층적으로 사고할 수 있다는 것을 깨달았다.

현재는 물론이고 미래 사회에서 학생들이 우리 사회가 직면한 다양한 문제와 이슈들에 대해서 합리적인 판단을 추구하는 것은 필수적이다. 특히 교육을 받는 그리고 교육을 시키는 예비 초등 교사들이 향후 발생할 수 있는 다른 견해들을 가진 문제들을 해결하는데 있어 균형 있는 판단의 자세를 유지하는 것은 중요하다. 이를 위해서 개개인들은 논쟁이 되는 이슈의 양면적 주장에 대해 신뢰할 만한 근거를 제공할 줄 알아야 하고 그에 기반한 결론에 도달해야 한다. 예비 초등 교사들이 이성적이며 비판적인 사고하기에 참여하고 있는지를 파악할 수 있는 여부는 무엇보다 그들이 학습 상황에 연계한 수업활동의 맥락을 얼마나 조직적으로 구성했는지에 달려 있다.

학생들의 역사적 주제에 대한 개념이나 정보, 근거와 결론 그리고 의견들이 다른 학생과 상반되는 경우 양자가 합의점에 도달하는 것을 목표로 할 때, 토론 수업은 활성화된다. 결국 예비 초등 교사들이 토론 수업의 중요성에 대해 인식이 환기되었다는 것은 각각의 그룹으로부터 주어진 입장을 개발하는 것을 경청하며 그들로부터 관련된 정보와 근거를 자신들의 그것과 비교하면서 배우는 것을 습득해나가고 있음을 확인시켜준다. 요컨대 역사를 이해한다는 것은 적어도 토론을 하는 와중에 서로 다른 참여자들의 아이디어를 찾아내고 또 다른 가능성에 귀를 기울이고, 의문을 드러내며 해석에 도전할 때 구축된다는 점을 보여준다고 하겠다.

〈표 5-5〉 **역사교과에 대한 부정적인 편견 극복**

• 평소에 역사를 좋아하지만 프로젝트 수업에 대해서 생각해보지 않았다. 역사교과가 암기 과목이라는 인식을 많이 가지고 있었는데 역사 프로젝트 수업을 통해서 이런 인식을 바꾸는 것은 물론 역사과목 대한 학생들의 흥미를 넓힐 수 있다고 생각하였다.
• 이제까지 나는 선생님이 학생들에게 일방적으로 역사지식을 전달하는 주입식 교육에 익숙해져 있었고, 이를 당연하다고 생각했다. 하지만 역사 프로젝트 지도안을 작성해보

고 다른 조원들이 준비한 프로젝트 학습을 보면서 내게 굉장히 많은 변화가 있었다. '역사'라는 것 자체도 내게는 따분하게 느껴지는 것 중의 하나였다. 하지만 주제별 프로젝트 학습을 탐구해보며 학생들이 직접 역사신문이나 역사 포스터도 만들어보는 다양한 활동을 하면서 역사를 보다 재미 있고 뜻 깊게 공부할 수 있다는 것을 느꼈다.

- 그동안 역사교과는 교사가 학생들에게 일방적으로 지식을 알려주는 것이라고 생각하였다. 이번 프로젝트 수업을 통하여 주제를 둘러싸고 학생들끼리 협력하며 심층적으로 사고할 수 있는 흥미로운 교과목이 될 수 있다는 것을 깨달았다.

이상의 글은 역사교실수업의 방관자가 아니라 주체로서 자신들을 재발견한 학생들의 생생한 목소리들이다. 인간은 무엇을 보고 느끼며 경험하는가에 따라서 자신의 실존을 찾아내고 만들어간다. 특히 이 과정에서 스스로 탐구할 주제를 찾아내고 이를 조사 연구하는 것은 자신의 존재성을 발견하고 만들어가는 중요한 요소이다. 그래서 이번 역사 프로젝트를 기획하고 준비하는 단계에서 "어떤 것을 주제로 프로젝트를 구성해야 할지에 대해 가장 많은 고민과 생각하는 시간을 보냈다"는 것은 예비 초등 교사로서의 배움에 관한 자각을 넘어 앞으로 교사가 되었을 때, 이 시대를 살아가는 또 다른 배우려는 학생들에게 자신들이 직접 겪은 역사적 메시지를 전달해보려는 존재성의 진전된 모습이라고 본다. 이를 통해 예비 초등 교사들은 역사 프로젝트 구성의 주체로서 역사교과를 바라보는 인식의 전환을 마련했다고 여겨진다. 연구자의 입장에서 볼 때, 학생들의 교과목에 대한 인식 전환 역시 역사교과 자체를 하나의 가치 있는 동기부여 자료로 생각하도록 이끌어낼 수 있었다는 점에서 고무적이라 하겠다.

〈표 5-6〉 **반성적 실천가로서의 교사의 역할과 자세**

• 실제로 역사 프로젝트 수업 시연을 한 것에서 아이디어를 가져와 이번 농어촌 수업 실습 때 활용해보았다. 6학년 사회 역사시간에 역사주제에 대해 미리 알려주어 조사를 해오게 하고 조사한 것을 공유하여 역사 연표를 만들어보는 시간을 가졌다. 이때 프로젝트 수업이 어렵다는 것을 느끼게 되었다. 수업 시연을 했을 때는 대상이 대학생들이고 자료를 미리 준비해서 그 자료를 토대로 수업을 진행했는데 실제 현장에서 적용해보니 학생들의 수준에 비해 어렵다는 것을 느꼈다……프로젝트 수업은 학생들이 여러 번 하면서 훈련이 되어야 비교적 쉽게 진행될 수 있다는 것을 깨달았다. 프로젝트 수업은 이전까지 하던 수업 방식과는 다르기 때문에 처음 해보는 학생들에게 생소하고 어려웠다. 이때 교사가 구체적으로 무엇을 준비해야 하며 어떤 역할을 해주어야 하는지 다시 생각해보는 계기가 되었다. • 역사 프로젝트 수업 중에 하는 활동이 지니는 교육적 가치에 대해 생각해보게 되었다. 우리 조의 수업뿐만 아니라 다른 조의 수업을 보고 비평하는 과정에서 이런 활동을 왜 하는지, 활동을 통해 얻고자 하는 것이 무엇인지를 생각해보았다. 수업 실연 과정에서 (수업과 관련된) 활동의 의미를 잘 파악하지 못하는 것들이 몇몇 있었지만 수업 비평을 통해 토론을 하는 과정에서 활동의 가치에 대해서 재발견하게 되었다. 그래서 역사 프로젝트 수업을 하고 난 이후의 수업 안을 구성할 때는 수업의 주제를 명확히 하고 재미와 흥미만을 추구하는 활동이 아닌 그 활동을 통해서 얻을 수 있는 것이 많은 가치 있는 활동 수업을 구성하려고 노력하게 되었다. • 역사 프로젝트 수업을 구상하기 이전에는 역사는 그저 이해하기에 쉽고 재미있어야 한다고 생각했다. 그런데 직접 역사 프로젝트 수업을 구상해보고 시연을 해보고 다른 조들의 수업 시연도 보고, 교수님께서 해주신 피드백까지 듣고 나니 생각이 점차 변화됨을 느꼈다. 물론 역사 수업 내용이 쉽고 재미있다면 아이들의 흥미를 유발할 수 있어 좋겠지만 그보다 중요한 것은 아이들이 역사적 사실을 정확하고 객관적으로 알아야 할 필요성이 있다는 것이었다. 따라서 교사는 아이들이 자칫하면 편견을 가질 수 있는 각색된 역사드라마나 뮤지컬보다는 문헌 자료나 유물을 통해 조사할 수 있는 경험을 만들어 가야할 책임이 있다는 것을 깨달았다. 즉 올바른 역사와 가치관을 위해서는 교사의 역할이 중요함을 느꼈다. 나중에 현장에 가서 역사교과를 지도할 때 이번에 변화된 생각을 수업에 잘 반영하리라 다짐했다.

> • 역사 프로젝트 수업 이전에는 수업은 교사와 학생의 상호작용이 이루어지는 일종의 시나리오라고 생각하는 경향이 있었다……그러나 이번 역사 프로젝트를 하고 난 다음에는 수업에서 교사는 학생들이 자신의 수업을 스스로 구성할 수 있도록 도움을 주는 안내자 역할일 수도 있으며 그 과정에서 지식을 형성하는 주체는 학생이 되어야 한다는 것을 경험하였다.

인간에게 있어 반성은 행위를 하는 과정 속에서 나타나는 자기 성찰이다. 행위 중 혹은 행위를 한 후, 자신의 행위와 그 행위의 근거가 되는 이론과 역사지식을 되짚어보는 사고과정을 통해 선행 이론과 역사지식은 수정된다. 이 순간 교수자는 종전 자신의 판단을 분석하고 문제점의 수정을 거쳐 자신의 새로운 판단을 확보한다. 이 과정을 거치면서 자신의 행위가 수정되어야 하는 합당한 이유를 갖게 되며 행위에 대한 이유의 근거를 개발하고 이해하게 된다(이종일, 2006). 곧 행위과정이라는 실천적 맥락이 반성적 실천가로서의 지평을 구축하게 되는 셈이다. 이 점은 수업의 연구자로서 예비 초등 교사가 실제의 수업자가 되어 자신의 수업을 구성하는 과정을 경험하며 다양한 반성적 실천을 해나가는 연구방법이야말로 질적 연구가 요청하는 반성적 실행연구라고 한 최근의 한 견해(송하인, 2018; 38-39)에서도 재확인된다.

따라서 위에서 제시된 글은 반성적 교수자로서 예비 초등 교사들이 역사 프로젝트를 구안하고 수업 시연을 거치는 과정을 통해 직면한 여러 문제들을 해결하기 위하여 적합하지 않은 활동들을 재구성하거나 재조정하려는 다양한 사고가 수반되었음을 보여준다고 하겠다.[12)] 그 결과 예비 초등 교사들은 자신의 지도안이나 교수·학습 방법 구성에 대한 절차를 필연적으로 경험할 수밖에 없다. 나아가 이러한 교수자질의 형성과 습득은 예비 초등 교사가 배울 것을

12) 반성적 사고에 대해서 최초로 언급한 Dewey의 견해에 입각해서 볼 때, 본 프로젝트에서 예비 초등 교사들은 반성적 사고의 여러 측면 예컨대 과정적 사고, 창조적 사고, 비판적 사고를 경험한 셈이다(김경완, 1995).

먼저 이해하고 있는 것이 아니라, 자신들이 파악하지 못하고 있던 것을 수업을 시연하는 절차적 과정에서 배울 수 있었다고 생각된다.

Ⅳ 맺음말

지금까지 예비 초등 교사들의 시각에 입각하여 그들이 역사 인물 프로젝트를 구성하는 전 과정에서 부딪친 어려움과 프로젝트 수행 후의 변화된 점들을 몇 가지 항목별로 분류하여 살펴보았다. 본 장에서는 예비 초등 교사들이 말하는 역사 프로젝트의 교육적 함의에 대해서 몇 가지 살펴봄으로써 글을 맺고자 한다.

첫째, 역사 프로젝트를 통해 하나의 특정한 주제를 다양한 각도에서 집중적으로 탐구함으로써 학습의 완성도가 높아진다는 점을 확인하였다. 특히 수업 지도안 작성의 주체로서 주제를 정한 이후 학생들이 어떻게 하면 스스로 해당 주제에 대해 깊게 탐구할 수 있을지 고민하는 과정을 거치는 동안 수업 주제와 그에 필요한 내용과 자료를 더욱 많이 알게 되었고 수업을 이끌어갈 수 있다는 자신감이 생겼다.

둘째, 다양하고 폭넓은 문헌자료의 활용과 더불어 해당 자료들의 명백한 출처를 밝히는 것이 매우 중요하다는 것을 자각할 수 있었다. 종래 대부분의 학생들이 자료의 출처에 대해서는 크게 의미를 두지 않았는데 이 수업 이후부터 역사적 사실에 관한 자료뿐만 아니라 모든 자료와 정보의 출처를 명확히 하려고 노력하게 되었다.

셋째, 주제선정과 그에 적합한 교수 활동을 구성하는 작업을 거치면서 교사가 어떠한 역할을 해야 하는지 구체적으로 생각해보는 계기가 되었다. 종래 가르치려는 주제 선정의 이유와 목표가 명확하게 잡혀 있지 않았기 때문에 학습 활동도 조절하기가 어려웠다. 그러나 수업 지도안 작성을 편성하고 조정하면서 역사교과에 대한 교사의 신념은 어떠해야 하는지, 교수과정에서 교사의 적정 역할은 어디까지인지, 교수 · 학습 방법과 활동의 근거는 어디에서 찾아야 하는지 하는 점 등에 대해서 스스로를 되돌아보고 생각해보는 시간을 가지게 되었다.

넷째, 역사 인물 프로젝트가 초등학교에서 차지하는 특수성은 기본적으로 학습 결과에 대한 비교적 우위보다 탐구과정의 즐거움 자체에 있을 때, 혹은 자아 지향적이기 보다는 과제 지향적일 때, 아동들로 하여금 사고의 습성을 내발적으로 발휘하도록 유도할 수 있다는 점에서 찾을 수 있다(조용기, 2006; 3-4). 따라서 본 역사 프로젝트 활동이 소집단 공동과제 수행이 중심을 이룬다는 점에서 향후 초등 단계의 학습에 합당한 집단탐구법의 프레임 설정을 모색할 수 있을 것으로 판단된다.

다섯째, 예비 초등 교사들이 경험한 교육활동을 통해 역사에 대한 흥미와 호기심, 진지한 사색 등의 기회를 제공함으로써 학생들이 자신들의 삶과 생각을 확장시킬 수 있다는 가능성을 엿 볼 수 있었다. 주제 중심의 역사 프로젝트 접근에 거의 참여할 기회를 가져보지 못했거나 경험이 없었던 우리의 현장교육을 감안할 때, 본 논고가 향후 현장 실행연구의 기초를 준비하는 사례 역할을 하였으면 한다. 그래서 역사교육의 학문적 성과에도 불구하고 그 효용성을 둘러싼 냉담과 회의가 되풀이되고 있는 이때, 학습의 주체로서 학생들이 자발적으로 역사주제를 선정하여 그에 내재된 교육적 가치를 조사 · 연구하도록 견인차 역할을 담당하는 수업행태가 요청된다고 본다. 곧 학습하려는 대상을 조직하고 어떻게 표현하는가에 관한 자율권을 학생들에게 부여하는 것은 물론이고 학습목적에 맞추어 학습 자료를 어떻게 활용할 것인지를 스스로 선별하도록 하는 것이 바로 최적의 학생 중심의 수업인 셈이다. 그것이 바로 역사 인물 프로젝트이며 그 중심에 예비 초등 교사들이 서 있는 것이다.

마지막으로 연구자로서 본 역사 인물 프로젝트를 지켜보며 확인한 문제점은 예비 초등 교사들이 조사·연구를 수행할 때, 역사적 인물들과 관련된 역사지식이나 자료의 범주화와 선정의 가이드라인을 구체화하여 제시하지 못했다는 점이다. 즉 특정 인물을 조사할 때, 읽어야 할 역사전문 필독서와 저널 및 관련 연구의 동향과 성과를 제대로 언급하지 못했다는 것이다. 그래서 학생들이 반드시 반영해야 하는 교과 내용학적 지식을 탐색하도록 유도하지 못한 점은 아쉬움으로 남는다. '사료 없이 역사는 결코 존재하지 않는다'라고 한 역사학의 명제는 죽은 자들이 남긴 삶의 궤적과 흔적을 추적하는 방식 이른바 기록과 편찬이 차지하는 중요성을 단적으로 보여준다. 그러나 전문 역사가와는 달리 학생들은 자신들이 직접 접촉하지 않은 과거라는 이질적 경험과 그것을 기억하고 문서화하는 기록주체의 가변성 때문에 사료라는 낯선 타자와의 만남을 통해 이를 분류·배치하며 해석하는 활동이 쉽지 않았다고 말하였다.

이러한 지적은 예비 초등 교사들이 수업과정에서 필요한 사료를 다룰 때, 겪었던 여러 경험담을 통해서도 실증적으로 확인된다. 학생들이 그동안 탈맥락적으로 만들어진 통사적 역사지식을 배우면서 역사의 주변인화된 존재로 방치되는 문제점을 생각한다면, 이제라도 그들 스스로가 특정한 역사적 사건과 인물에 대해 자신만의 의미를 부여하면서 이를 통해 과거를 기억하도록 지원하는 합리적 경로의 모색이 절실하다고 하겠다. 필자의 역량 까닭도 있겠지만 초등의 경우 현 단계 역사교육 연구에서 거론되는 역사주제 혹은 역사지식과 관련된 문헌자료가 뒷받침되지 않는 여건을 감안할 때, 테마별 자료 목록이 구축되어야 한다고 본다. 역사학과 역사교육이 만나야만 하는 또 다른 지점인 셈이다.

06 Chapter

예비 초등 교사들의 역사 인물 프로젝트 구성의 문제점과 과제

Chapter 06

예비 초등 교사들의 역사 인물 프로젝트 구성의 문제점과 과제

I 머리말

본 연구는 필자의 2017학년도 1,2학기 학부 3학년 수업 과정에서 예비 초등 교사들이 기획하여 구성한 역사 인물 프로젝트의 지도안 검토를 통해 그 문제점을 조명하는 한편 앞으로의 과제를 몇 가지 제시하는데 있다.[1] 주지하듯이

1) 예비 초등 교사들은 교수자이며 학습자로서의 이중적인 아이덴티티를 지니고 있다. 그래서 이러한 예비 초등 교사들의 독특한 위상은 그들이 지닌 지식과 앎에 대한 신념에 특별한 관심을 가지게 한다. 곧 중층적인 특성을 가진 예비 교사들은 미래의 학교 교육을 이끌어갈 당사자이며 이들의 지식과 앎에 관한 신념은 학교 현장에서 앞으로 펼칠 교수 활동의 모습을 예측 가능하도록 만들어주기 때문이다(유종열, 「사회과 예비교사의 인식론적 신념과 좋은 수업에 대한 인식 간의 관계 연구」『사회과교육』 55(2), 2016, p.1). 결국 본고는 역사교과에 대한 교수·학습관의 개선을 통해 경쟁력 있는 초등 교사 양성에 필요한 교육 방향의 모색을 위한 기초 연구인 셈이다.

해방 이후 역사교육의 활성화와 진전을 위해 근래까지 다양한 이론 연구와 실험연구들이 열거할 수 없을 정도로 양산이 되어 왔다.[2] 더욱이 최근에 이르러 기왕의 연구 성과와 문제점을 토대로 한 연구사상의 문제의식이 확대 재생산되면서 양적 · 질적으로 다양한 양태의 교수, 학습론에 관한 글들이 쏟아지고 있다.[3]

이러한 동향은 종전과 비교해 볼 때 역사교육의 전향적인 성장을 다각도로 모색하여 그에 대한 관심이 보다 증폭되고 있다는 점에서 의의를 찾을 수 있겠지만 여전히 현재의 교실 상황과 수업실태를 조망해보면 앞서 언급한 학계의 연구동향과는 무관하게 교수 · 학습의 행태는 별다른 변화가 없어 보인다.[4] 현재에도 변함없이 주창되는 역사관이나 과거의 낡은 지식 및 전통적인 교수 · 학습 행태에서 벗어나려면[5] 시대가 돌아가는 추이와 짝하여 학습자들에게 필

2) 기왕의 연구 성과들을 언급한 목록에 대해서는 다음의 도서가 참고 된다.
송춘영, 『역사교육의 이론과 실제』 형설출판사, 2001, pp.595~643.
양호환 외, 『역사교육의 이론과 방법』 삼지원, 2003, pp.488~539.

3) 현재의 연구 성과들이 쏟아진 시점을 돌이켜볼 때 이제 각주1에서 지적한 연구 업적들의 목록에 대한 추가적인 목록 작성이 요청된다.

4) 이는 해마다 되풀이되는 초등 현장의 공개수업이나 각종 참관 수업의 형태를 통해서도 확인된다. 수차례에 걸쳐서 교육과정이 개정되고 새로운 교육 이론들이 도입, 적용되어 왔지만 정작 교육 현장과 교사들에게 미친 영향력은 크지 않다고 본다. 오히려 서구의 교육 사조에 따른 교육과정개정과 그 이론의 소개가 교사들을 혼란으로 몰고 갔음은 부인하기 어렵다고 판단된다. 이제는 거의 일반화된 이야기가 되어 버렸지만 실제 현장에서 근무하고 있는 교사들은 막상 현행 교육과정이 무엇인지 정확히 파악하기도 전에 또 하나의 새로운 교육과정이 던지는 압박감과 무게를 감당해야만 하고 있다. 더욱이 일찍이 종전 한 논자가 초등학교 단계의 학습에서 암기는 매우 부적절하고 비효과적이라는 점을 지적하였지만(Furth, H. 1980. *The world of grown ups: Children's conceptions of society*. New York: Elsevier North Holland), 최근 필자가 참관한 몇몇 초등 역사교실수업에서는 역사교육이 지향하는 역사적 사고력과 관련된 분석과 비판적 사고에 기초하여 역사적 판단력을 이끌어내는 수업보다는 여전히 역사적 사실을 나열하고 암기하는 행태를 벗어나고 있지 못하고 있다.

5) 필자의 이 같은 지적은 일찍이 한국사 연구와 역사교육을 어떻게 연결시켜야 하는가의 문제를 두고 제시된 선학의 글에서도 재확인된다. 즉 "각급학교에서 교과목이란 해당 분야의 학문적 성과의 정수(精髓)를 가르치는 것이라고 여긴 것이 전문 학자들의 통념적인 교과교육관이었는데, 역사의 경우는 특히 이러한 관점이 강했다. 이는 초 · 중등학교의 역사교육은 연구 성과를 기본으로 하는 내용중심이어야 한다는 것을 뜻한다. 이러한 시각의 수용은 역사란 전문

요한 삶의 자세와 생각이 무엇인가를 보다 정직하게 이해하고 준비하려는 태도가 요망된다.

사실 그동안 문제점으로 거론된 수업 양상과의 단절을 통한 새로운 역사교실수업으로의 변모는 교육적인 트렌드를 비롯한 물리적인 조건이나 제반 기술적인 지원에 따라 결정되는 것이 아니라고 판단된다. 연구자의 입장에서 볼 때 무엇보다 필요한 작업은 한국사라는 민족적 자산의 토양에 내재된 정신적 유산과 가치를 추출하여 이를 교육과정이라는 의도된 경험의 통로 내에 계열별로 포진시켜야 한다고 생각된다. 현재 양산되는 역사교육과 관련된 적지 않은 연구들이 교육적 선택과 결정에 입각하여 조율되지 않은 상태가 지속된다면 역사교육에 대한 정체성과 유용성을 둘러싼 논란은 되풀이될 수밖에 없다고 여겨진다. 역사교육에 관한 전반적인 성찰이 그 어느 때보다도 요구된다고 하겠다.[6)]

역사 프로젝트 학습이란 특정한 개별 역사적 주제를 대상으로 학생들이 스스로 학습할 내용과 방법을 선택하고 이를 차시별로 디자인하거나 선정된 주제가 지닌 문제의 행방을 포착하는 한편 여기서 발견되는 여러 문제들을 교사와 학생들의 상호 활동을 통해 해결하려는 교실 수업활동을 말한다.[7)] 이러한 학습에서 무엇보다 중요한 사실은 교사의 역할과 자세라고 할 수 있다.[8)] 왜냐

역사가가 제시한 연대기－사실 중심의 지식체계로 어차피 역사교육은 내용 중심의 개괄일 수밖에 없다는 생각이 지배적이었기 때문이다"(윤세철, 「한국사연구와 한국사교육론」 『김용섭 교수 정년기념 한국사학논총－한국사인식과 역사이론－』 1997, p.638).

6) 송인주, 「한국 역사교육연구에 대한 비판적 성찰」 『사회과교육』 53(2), 2014.

7) 프로젝트 학습과 관련된 직접적인 연구로는 다음이 참고 된다. 송인주, 「미국 초등학교 사회과 교실수업의 프로젝트 수업과정과 교육적 함의」 『사회과교육』 48(2), 2009. 강인애 외, 『교실 속 즐거운 변화를 꿈꾸는 프로젝트 학습』 상상채널, 2011. 여상한 · 엄우용, 「초등 교육과정과 연계한 프로젝트중심학습 설계모형 개발」 『교육공학연구』 30(2), 2014, pp.259~283. 양영선 · 허희옥 · 김영수, 「팀프로젝트학습에서 학습자의 효능감과 스캐폴딩이 학습참여도와 성취도에 미치는 영향」 『교육정보미디어연구』 20(4), 2014, pp.495~519.

8) 역사적 인물을 대상으로 만들어지는 역사 프로젝트는 미래의 교사가 될 예비 초등 교사들에 의해 연출되는 결과물로서 학습 목표의 선정과 더불어 내용 및 방법이 재구성되는 한편 학생

하면 역사 프로젝트 학습은 해당 교과목을 전담하는 교사의 치밀한 단계별 수업 목표와 설계 및 전략에 따라 성패를 결정짓기 때문이다. 따라서 교사에게는 역사교과목에 대한 전문적 지식은 물론이고 교과의 성격과 목적, 아동에 대한 이해, 수업 분위기, 교실에서 활용할 학습 자료와 환경 등에 걸쳐 비교적 폭넓은 식견이 요청된다고 하겠다.

이 때문에 최근 교과목별로 프로젝트 학습에 대한 필요성과 중요성이 강조되는 추세에 있지만 막상 그에 대한 체계적인 접근은 기대한 만큼 제대로 이루어지지 못하고 있다.[9] 이 같은 동향을 고려하여 본 연구는 앞서 언급하였듯이 예비 초등 교사들이 만든 역사 프로젝트, 이 가운데 차시별 약안과 본시 교수·학습안 구성상의 실태에 대한 전면적인 검토를 통해 문제점의 행방을 개괄적으로 진단하는 한편 앞으로의 과제를 몇 가지 지적하는데 있다.

참고로 필자는 2017학년도 1,2학기에 걸친 지도안 중 3월부터 6월까지 주 3회 매 2교시 분량의 역사 프로젝트 수업을 주의 깊게 참관하고 학생들이 만들어가는 역사 프로젝트에 대한 지도와 조언을 지속적으로 추진하였다. 결과적으로 본 연구는 이 과정에서 도출한 결과물인 셈이다.

수준과 특성에 맞춘 방법이 이루어진다. 이런 점에서 예비 초등 교사의 역사 프로젝트 수업 구성 능력과 관련된 점은 아무리 강조해도 지나치지 않다고 본다. 따라서 내용의 전문성은 물론이고 방법을 비롯한 학습자를 분석하고 이해하는데 지견을 지니고 있어야만 한다. 더불어 이상의 지적에 근거하여 자신의 수업 구성을 지속적으로 비판하고 성찰할 수 있는 이른바 관찰자로서의 자아를 확보하고 있어야만 한다(전병철, 「역사수업 구성의 원리와 함의」『역사교육』 126, 2013, pp.31~33).

9) 그 주된 원인은 크게 여전히 학교 현장의 여건이 뒷받침 되고 있지 않은 점이나 프로젝트 수업 지도안을 체계적으로 구안할 만한 교사의 소양과 자질이 충분하지 못한 점 등에서 찾을 수 있다고 본다.

Ⅱ 역사 프로젝트 구성의 문제점

현 단계 21세기의 다변화하는 사회의 시대적 요청에 부응하려면 그동안 되풀이해온 이른바 암기식 역사지식이라는 수동적 학습에서 벗어나 현재의 상황과 연계할 수 있는 역사적 주제에 맞추어 역사지식을 학습자가 스스로 조사·연구하여 구성하는 학습의 형태가 절대적으로 필요하다고 본다.[10] 이런 측면에서 역사 프로젝트 학습은 교사의 수업 디자인과 전략에 따라 학생들로 하여금 도전적으로 배워야 할 교수내용지식에 관해 종전에 했던 것보다 더 효과적인 성취를 도와 줄 수 있다고 본다.

이는 수업의 모든 과정을 단계적으로 준비하며 기획하는 교사가 학생들의 학습 수준을 이해해야하는 것은 물론이고 자신이 가르치는 교과목의 전문성과 교수법을 깊이 알고 있어야 함을 의미한다. 곧 교사는 역사(지식)와 관련된 학습주제의 내용을 깊이 마스터하는 것이 아니라 역사라는 교과의 성격과 목적을 이해하고 있어야 한다. 더불어 학생들이 학습하는 다양한 역사교수 방법에 대해서도 면밀히 관찰하고 있어야 한다는 것을 말한다.[11] 요컨대 교사 역시 역사를 배우는 학습자들과 더불어 수학하는 한편 학습자들이 만들어가는 역사 프로젝트에 관해 지속적인 관심과 관찰을 통해 학습과정을 모니터링하는 이른

10) 생산성으로 인간을 판단하고 과학과 기술 위주의 가시적이고 성과 중심의 실용주의가 판을 치는 사회 속에서 이제는 역사교육의 정체성과 방향을 자리매김해야 할 때라고 생각된다.

11) 종래 역사학습이 지닌 획일적인 사실 암기 위주의 학습에서 탈피하는 방안을 제시했던 한 논자는 역사교육의 목적에서 중요한 것은 교사와 학생의 상호 존재를 고려하는 역사인식이라는 점을 지적하고 양자가 가르치고 배우는 특수한 상황적 배경 하에 지식이 생성되는 조건과 과정을 이해하려는 노력을 펼쳐나가야 한다고 하였다(양호환, 「역사학습의 인식론적 모색」 『역사교육』 75, 2000, pp.13~15). 따라서 역사교실수업에서 교사는 독자적인 위치에서 보다 적극적으로 학생들이 자발적으로 역사지식을 만들어내고 그룹별로 서로 공유하도록 개입하는 역사 프로젝트 학습의 중추인 셈이다.

바 반성적인 실천가로서의 자세를 견지하고 있어야 한다는 것을 의미한다.

이러한 점에 주목하여 필자는 학생들이 자발적으로 초등 『사회』 역사영역에서 역사적 주제(인물)를 선정한 후 이를 대상으로 조사·연구하며 프로젝트를 구성해 나가는 학습을 매학기별로 진행하였다.12) 따라서 본장에서는 예비 초등 교사들이 만든 역사 인물 프로젝트 지도안(약안과 세안)에 근거하여 그 실태를 필자가 몇 가지 항목별로 개념화하여 그 문제점의 행방을 정리해보고자 한다. 필자가 담당한 4개 학급(한 반당 30명 내외)에서 대략 5명 단위로 그룹을 조직한 결과 매 학기 모두 24개의 역사 인물 프로젝트 결과물이 만들어졌다. 이들 그룹이 제출한 프로젝트 전반을 검토한 결과 다음과 같은 공통점들이 도출되었다.

1. 프로젝트 개관 서술상의 문제점

역사 프로젝트의 첫 머리를 장식하는 개관의 경우 필자는 학생들이 지도안을 구성하기에 앞서 몇 가지 가이드라인과 유의할 점을 명시해주었다. 이때 필자는 아래와 같은 점을 강조하였다. 먼저 역사 프로젝트 수업을 통해 역사를

12) 초등 『사회』 교과서에 수록된 인물 가운데 학생들이 선정한 역사적 인물들은 교육과정의 재구성을 교과내용에 기초해야한다는 생각에서 한걸음 벗어나 역사지식을 학습하고 활용하는 주체인 학생들 중심의 접근방법에 두어야 한다는 생각에 따라 학생들이 일상생활에서 직접적으로 많은 관심을 가지는 역사인물을 다루는 활동으로 교육과정이 재편되어야 한다는 취지하에 따른 결과이다. 이러한 필자의 모색은 근래 교육과정의 중심을 교과내용에 두고 지식의 구조를 다룬 Bruner의 확신적 담론에 대한 회의론과 비판이 제기되는 것에 의한 것이라고 할 수 있다. 즉 역사교과의 공적 지식을 학생들이 그대로 수용하는 것이 아니라, 그것을 학생 각자의 배경지식이나 내용지식들간의 창의적 계열화를 통해 전진 배치하는 한편 이를 새롭게 해석해보도록 하려는 내러티브적 접근법이라고 하겠다. 최근 사회과 내러티브 지식관의 정체에 관해서는 다음의 연구가 참고 된다. 배영호, 「사회과 내러티브 지식관의 지식 생산적 의미와 성격 탐색」 『사회과교육』 54(3), 2015, pp. 35~52.

배우는 것이 무엇을 의미하는가에 따라 인물 선정의 배경과 학습의 필요성에 관해서 개관을 하여야 한다. 둘째, 역사적 인물 선택의 교육적 가치와 학습효과에 대해서 언급해야 한다. 셋째, 학습목표, 학습활동, 학습 자료의 순환적인 관계를 고려하면서 약안 및 세안 구성의 초점에 대해 구체적으로 명시를 해야 한다. 넷째, 역사 프로젝트에 활용하는 자료를 선정할 때 해당 자료의 성격에 관한 해제를 설명해야 한다.

역사적 인물을 대상으로 한 역사 프로젝트 개관은 처음 준비하는 기획단계로서 역사교실수업이 그려나가는 수업의 전 과정을 교사 개인의 전문성에 입각한 비전과 청사진을 통해 드러내는 대목이다. 특히 이 부분은 가르치려고 하는 역사적 주제에 대한 예비 초등 교사의 역사교육관과 철학관을 집약적으로 표현하는 부분이다. 곧 지도의 방향과 초점, 내용설정과 활용하려는 자료에 기초한 자료의 수집과 배치 등에 걸쳐 교수관이 가장 극명하게 노출된다. 요컨대 역사 인물 프로젝트 학습 전반을 통괄하는 헤드에 해당될 뿐만 아니라 학습방향의 가이드라인인 셈이다. 그런데 수업 초·중반 시기 대부분의 그룹들이 작성한 프로젝트 개관 내용을 살펴보면 그에 대한 준비나 인식이 부족함이 확인된다. 예컨대 아래에 제시한 광해군을 대상으로 역사 프로젝트를 구성한 어느 그룹의 경우 프로젝트 개관의 이유로 다음과 같은 점을 거론하고 있다.

"광해군이라는 입체적인 역사적 인물을 탐구하여 학생들이 다양한 시각을 가지고 역사를 보는 법을 배운다. 또한 광해군 프로젝트를 통해 광해군의 '중립외교정책'을 중심으로 그의 정치적 선택과 배경을 올바르게 이해한다. 이를 바탕으로 국가가 이해관계와 갈등상황에 직면했을 때 문제해결과정에서 필요한 것들과 중요한 것에 대해 토론하고 생각해본다. 또한 현대사회의 정치의 주체인 민주시민으로서 현 세태에 관심을 가지고 책임감을 가르는 것을 목표로 한다."

광해군은 주지하듯이 현 단계 학계에서 그 평가를 둘러싸고 긍정적인 입장과 부정적인 입장이 극명하게 대립되고 있는 역사적 인물이다. 그런데 문제의 소재는 물론이고 이에 대한 상반된 관점의 안내나 근거 자료의 제시 없이 '중립외교'라는 일반적으로 거론되는 관점만으로 광해군 프로젝트를 만들어 나가는 것은 애당초 기획단계에서부터 빗나갔다고 볼 수 있다.[13] 왜냐하면 '중립외교'라는 관점에서 광해군을 다루는 연구들은 광해군을 긍정적인 입장에서 바라보고 있기 때문이다. 더욱이 광해군의 평가를 둘러싼 토론의 경우에도 제시한 자료가 드라마나 가상현실을 바탕으로 토론을 도출하려고 할 뿐 역사적 근거가 되는 자료에 기초한 토론을 이끌어내지 못하고 있다. 뿐만 아니라 역사 프로젝트 구성의 주체들은 광해군을 대상으로 한 프로젝트를 개관하면서 질문다운 질문을 던져주지 못하고 있다.

역사 프로젝트 기획의 출발점은 교육적 질문에서 시작하여 질문이라는 날개를 타고 전개된다. 교수 · 학습의 초점을 역사적 사실에 관해서 듣는 것에서 추구할만한 가치가 있는 문제들에 대해 질문함으로써 역사적 탐구를 시작하는 것은 역사교육이 지향하는 기본적인 활동임을 고려할 때, 눈여겨보아야 하는 부분이라고 판단된다. 그런데도 지금까지 예비 초등 교사들은 자신들이 배우는 역사적 주제나 사실들이 무엇을 의미하는지, 혹은 왜 중요한지에 대한 어떤 개념적 이해나 원리에 입각한 사고 없이 적지 않은 사실들을 되풀이해서 학습하였다.[14] 역사적 사실들을 많이 안다는 것이 반드시 역사적 사실에 대한 폭넓은

13) 광해군이라는 인물을 둘러싼 이슈의 쟁점 곧 긍정적 평가와 부정적 평가와 관련한 한국사 연구 결과물 예컨대 한명기, 『광해군』 역사비평사, 2000 및 오항녕, 『광해군, 그 위험한 거울』 너머북스, 2012에 대한 기본적인 숙지가 되지 못하고 있음을 여실히 보여준다. 이는 한국사 주제에 관한 기초적인 이슈와 쟁점을 간과한 까닭이라고 생각된다.

14) 교사 교육의 성패는 교사가 되려는 학생들이 교육과 관련해 얼마나 정확한 개념을 습득하여 숙지하는가 하는데 달려 있다. 곧 교사양성기관인 교육대학교에 재학하는 동안 역사를 가르치는데 필요한 전문 개념들을 자기화하는 것이야말로 매우 중요하다고 본다(길병휘 외, 『교사교육: 반성과 설계』 교육과학사, 2004).

이해를 의미하지는 않는다. 결국 이상의 논의를 종합해 볼 때 프로젝트 개관을 통해서 나타나는 가장 큰 약점은 예비 초등 교사들의 질문 부재를 비롯하여 자신의 생각을 구체적으로 언어화시키는 능력의 결여로 인하여 문제를 제기하는 힘과 역사적인 논리구성 및 표현이 극히 빈곤하다는 점이라고 하겠다.

이러한 형국이 초래된 이유는 무엇보다 그동안 예비 초등 교사들이 보유한 역사적 지식이 학습자의 교육적 인식과 자각을 기초로 생성된 것이 아니라, 외부에서 미리 정해 놓은 역사적 지식을 아무런 비판 없이 일방적으로 부여받았기 때문이라고 생각된다.[15] 이런 맥락에서 "앎이라는 것은 학습의 주체자가 자신의 존재론적 탐구의 과정에서 스스로가 무언가를 느끼고, 가치와 의미를 부여하고, 미적으로 반응하면서 생성한 것일 때, 그는 실천성의 진정한 주체자로 서게 되며, 앎과 실천성은 불가분의 관계적인 개념으로 그에게 존재할 수 있다"는 지적은 눈길을 끈다.[16]

2. 프로젝트 자료 활용에 대한 조사연구 초점의 미비

역사교육은 과학이다. 이때의 과학이라는 개념은 기본적으로 역사적 주제를 탐구할 때 활용되는 다양한 자료의 출처는 물론이고, 특히 사료가 지닌 타당성과 연구방법의 객관성 때문이다. 이런 점에서 우리의 역사교실수업이 교육적 삶과 양식을 위해 학생들을 조사연구자로서 트레이닝 시키고 있는 공간인지를 물어보아야 한다고 하겠다. 즉 역설적으로 수업에서 활용할 만한 풍부한 자료

15) 근래의 개정교육과정에서 학생의 주체적 학습과 탐구학습이 강조되고는 있지만 여전히 현장에서 이루어지는 역사교과교육은 국가교육과정에 제시된 내용들을 일방적으로 주입하고 있는 데서 벗어나지 못하고 있다.

16) 박세원, 『존재의 성장과 교육』 교육과학사, 2009.

집, 이른바 교수 · 학습 활동을 위한 자료적 인프라를 체계적으로 뒷받침하면서 하나의 역사적 주제에 대해 접근하는 데 일정한 한계가 있는 우리 현실에 근거해 볼 때, 과연 예비 초등 교사들의 자료 활용의 폭과 자료에 대한 인식이 어떻게 나타나는지를 엿볼 수 있는 항목이라고 하겠다.[17]

인간은 패턴에 따라 움직이는 존재이다. 이 패턴은 과거로부터 물려받은 지적 자산이나 길들여진 문화 및 정서를 일컫는다. 이것이 사람들 안에서 사고의 기제로 작용하면서 의식을 지배한다. 그런데 이처럼 정형화한 유형의 역사적 전통과 유산은 사실의 근거로 작동하는 사료에서 출발한다. 그래서 역사적 인물 예컨대 이성계, 정도전, 세종대왕, 광해군, 정조, 정약용 등을 대상으로 프로젝트를 구성할 때 테마의 종류나 세부적인 주제에 따라 사료를 정선하고 배치하는 과정이 요청된다. 곧 예비 초등 교사들은 어떤 자료를 사용할지, 그 자료들이 얼마나 믿을 만한지, 그리고 서로 일치 하지 않은 자료들을 어떻게 분류하고 제시해야 할지를 결정해야만 한다.

그러나 프로젝트를 조직한 대부분의 그룹들의 경우를 보면 극히 제한적으로 원 사료를 제시한 적도 있지만 활용되는 자료의 기능과 가치는 물론이고 자신들이 조사 · 연구하려는 자료를 주제별로 발췌하고 분류 · 조정하는 등의 제반 문제를 고려하지 않고 거의 드라마, 만화, 야사를 중심으로 한 대중적인 매체를 열거하는 활동을 전개함으로써 수업활동의 초점과 방향이 흩어지는 결과를 초래하고 말았다. 살아있는 역사지식과 기능의 습득은 역사적 자료의 맥락적 필요에 따른 이유와 근거를 따져 습득할 때만 가능하다고 본다. 예비 초등 교사들이 자료를 선별하고 활용하는데 있어 뚜렷한 한계를 보여준다고 하겠다.[18]

---

17) 이런 관점에서 대학 세계사 교양교육의 문제점과 그 전략적 접근을 탐색한 다음의 글은 주목 된다. 박혜정, 「대학 세계사 교양교육을 위한 세 가지 교수 모델」 『역사교육논집』 64, 2017.

18) 초등 단계의 학생들이 교실에서 활용하는 역사적 증거인 사료에 관해서 종래 피아제 계열의 인지 심리학자들은 학생들이 과거의 사건들에 대해 추상적으로 생각하는 것에 제한된 역량

이러한 현상은 현 단계 교육대학교에서 이수하는 극히 제한된 한국사 과목의 시수와 성격을 감안하면 당연한 결과라고 여겨진다.[19] 탐구가 모든 교육적 활동의 본질임에도 불구하고 탐구 수행을 위한 최소한의 자료가 무엇인지, 이를 영역별로 어떻게 활용해야 하는지 등에 대한 몰이해의 상태에서 역사탐구는 요원한 일이라고 판단된다. 예컨대 프로젝트에 참여한 어느 학생의 경우 "정말 흥미 있는 과제였지만 역사 인물 프로젝트라는 것 자체가 처음이다 보니 어떻게 시작해야할지가 막막했다…게다가 자료를 찾는 과정도, 이를 나열하는 것도 쉽지 않았다. 그래서 사료를 이렇게 찾아본 것이 처음이라 그런지 수업을 준비하는 시간도 많이 걸렸다"고 한 지적은 주의를 끈다.

이처럼 역사 인물 프로젝트 주체들의 역사자료에 관한 인지가 부족한 상태에서는 학생들이 필요로 하는 이른바 탐구과정에서 자료들을 구체화하고 배치하며 진술들을 계획하는 학습 경험을 제공하기는 어렵다고 본다. 역사적 주제를 조사 연구하는 과정에 수반되는 자료의 수합과 정리가 부실하면서 조사 연구를 위한 초점 또한 그에 비례해서 동력을 상실할 수밖에 없다. 대표적인 사례를 들어보면 정도전 프로젝트를 수행한 한 그룹의 경우 동기유발을 위한 사전 과제로서 '드라마 정도전'을 시청하도록 했는데, 물론 이 드라마는 외견상 학생들이 흥미롭게 정도전의 생애를 알 수 있는 자료이지만 그 자체 픽션의 요소가 강한 탓에 인물에 대한 생각이나 가치관이 드라마 제작자의 의도에 따라 형성될 우려가 있어 주의가 요청된다.

다행히 프로젝트 수업의 후반부로 진입하면서 종전에 비해 『고려사』, 『고려

을 가지고 있다는 점을 들어 적당하지 않다는 입장이었지만 많은 연구들의 의해 극복된 바 있다.

19) 2007년 필자가 참관한 미국 위스콘신 대학교 역사교과목의 경우 대학 교양교육에서 조차 신문의 사설을 비롯하여 시사 다큐멘터리, 각종의 역사문헌자료, 연설문 등에 걸쳐 일차사료를 빈번하게 읽고 토론하며 활용하고 있었다. 이에 반해 우리나라의 경우 역사전문 학과에서 기본적으로 일차사료를 다루는 사료강독 수업을 제외하면 대학교양교육에서 일차사료의 활용과 관련된 강좌는 찾아볼 수 없는 형국이다.

사절요』, 『세종실록』, 『난중일기』, 『정조실록』, 『삼봉집』, 『광해군일기』, 『목민심서』 등에 수록된 자료들의 활용을 위한 적극적인 시도들이 출현하였지만 여전히 조사 연구의 초점을 위한 사료선정과 활용을 둘러싼 가이드라인의 제시는 거의 보이지 않고 앞서 언급한 자료들 가운데 필요한 부분들을 발췌해서 나열하는 정도에 머물고 말았다.[20] 이러한 자세는 역사학의 학문적 토대인 사료라는 증거 자체에 관해 충분히 이해하지 못한데 따른 결과로 보인다. 역사적 주제에 적합한 자료들을 구체적으로 범주화하여 수합·정리하는 한편 그 연장선상에서 자료접근을 위한 가이드라인을 명시하는 것은 효과적인 교육활동의 필수적인 부분이라고 하겠다. 왜냐하면 이러한 접근은 차시별 수업활동을 위한 예비단계이기 때문이다.

3. 도입부 동기유발의 미숙

모든 교사들이 다 아는 것처럼 스스로 탐구를 수행하는데 필요한 기능을 가진 학생들은 거의 없다. 교사들은 학생들이 주어진 프로젝트 과제를 성취하는데 있어 가장 먼저 그들의 관심을 자극해야 한다. 따라서 역사 프로젝트의 도입부에서 스캐폴딩이라는 동기유발이 차지하는 교육적 비중은 매우 크다. 동기유발은 수업의 출발점인 시작 단계에서 역사적 주제를 이슈화하여 학습자의

20) 박혜정 앞의 논문 pp.17~19에서도 비슷한 상황이 지적 된 바 있다. 그러나 역사 프로젝트 지도안을 구성하면서 1차 자료의 중요성을 처음 알게 되었다고 한 어느 학생의 경우 "사료와 같은 자료들을 찾기 위해 상당히 많은 책들을 살펴보면서 무척 힘은 들었지만 사료를 바탕으로 역사에 대한 해석이 이루어지는 것을 실제로 경험하면서 원 사료를 공부하는 것이야말로 불완전한 역사의 진짜 모습의 퍼즐을 직접 맞추어볼 수 있어 좋은 체험이 되었다. 이번의 경험이 후일 가르칠 아이들의 사고력과 탐구력 같은 기능을 길러주는데도 도움이 될 수 있을 것 같다"는 지적은 앞으로의 교실 역사수업이 지향해야 하는 점을 시사해준다고 하겠다.

인지적 관심을 이끌어내는 구조적 활동 중의 하나이기 때문이다.[21] 교육학에서는 일반적으로 주제를 둘러싼 인지부조화를 불러 일으킬만한 요소를 이끌어내는 것을 권장하고 있다. 혹은 테마와 관련된 충격적 장면이나 동영상 등의 가시적 효과를 도출하는 것도 참조가 된다. 그러나 막상 교육대학교에서 동기유발과 관련된 교육적 학습을 경험했음에도 불구하고 예비 초등 교사들이 역사 프로젝트에서 보여준 동기유발의 실제는 매우 추상적이었다. 예컨대 "이성계라는 역사적 인물을 통해 관련된 자료를 활용하여 그 시대의 흐름을 파악할 수 있다" (본래는 "이성계와 관련된 자료를 활용하여 그 인물을 알아보는 한편 시대의 흐름을 파악할 수 있다"고 해야 한다)고 학습목표를 설정한 그룹은 동기유발 단계에서 "정몽주를 죽이기 이전 이성계의 아들 이방원은 정몽주와 시를 주고받았다고 해요. 그럼 그 시가 무엇이고 정몽주가 죽고 난 후 이성계의 반응은 어땠는지 영상을 통해 한번 볼게요"라며 평면적인 동기 유발을 유도하고 있었다.

역사 드라마는 역사적 주제나 소재를 대상으로 과거의 이야기를 재구성해간다는 점에서 눈길을 끌지만 이야기의 객관성과 진정성이라는 점에서 보면 사실상 픽션으로서의 명백한 한계를 지니고 있다. 물론 과거나 현재의 학생들은 공론화된 역사전문도서나 저널보다는 픽션이나 활자화된 인쇄물(만화), TV 등의 다양한 매체를 통해서 역사에 대한 흥미와 관심, 감각, 지식 등을 습득하지만 역사교실수업에서 교사는 학생들로 하여금 그것들이 역사적 팩트를 얼마나 정확하게 그려가고 있는지를 도입부 활동과정의 논의를 통해 보여주어야 한

21) 예컨대 후술되듯이 예비 초등 교사들이 역사 프로젝트를 대상으로 한 탐구질문을 통해 구성하는 지도안 작업에 학생들로 하여금 역사적 기능을 적용하는 방법을 찾도록 도와주는 것, 비평적인 피드백을 하는 것 또한 스캐폴딩에 해당한다. 스캐폴딩의 궁극적인 목적은 계획한 학습지도안의 단계별 절차와 실행을 구조적으로 검토하는데 있다(배한극 · 송인주, 주웅영 공역, 『초 · 중학교에서 학생들과 조사 연구하는 역사하기』 아카데미 프레스, 2007, pp.28~29).

다.22) 왜냐하면 역사적으로 볼 때, 정몽주의 死後 이성계가 보여준 구체적인 반응은 자료상 어느 곳에서도 명백하게 드러나지 않고 있기 때문이다. 따라서 동기유발 또한 역사적 팩트를 중심으로 한 접근이 되어야 한다는 점에서 세심한 주의가 요청된다고 하겠다. 흥미위주의 동기유발은 역사적 실상을 올바르게 파악하는데 있어 커다란 지적 편견을 초래할 수 있는바 유의해야하는 대목이라고 본다.

---

22) 초등학교의 역사교실수업에서 역사 관련 드라마나 영화는 전형적으로 역사적 사실의 진술적 수단으로서 다루어지고 있다. 이때 학생들은 대개 개별 장면들이 제시되는 것을 넘어서 생각하지 못한다. 물론 역사를 이해하는 기본 자료로써 드라마나 영화의 활용은 학생들에게 사실을 암기하는 것 이상으로 자신들의 역사에 관한 아이디어를 발전시킬 수 있는 기회를 제공한다. 즉 드라마를 비롯한 역사적으로 건전한 내러티브들은 교사들로 하여금 학생들에게 역사에 대한 관심을 이끌어내는 한편 그 시대의 긴장을 추체험시키면서 역사적 인물들의 감정을 포착하고 투쟁과 이슈를 드라마틱하게 이해하며 역사적 상상력을 뒷받침할 수 있도록 할 뿐만 아니라 교과서상에 기술된 협소하며 사실 중심의 나열된 역사지식의 범위에 관해 보다 많은 이해를 할 수 있도록 도와준다(Carnes, M. 1995. *Past imperfect: History according to the movies*. New York: Henry Holt. TRENIA R. WALKER, 2006. Historical Literacy: Reading History through Film, *THE SOCIAL STUDIES* 97(1), pp.30~32). 다만 이 경우 가장 유의할 점은 역사적 이야기에 배여 있는 '사실성'의 진위여부 문제라고 하겠다. 예컨대 역사드라마나 소설과 역사는 엄밀한 의미에서 볼 때 확연히 다른 분야라는 것이다. 전자가 독자의 흥미와 관심을 유도할 목적에서 작가의 (문학적) 상상력이 동원되는데 반해 후자는 사실에 초점을 맞추고 있다.

그래서 역사적 픽션이 아무리 뛰어나다고 해도 그 자체는 역사적 진실의 불완전한 부분일 수밖에 없다는 점에서 세심한 주의가 요망된다(송인주, 「이순신 프로젝트와 역사교실수업」 『역사교육논집』 46, 2011). 학습과 사고에 있어 정보를 구성하는 과정을 논의한 심리학자들 역시 사실에 대한 지식은 이해와 사고를 만들어내며 교수·학습과 관련된 또 다른 지식의 변환 곧 논리적인 추론이나 귀납적 추론, 연역적 추정을 구축하는 합리적이며 절대적인 기초라는 점을 제안하고 있다(Gary R. McKenzie, 1980. The Importance of Teaching Facts in Elementary Social Studies, *SOCIAL EDUCATION*, 44(6), pp.494~495). 따라서 훌륭한 역사드라마나 영화의 전제는 당대의 역사적 상황에 대한 충실한 이해와 더불어 역사적 인물이나 사건에 관한 역사분야의 연구 결과 합의된 통설을 스토리로 담아내고 있어야만 한다.

최근 역사학적 견지에서 역사소설을 비평한 한 논자의 지적에서도 나타나듯이 "작가가 당시의 시대상에 대한 철저한 이해에 입각하여 역사적 이야기를 전개함으로써 마치 그 자체가 역사인양 느끼게 할 때 역사소설이 역사보다 더 역사적인 사실을 담고 있는 듯이 보이게 할 수 있다"는 것이다(주보돈, 「역사와 픽션」 『복현사림』 28, 경북사학회, 2010, pp.24~26). 이러한 지적은 역사교육에서 활용할 만한 역사적 픽션의 아이덴티티를 보여줌으로써 앞으로의 역사교육자료로 선정할 역사적 픽션이 지향해야 하는 단초를 열어놓았다는 점에서 주목된다.

4. 학습목표와 학습활동 그리고 학습 자료의 유기적인 순환관계의 간극

처음 역사 인물 프로젝트를 시작할 때, 이성계 프로젝트를 구성한 그룹의 경우를 통해 보면 먼저 학습목표는 "이성계라는 역사적 인물을 통해 관련된 자료를 활용하여 그 시대의 흐름을 파악할 수 있다", 라고 서술하였고, 그에 필요한 학습활동으로 첫째, 하여가와 단심가의 가사를 바꾸어 만들어보기, 둘째, 이성계 가상 인터뷰 해보기, 셋째, 사료 탐구하고 상상해서 만화 그리기의 순으로 학습활동이 짜여져 있으며 학습 자료로는 활동1에서는 하여가와 단심가, 활동2에서는 교사의 예시 질문과 관련 된 사료라고 할 뿐 아무런 자료를 제시하지 않고 있다. 마지막으로 활동3에서는 막연히 『태조실록』이라고 되어 있다.[23)]

여기서 나타나는 외형상의 특징은 학습 자료의 제시가 뚜렷하지 않다는 점이다. 특히 활동2의 경우 이성계와의 가상 인터뷰 예시 질문으로 왜 명령을 무시하고 위화도회군을 했습니까? 왜 고려를 무너뜨리고 조선건국을 했습니까? 아들 이방원에 대해서는 어떻게 생각하십니까? 등의 세 가지를 들고 있는데 질문의 연장선상에서 그에 견줄 만 한 자료가 제공되어야 후속 학습 활동이 전개되겠지만 아무런 사료를 찾아볼 수 없다. 그럼에도 불구하고 활동2의 말미에서는 '조별로 가상 인터뷰 내용을 전체 학급을 상대로 발표하기'라는 활동 계획을 하고 있다. 학습 자료가 제대로 뒷받침되지 않는 대표적인 학습목표와 학습활동의 한 프로젝트 지도안이라고 하겠다.

그밖에도 앞서 지적하였듯이 토론을 둘러싼 논의과정에서 보여준 맹점도 하

---

23) 참고로 여기서는 개인별 역사 인물 프로젝트가 아니라, 그룹별로 진행한 것을 사례로 적시하였다. 다만 담당 교수가 지정한 특정 인물에서 벗어나 자신들이 가장 관심을 가지는 주제를 해보려는 의도를 반영하여 이를 지도안으로 구성하도록 하였다. 본문에서 기술하였듯이 '가상 인터뷰'라는 형식을 통해 주제를 다루고 있는데, '가상의 세계'는 정황 증거가 뒷받침되어도 역사학습에서 수업활동으로 펼치는 것은 문제가 있다는 점을 환기시켜 주었다.

나의 약점으로 지적될 수 있다. 역사적 인물이나 주제를 대상으로 한 토론에는 그에 근거할 만한 자료가 수반되어야 하겠지만 이에 대한 제시가 결여되어 있다. 학교라는 공간에서 역사 인물 프로젝트가 역사교육의 목표를 구성하는 이른바 민주시민성 양성과 관련시키려면 학생들로 하여금 합리적인 판단에 참여하는 기회를 제공해야 할 것이다.[24] 이를 위해서는 무엇보다 수업목표와 연동한 교수·학습의 맥락 과정에서 예비 초등 교사들이 학생들이 증거를 직접 보고 역사정보를 분석하며 해석과 추론 등의 논의하는 행위를 통해 결론에 도달하도록 하는 경험을 이루어내야만 한다. 역사교육의 관점에서 볼 때 민주적 시민의식을 위한 교육은 학생들이 서로 일치하지 않는 자료를 매개로 다양한 견해를 지닌 그룹들과 의미 있고 생산적인 토론에 참여하는 것을 배워가는 교육적 경험이라고 본다.

한편 정도전 프로젝트를 설계한 그룹의 지도안을 보면 정도전의 민본정치, 재상 정치를 논의하면서 각각의 주제에 대해서 알아볼 목적에서 이를 토론 주제로 삼았는데, 이때 앞서의 그룹과 마찬가지로 그에 상응하는 자료를 제시하지 않은 채 토론을 유도하고 있었다. 이는 프로젝트의 초기 단계에서부터 예비 초등 교사들이 학생들에게 세부 테마에 필요한 자료를 제공하지 않고 단순히 '정도전 드라마'라는 동영상을 보여준데 따른 결과라고 본다. 구체적인 자료가 제시되지 않은 진공상태에서 생산적인 토론은 이루어 질 수 없다. 합리적인 토론은 합리적인 자료 위에서 가능하다는 점을 다시 한 번 확인하는 계기가 되었다.

---

24) 학교교육에서 역사교육의 목적을 둘러싼 보다 진전된 논의로는 다음의 연구들이 주목된다.
Lowenthal, D. 1998, *The heritage crusade and the spoils of history.* Cambridge, England: Cambridge University Press.
Husband, C., Kitson, A., &Pendry, A. 2003. *Understanding history teaching.* Philadelphia: Open University Press.
Barton, K. c., & Levstik, L.S. 2003. Why don't more teachers engage students interpretation? *Social Education*, 67, pp.358~361.
Barton, K. c., & Levstik, L.S. 2004. *Teaching history for the common good.* Mahwah, NJ: Lawrence Erlbaum Associates.

Ⅲ 역사 인물 프로젝트 구성을 위한 과제

역사 인물 프로젝트 수업활동의 교육적 의미는 하나의 특정한 역사적 주제를 이슈화한 다음 재구성한 후 조사연구의 가이드라인과 방향에 따라 학습자들이 스스로 교실 수업을 전개하는 것으로 볼 수 있다. 다만 이 과정에서 특기할 만 한 점은 담당 교사의 역사교육에 대한 교육철학과 교육관을 전제로 프로젝트 수업이 조직적으로 디자인되어야 한다는 점이다. 이러한 지적은 필자가 과거 참관했던 미국 사회과교육(역사교육)의 경우에서 단적으로 알 수 있다 즉 담당 교사의 역사교육목적에 대한 의도와 면밀한 수업 또한 바로 앞서 지적한 점의 연장선상에서 기획되었던 점을 통해 읽을 수 있다.[25] 이런 측면에서 이번 예비 초등 교사들의 역사 인물 프로젝트 지도안 검토는 적지 않은 시사점을 제공하고 있다.

학교 교육에서 이루어지는 교육 활동 가운데 가장 핵심이 되는 것은 교수·학습이다. 그동안 전통적인 역사교수법은 강의와 시범 모형에 토대하고 있었다. 여기서 가르치는 것은 주로 역사적 지식을 말하는 것과 보여주는 것이다. 즉 교사는 역사교과의 내용에 대해 완전히 알고 있어야 한다는 것이다. 그러나 앞서 지적하였듯이 역사 교수·학습 활동을 조직적으로, 효율적으로 수행하려면 무엇보다 교사가 하나의 주제와 관련된 내용지식을 깊이 마스터하는 것이 아니라, 교과의 본질과 목표 곧 교사가 역사라는 교과의 성격과 목적을 제대로 이해하고 그에 부합되는 지도를 하기 위해서 지속적으로 고민해야만 한다는 것이다. 그래서 역사교육의 교수·학습 방법은 주어진 역사지식이나 정보를 그

25) 송인주, 「미국 초등학교 사회과 교실수업의 프로젝트 수행과정과 교육적 함의」『사회과교육』 48(2), 2009.

대로 받아들이는 것이 아니라 역사적인 개념과 원리나 인과관계 등을 학생 스스로가 발견하고 문제점이 발견되는 경우 이를 해결하는 기회를 제공하는 비판적 사고를 길러주어야 한다고 본다.

역사적 인물을 대상으로 한 이번 프로젝트 수업에서 예비 초등 교사들이 가장 많이 지적하는 점은 해당 인물에 대한 단순한 업적만을 학생들에게 단편적으로 알려주기 보다는 인물의 인간적인 삶과 생각에 접근하여 이를 알려주고 싶었다는 점을 술회하고 있었다. 문제는 이 과정에서 그들이 직면한 물리적인 난제는 적절한 자료 수합과 정리(사료의 재배열) 및 제시였다. 역사학의 존립 기반인 사료에 근거한 역사학습은 역사적 사건과 현재의 교육적 활동을 매개하고 엮어내는 학습활동으로써 과거를 추적하고 기억하는 합리적인 방향을 지원해주는 활동임에는 분명하다.[26] 그러나 정작 한국사상의 다양한 역사적 사건이나 인물에 관한 자료는 단행본과 전문도서 및 개별연구논문 등 여러 가지 형태로 분산되어 적지 않게 존재하지만 초등학생을 대상으로 한 수업 자료로 활용하기에는 어려운 것들이 많은 실정이다.

현재 역사적 인물에 관련된 어린이용 역사도서들은 학교 도서관에서 쉽게 구입할 수 있지만 이들 도서들은 특정 인물에 대한 체계적이며 깊이 있는 이해를 하기에는 책의 질이 떨어지는 형편이다. 사실 교사가 특정한 학습 자료로 활용하는데 있어서도 관찬사서나 일반 통사 또한 내용이 어려워 학생 수준에 맞추어 자료를 수정하는 작업이나 아니면 필요한 부분을 발췌 하는 것 역시 자료 이해의 연장선상에서 이를 수합하여 구성하는 교사의 입장에서 볼 때, 지난

26) 사료를 중심으로 접근하는 이른바 사료학습은 그동안 학생들이 수동적 입장에서 배운 공식 역사지식의 그림자가 빚어낸 역사에 대한 일방적 수용에서 벗어나 학생 스스로가 사료라는 또 다른 타자와의 교섭과 접촉을 통해 과거로 진입하는 직접적인 길을 제공할 뿐만 아니라 자기화된 의미를 만들어낼 수 있는 통로를 열어줌으로써 더 이상 학생들이 역사의 주변인화된 존재로 방치되는 것을 막아줄 수 있다고 하겠다(송인주 · 이성형, 「초등 역사교실수업에서 사료학습의 실행과 그 의미」『역사교육논집』 50, 2013, pp.37~38).

한 작업이 되지 않을 수 없다.

특히 찬반양론으로 평가가 극명하게 대비되는 논쟁적인 역사적 인물 이른바 광해군 프로젝트의 사례에서 보여주듯이 상반된 입장에서 토론 할 수 있는 역사적 근거와 기왕의 통사적 역사 지식이 매우 중요한 역할을 하지만 이들 자료에 대한 교육적 지원 없이 원활한 토의를 진행하기는 어렵다. 초등학교의 아동들은 의견이 일치하지 않은 역사적 주제를 배울 필요가 있고 문제를 분석하는 한편 초점을 겨냥하여 이를 체계화하고 사실과 의견을 구분하며 의견을 달리하는 관점을 토론하고 잠정적인 결론을 이끌어내는 훈련 과정을 경험할 필요가 있다. 이러한 작업이 없다면 학생들이 합리적인 토론해야한다는 믿음은 환상에 지나지 않는다.

그래서 종전 "논쟁적인 주제에 대해서 깊이 있는 토의는 물론이고 충분히 자유로운 학습을 활성화하도록, 그리고 민주주의 사회에서 진보의 수단으로써 토론이라는 역할의 진가를 올바르게 인식하도록 육성하는 것은 학교 교육의 명백한 의무이다"라고 한 지적[27]은 크게 주목할 만하다. 따라서 논쟁이 되는 역사적 주제를 가르칠 때 교사는 아이들이 다양한 견해의 표현에 정중하고 관대한 경향을 발전할 수 있도록 도와줄, 정보의 출처를 평가할, 하나의 이슈에 대해 다양한 관점을 추구하도록 지도해야 하겠다. 이때 선별한 자료를 활용하는 과정에서 유의해야 할 점은 역사적 사건과 역사적 사실을 혼돈하는 경향이 있는데 이 양자는 다르다는 점을 명심해야 한다. 왜냐하면 역사가들이 다루는 역사적 사건은 물리적인 것으로 기록이나 기억 이전에 실제로 존재하는 하나의 실재(real)인데 반해 역사적 사실은 사건에 대한 역사가의 서사적 진술이기 때문이다.

역사적 사실은 기록 속에서 존재하는 명백한 사실이 아니라 기록을 바탕으로 역사가가 구성하고 만들어가는 이른바 "기술(記述) 중에 있는 사건"이다. 곧

27) 주웅영 외 공역, 『초등사회과교육론』 교육과학사, 2012, p.281.

역사적 사건과 사실의 관계는 부분적이며 불완전하다. 따라서 역사적 사실은 항상 수정과 재해석, 심지어 폐기될 가능성을 안고 있다.[28] 요컨대 역사적 사실이 역사가의 해석을 규정하는 것이 아니라 역사적 사건에 대한 선택적 관심과 해석여하에 따라 역사적 사실은 결정된다. 이에 역사교육 지도상에 있어 교사는 유의미한 주제들과 질문을 통해 역사기록이라는 정보의 조각들을 어떻게 모으고 분류하며 해석과 판단을 할 것인지에 관해 준비를 해야만 한다. 이상의 지적은 예비 초등 교사를 양성하는 교육대학에서 역사교육지도상에 필요한 교사의 전문성과 책무가 무엇인가를 잘 보여준다고 생각한다.

한편 예비 초등 교사들에게 요구되는 또 하나의 과제는 그들로 하여금 역사적 질문의 가치와 힘이 무엇인지를 분명하게 각인시켜 주어야 한다는 사실이다. 모든 교육적 활동에 있어 탐구의 핵심은 질문에 달려 있다.[29] 배운다는 것은, 그리고 학습을 한다는 것은 주제와 연계한 질문을 할 줄 안다는 것이다. 질문이 구체적이지 못하면 조사연구를 위한 초점의 설정 또한 불가능할 뿐만 아니라 정보를 찾는 것도, 문제해결을 위해 숙고하는 것도, 아는 것도 구체적이지 않다. 그래서 학습한 것을 기억하는 것에 아무런 도움을 주지 못한다.

학습활동에서 큰 비중을 차지해야 할 질문은 바로 역사적 주제와 밀접한 의문을 지닌 질문이어야 한다. 그래야만 질문을 하거나 질문을 받아서 탐구하며 생각할 때 배움의 깊이는 커진다. 왜냐하면 지적 관심과 의문에 따른 질문은 인간적 삶의 표징이 될 뿐 아니라, 역사적 사실에 기초한 질문이나 사고를 자극하기 위한 질문도 의문을 위한 질문의 테두리 내에서 제기될 때, 비로소 그 긍정적 기능을 할 수 있기 때문이다.[30]

---

28) 안병직, 「픽션으로서의 역사: 헤이든 화이트(Hayden White)의 역사론」『인문논총』 51, 2004, pp.51~52.

29) Dewey, J, *How we think: A restatement of the relation of reflective thinking to the educative process,* 1933, New York: Heath.

30) 이종일 외, 『교육적 질문하기』 교육과학사, 2006, p.11.

이처럼 역사적 주제를 대상으로 한 질문은 역사 탐구라는 지난한 작업 과정을 위한 방향과 동기화를 제공해준다는 점에서 매우 중요하다. 교실수업은 교사와 학생 사이의 질문과 대답의 상호작용이다. 그러므로 수업전개 과정에서 나타나는 예비 초등 교사들의 질문하기는 수업의 질을 결정하는 주요한 열쇠가 된다. 그러나 이번 역사 프로젝트에서 보여준 대부분의 그룹들의 활동은 역사적 질문이라는 것이 무엇인지를 되묻게 하고 있었다. 아는 것을 확인하고 지식의 확장이라는 단계에서 역사적으로 토론할 가치가 있는 의문들, 단순하거나 하나의 정답을 가지지 않은 역사적 주제들에 대해 예비 초등 교사들이 질문을 주고받을 수 있는 수업으로 전환할 수 있도록 유도하는 것이 요청된다.[31)]

마지막으로 예비 초등 교사들은 교과지식을 대개 교사양성기기관의 교육과정을 통해 획득하게 되는데 현재 그에 관한 교육은 시수 면에서 볼 때 극히 취약해 보인다. 교사의 해당 교과목에 대한 지식은 교과에 관해 많이 알수록 가르치는 방식에 흥미를 보이고 도전적인 반면 제한된 지식을 갖는 교사는 학생의 참여와 질문을 제대로 이끌어내지 못한다. 따라서 해당 교과지식에 대한 보다 전향적인 지도가 요망된다. 결국 이번 역사 프로젝트 지도안의 검토를 통해 재확인한 점은 예비 초등 교사들에게 가르칠 교수내용지식에 대한 합리적 논거와 그 교육적 효과를 숙지시키고 직접 조사하는 기회를 구체적으로 경험하도록 함으로써 자신들이 역사교실수업에서 가르치는 것에 영향을 미치는 것이

31) 예비 초등 교사들로 하여금 그동안 학습한 역사적 주제에 내재된 이슈나 가치를 재발견하도록 하기 위해서는 통사적 지식전반은 물론이고 특정한 역사적 테마를 총체적으로, 자율적으로 다루는 경험이 충분히 제공되어야 한다고 본다. 아울러 그들이 자율적이며 자유분방한 질문, 논리 추구적 질문이 활성화되도록 여건을 만들어야 하겠다. 뿐만 아니라 주어진 역사수업 목표에 따라 역사적 지식을 사용할 수 있으며 독창적이고 창의적으로 문제를 해결하며 논증하고 비판적으로 사고하는 등의 know-how를 강조하는 등의 역사적 사고 태도를 육성해주어야 한다고 본다. 요컨대 역사교과라는 교과내용의 바탕이 되는 학문적 지식과 학문의 방법론에 대한 축자적 이해를 바탕으로 효과적인 문제 제기 능력 및 교육 상황 설정이 필요하다는 것이다.

무엇인가를 자각하도록 일깨우는 교수법과 연구가 필요하다는 것이다.

Ⅳ 맺음말

이제까지 예비 초등 교사들이 그룹별로 기획한 역사 인물 프로젝트 지도안의 실태를 중점적으로 점검하여 문제점을 진단하는 한편 그 연장선상에서 앞으로 요구되는 과제를 살펴보았다. 역사적 주제를 통해 역사지식을 배운다는 것은 과거 속에 내재된 이슈의 쟁점과 문제의 행방을 올바르게 확인하여 현재 직면한 삶의 문제를 풀어내는 판단의 근거와 지평을 찾아내는데 있다고 본다. 그래서 하나의 특정한 역사적 주제를 스스로 선택하여 깊이 있게 전방위적으로 학습하는 프로젝트는 좋은 교수법이라고 본다. 좋은 교사 없이는 좋은 학교를 만들 수 없고 좋은 수업도 기대할 수 없다. 이런 점에서 역사 인물 프로젝트 학습은 예비 초등 교사들로 하여금 자신들의 수업에 대해 반성적인 실천가로서의 자세를 이끌어내는 유의미한 교육활동이라고 하겠다. 즉 예비 초등 교사들이 역사 인물 프로젝트를 진행하는 동안에서 좋은 교수(敎授)를 만들어가는 데 필요한 것이 무엇인지를 발견하고 향후 자신들이 계획할 지도안에 대한 확장된 이해를 도울 수 있다는 것이다. 이런 맥락에서 역사 프로젝트를 수행한 이후의 경험을 자전적 형식으로 기술한 어느 학생의 글은 주목된다.

> 평소 역사에 큰 관심이 없어서 역사수업 방식에 대해서 깊이 생각해 보지 않았다. 그러나 이번 역사 프로젝트 수업을 통해서 역사 수업을 효과적이고 재미있게 할 수 있는 방식에 대해서 배울 수 있었다. 세종대왕 프로젝트를 진행하면서 교수의 초점을 어디에 두고 어떤 활동을 해야 학생들이 세종대왕에 대해서 더욱 정확하고 흥미롭게 배울 수 있을 지에 대해서 고민하게 되었다. 이 수업을 수강하기 이전에는 세종대왕에 관한 수업을 한다면 세종대왕 관련 영화나 드라마 장면을 틀어 주어 흥미유발을 하고 세종대왕의 생애와 업적에 대해서 단편적으로 수업을 할 수 있다고 생각하였다. 그러나 역사적 문헌 자료나 사진 등 실제로 아이들이 눈으로 보고 기억에 남을 수 있는 자료를 수업 시간에 활용하는 것이 굉장히 중요하다는 것을 배우게 되었다. 미래의 교사로서 역사수업에서는 다양한 역사적 자료를 사용하여 아이들이 깊이 있게 역사 공부를 할 수 있도록 지도해야겠다.

> 교생실습을 나가서도 역사적 사실을 교과서가 제시하는 대로 학습했었는데 이번 역사 프로젝트를 하면서 한 인물을 선정해서 그의 일대기를 중심으로 다방면의 역사적 사실을 총체적으로 파악할 수 있었다. 배운 역사를 바탕으로 현실에 적용할 수 있는 활동들을 구상하고자 여러 고민을 하였다. 지도안 작성과 그에 필요한 자료들을 찾는데 애를 먹었지만 왜 교사의 전문성과 고민이 많이 녹아나야하는지를 알 수 있었다. 이 수업을 경험하면서 역사과목의 본질적인 학습은 무엇인지, 그리고 역사 수업에서 있어야 하고 필요한 방향에 대해서도 고민할 수 있게 되었던 것 같다.

역사 인물 프로젝트 학습이 지닌 교육적 의미가 실현되려면 역사를 담당하는 교사의 자질과 책무를 보증하는 교사 양성의 현장에서 이를 위한 조치 예컨대 교과에 대한 지식, 자료 활용에 대한 지식과 활용, 교수 실천에 관한 지식 등에 걸쳐 적극적인 관심을 가져야 하겠다.[32] 이러한 점 가운데서 핵심은 역사를 가르치는 교사의 역사교육관이라고 할 수 있다. 일반적으로 한 사회가 지니고 있는 역사 혹은 역사적 관념은 학교 역사 교육과정에 지대한 영향을 준다. 곧 역사학습 지도방법의 실질적인 변화는 교사의 역사교과에 관한 교육관과 자세에 달려있다고 해도 지나친 말이 아닐 것이다. 역사교육의 새로운 방향은 역사적 사고력의 향상과 궤를 함께 하고 있다. 그러나 현 단계 초등의 경우 사회과 역사영역을 지도하는 교사들의 신념이나 실질적인 역사적 사고력 향상의 정도가 실증적으로 그 모습을 드러내지 않은 상태에서 역사 인물 프로젝트를 둘러싼 교사의 역사교육관과 자질을 섣불리 단정하고 규정하는 것은 무리라고 하겠다. 앞으로 대학사회와 학교 현장에서 이를 뒷받침하기 위해서는 예비 초등 교사들로 하여금 올바른 자질 개선을 갖추도록 하는 교육계 안팎의 인식 전환과 지원이 필요하다고 본다.

다만 본 연구에서 예비 초등 교사들을 대상으로 역사 인물 프로젝트 학습지도안의 구성을 검토하면서 프로젝트 학습의 실질적인 제반 효과성을 객관화하여 측정할 수 있는 다양한 평가 준거 및 측정 도구 및 분석의 틀을 개발하지 못한 점은 하나의 약점이라고 하겠다. 그러나 본 연구를 통하여 역사 인물 프로젝트 학습 모형의 개발과 적용이 보다 확대되면서 현장의 교육적 효능을 양적 · 질적으로 검증할 수 있는 후속연구가 이루어지기를 바란다.

---

32) 류현종, 「역사하기 시민권 행사하기」 『역사교육논집』 64, 2017, pp.62~64.

부록 1

초등 5학년
역사 인물 프로젝트

-정도전을 중심으로-

부록 1

초등 5학년 역사 인물 프로젝트*

-정도전을 중심으로-

요약: 역사교과에서 서사가 결여된 정제한 교수내용지식을 반복하며 가르치는 수업은 지양해야 한다. 왜냐하면 이야기되지 않은 통사적 지식의 역사교육은 역사적 사건과 그 사실을 설명해주는 제한적 특성 때문에 지속성을 갖지 못하기 때문이다. 그래서 학생들이 역사적 인물의 행적을 사료를 통해 만나 현재의 '나'와 비슷한 동질성을 찾아내어 이를 하나의 이야기로 구성하며 의미를 부여하는 교육적 경험이 필요하다. 즉 초등학교의 역사수업을 위해서는 무엇보다 학생들의 실존적 삶과 관련된 문제를 이슈화하는 한편 이를 교육현장에 전향적으로 적용하도록 관점과 내용을 치환시키는 작업이 요망된다. 역사 인물 프로젝트에 대한 설계는 이러한 배경에서 출발하였다. 역사적 인물을 대상으로 한 교육적 탐색은 그들이 실현한 가시적인 업적에 기초한 고착화된 역사지식이 아니라 '나'라는 자아의 현재적 상황과 동질감을 느낄 수 있는 요소들을 적

* 이하나(북대구초등학교 교사) · 송인주

출하여 학생들이 다층적인 정체성을 확인할 기회를 갖도록 유도함으로써 '나됨'의 존재성과 의미를 찾아가는데 초점을 가져야 한다. 본 연구는 초등학생들이 박제화 된 타자로써 정도전이라는 역사적 인물의 삶을 바라보지 않고 역사가 자신들의 내재된 정체성을 재발견할 수 있는 중요한 문화적 도구라는 점을 이해시킬 수 있다고 하겠다.

I 머리말

삶은 본질적으로 문제와 고통의 끊임없는 반복이다. 사회구조와 환경의 빠른 변화로 인해 아동들이 삶속에서 만나는 다양한 형태의 물리적·심리적 불안과 갈등은 진정한 선택의 자유라는 문제를 직시하고 의지를 발휘하기에 앞서 아동들의 존재성을 형성해주는 적지 않은 요소들에 대해 간과한 결과라고 생각한다. 더욱이 구체적 조작기에 해당하는 아동기의 자아를 관찰하려면 과거와 현재의 관계적 존재 사이를 오가며 양자가 분리되지 않은 시간성의 연속선상에서 이해할 수 있다는 점을 명확히 인식할 필요가 있다. 일반적으로 문제가 발생하면 문제의 정체와 그 무게에 따라 절망, 슬픔, 후회, 두려움, 걱정, 분노, 좌절 등의 다양한 감정을 느끼게 된다. 삶의 성패를 가르는 것은 바로 이러한 문제들을 정확하게 읽어내고 대응하는가에 달려있다.

아동기 자아의 사고방식과 자세를 형성하는 요인은 부모를 제외하면 학습을 통해 만들어지는 의존성이다. 어린 시절 어떤 것에 의존하는 시기는 아동들의 사고방식을 형성하고 향후의 학습태도를 결정짓는다. 이처럼 의존성과 비례하여 아동기에 형성 · 발달한 사고방식은 쉽게 변화하지 않는다. 더욱이 아동기의 학습이 수동성을 띠고 있는 것을 감안하면 초등학교 단계의 학습은 아동의 실질적인 생존과 성장에 필요한 지식 습득을 통해 그들이 독립적인 생각과 자세를 갖추도록 해야만 한다. 역사 인물 프로젝트는 이러한 관점에서 기획되었다. 따라서 인물선정의 교육적 배경과 목적에 대해서 구체적으로 살펴보겠다.[1)]

대부분의 학생들은 역사적 인물들이 어떤 경험과 사고의 과정을 거쳐서 획기적인 비전과 태도를 갖게 되었는지 잘 알지 못한다. 이러한 점에서 고난을 통해 삶을 바꾼 역사적 인물과의 만남이 요청된다. 인간은 흔히 자신이 사는 시대와 일생의 과정에서 역경을 만나면 절실한 방향성을 모색한다. 정도전이 살았던 고려후기라는 시대가 그렇고 그의 일생 가운데 청년기가 여기에 해당된다. 공민왕대까지 비교적 온전한 관직생활을 했던 정도전은 우왕 원년(1375) 외교문제를 둘러싼 갈등으로 말미암아 전라도 나주의 거평부곡으로 유배되었다.

인간은 어렵고 힘든 경험을 겪으며 운명을 깨달을 때 성숙해진다. 중요한 것은 자신의 운명을 어떻게 바라보고 대처하느냐이다. 성숙한 인간은 운명의 굴레 가운데에서 사명을 발견한다. 그는 비극적 세계관에 매몰되지도 않고, 묵묵히 자신의 처지를 껴안은 채 새로운 길을 나선다. 정도전의 삶 또한 그랬다. 그는 관직박탈과 사회적 고립이라는 유배 기간 적지 않은 충격과 방황을 겪으면서 죽음을 불사한 사생관을 다지는 한편 현실적 타협과 안주의 자세를 청산하였다.[2)] 곧 정도전은 이상과 현실이 교차하는 유배지에서 고독과 비애를 느끼며 고뇌와 갈등을 겪으면서도 자신의 실존적 고민을 멈추지 않고 자의식을 새롭게 재정립해갔다. 그 결과 정도전은 부당한 운명을 체험할 수밖에 없는 사회구조 속에서 또 다른 삶의 여정을 위한 행보를 걸어갔다.

1) 역사 인물 프로젝트는 종래의 역사학습에서 지적한 인물과 인물사 지도를 고려하였다.

2) 『삼봉집』 권4, 「곡반남선생문(哭潘南先生文)」, 「사이매문(謝魑魅文)」.

사실 모든 인간이 부딪치는 고통은 의미를 포함하고 있다. 정도전에게 있어 유배와 방랑이라는 가혹한 경험이야말로 자신의 고국인 고려사회의 실상을 직시하는 한편 새로운 지표를 확신하는 시작점이자 종결점이라고 본다. 왜냐하면 삶의 나락에서 만난 낯선 경험을 통해 자신의 과거 지층에 묻힌 사람들의 목소리에 귀를 기울여 대화를 나누며 사명을 확신하는 전환점을 마련했기 때문이다. 이처럼 정도전에게 있어 운명이란 낯설고 고통스러운 순간과 관계되는 것이었지만 회한에 젖어 자신만의 울타리를 치기보다는 길 없는 길을 찾아낸 지적 여정이 된 셈이다. 연구사적 관점에서 볼 때, 종래 특정 지역의 4, 5학년이 관심과 흥미를 보이는 역사내용의 범주를 제시한 논고[3] 또한 최근 초등역사교육의 독자성을 구성하는 방안의 일환으로 학생들의 경험과 시선을 담아내는 것도 대안이라는 지적의 타당성을 방증한다.[4]

그래서 불확실성과 가치관이 난무하는 현재 초등 역사교실수업에서 아동기의 감성과 사고의 유연성을 길러주는 계획적이며 체계적인 활동을 통해 스스로의 생각을 합리적으로 정리하고 표출할 수 있도록 정도전이 경험했던 삶의 궤적과 행방을 살펴보는 것은 매우 필요하다고 하겠다. 이런 점에서 교사가 교실이라는 공간에서의 교감활동을 위해 의도적으로 아동들에게 가르쳐야 할 것은 상황적 문제를 확인하고 해결하는 능력을 자극하고 지원해야 한다는 것은 분명해 보인다. 요컨대 학생들이 정도전이라는 타자를 전범으로 삼아 고난과 역경을 어떻게 극복하며 위기를 기회로 모색하는가를 배워야 한다고 본다. 역사교육은 대부분 선험적인 학습을 통해 이루어진다. 과거라는 거울을 통해 현재를 읽어내는 나침반을 포착하려면 학습자로 하여금 과거 역사의 흔적 가운데 온몸으로 시대의 풍파를 겪으면서도 자신의 길을 끝내 포기하지 않고 살았

3) 강선주, 「5학년 역사 내용 구성 방향」 『역사교육』117, 2011.

4) 이해영, 「2022 개정 초등사회과 교육과정 협의회에서 나타난 역사영역 쟁점」 『역사교육연구』43, 2022.

던 정도전과의 만남을 통해 그 정신과 태도를 되새기는 교육적 경험을 내재화시켜야 한다.[5)]

이 같은 문제의식에 입각하여 연구자는 그동안 역사 인물 프로젝트라는 주제 하에 역사적 인물을 대상으로 한 실험적인 연구를 진행하였다.[6)] 역사수업을 바라보는 시선과 그에 입각한 실천적인 학습은 역사교실수업을 디자인하는 행위당사자의 반성적 사고에 따라 변모를 거듭한다. 이런 점에서 현장의 교사로서 자신이 담당하고 있는 교실 안팎의 제반 여건들을 고려하여 학생들이 자율적으로 수업활동에 몰입하도록 유도할 필요성은 자명해 보인다. 이러한 문제의식의 연장선상에서 본고는 프로젝트 수업의 기본적인 진행 절차에 따라 고려 후기~조선 건국이라는 권력과 이념의 끊임없는 교차가 맞물린 시기 개혁적 정치가로 활약한 삼봉 정도전과 관련된 1차 사료들을 중심으로 하나의 현상학적 사례 수업을 실행하고[7)] 그 양상을 소개하고자 한다.[8)]

---

5) 강선주의 연구는 이 점을 재확인시켜 준다.

6) 송인주, 「예비 초등 교사들의 역사 프로젝트 구성상의 문제와 과제」 『역사교육논집』 67, 2018.
송인주, 「예비 초등 교사들의 역사 인물 프로젝트 후기 분석」 『사회과교육』 58(2), 2019.
송인주 · 이하나, 「초등 5학년 학생들의 역사 인물 프로젝트－정조를 중심으로－」 『역사교육논집』 75, 2020.

7) 현상학적 체험 연구와 질적 접근이 결합된 형태의 역사교육 연구 방법에 대해서는 최근의 한 논고가 참고 된다(손석영, 「역사교사가 되어간다는 것은 무엇인가?」 『역사교육논집』 78, 2021). 본 교실수업은 대구 ○○초등학교 5학년 학생들을 대상으로 2020년 11월 30일~12월 7일에 걸쳐 진행되었다.

8) 프로젝트 접근을 둘러싼 연구 동향과 역사교육에서 이를 원용한 인물 중심의 주제 구성에 관해서는 다음의 논고가 참고 된다(송인주 · 이하나, 앞의 논문, pp.267-277).

Ⅱ 연구 설계

1. 연구대상 및 연구 방법

본 연구는 대구 ○○초등학교 5학년 학생들이 2020년 11월 30일~12월 7일에 걸쳐 진행된 역사교실수업에서 구성한 차시별 수업지도안과 자료, 질문지에 따른 기록지 등의 결과물을 분석대상으로 하였다. 그리고 역사적 인물의 선정과 자료의 배포, 유형별 배치 및 활용은 학생들의 생활환경과 정서·수준을 적극 고려하여 담당 교사가 설계하였다. 참고로 학생들은 종전 5학년 2학기 사회과 수업 가운데 조선 전기에 해당하는 교과 내용을 개괄적으로 학습하는 한편 그 연장선상에서 교사가 교육과정을 재구성하여 실행한 모의수업을 여러 차례 경험하였다.

연구 대상인 교실수업에 참여한 학생들은 모두 21명인데 이 가운데 역사 관련 선행지식은 일부 학생들에게 편중되어 나타났다. 눈길을 끄는 점은 학생들의 학업 성취 수준의 격차가 매우 크며 학습에 대한 의욕이 높지 않은 상태였다. 물론 몇몇 다양한 형태의 역사수업을 겪으면서 역사학습 자체에 관한 지적 관심과 흥미는 비교적 개선되었지만 여전히 학생들의 전반적인 성향은 학업보다 주로 친구들과의 관계 소통의 장에 집중하는 경향을 보이고 있었다.

그래서 연구자는 학생들과 더불어 수업하는 탐구의 공간을 확보하려면 현 단계 아동들의 학력이나 생활양식에 영향을 미치는 요소에 대한 접근이 필요하다고 보았다. 그 결과 교사 개인의 주관적 틀 속에서 학생들을 이해하려는 이른바 소유적 양식에서 벗어나 그들에게 절대적인 영향을 미치는 교실 여건과 가정환경에 주목하였다. 왜냐하면 수업보다는 학급 안팎에서 발생하는 크고

작은 개인적 고민과 상황에 대해 어려움을 호소하는 학생들이 많았기 때문이다. 예컨대 학우들과의 관계 형성과 유지에서 초래된 갈등을 비롯하여 부모와의 제한적 소통과 공감에 따른 불화와 가정의 힘든 경제적 형편 때문에 좌절감과 낙심, 의욕의 결여 등을 드러내고 있다. 이러한 이유로 학생들은 자주 불안한 감정과 자신감 상실에 따른 무기력, 반항심과 같은 정서를 교내외에서 분출하고 있었다.

따라서 연구방법은 2015 개정교육과정에서 명시한 성취기준을 기초로 학생들이 직면한 입장과 현실적 상황에 초점을 맞추어 수업을 설계하였다. 또한 국가 교육과정 성취기준과 수업목적 등을 고려한 인물 선정을 위해 다음의 기준을 정하였다. 첫째, 인물의 일대기를 통해 조선의 건국 배경과 과정, 이념을 맥락에 따라 종합적으로 다룰 수 있는 인물. 둘째, 고난과 역경 속에서 삶의 위기를 극복하려고 노력한 인물. 셋째, 관련된 역사자료가 비교적 풍부하게 남아있는 인물 등을 감안했는데 이상의 세 가지 조건에 정합적으로 상응하는 프로젝트 수업의 주제로 정도전을 선정하였다.[9]

정도전을 선정한 후 역사 인물 프로젝트 수업을 통해 교사가 학생들에게 제공하려는 수업경험을 차시별로 주제화하는 한편 그에 상응한 학습 자료와 활동을 편성하였다. 덧붙여 학생들에게 배포할 자료를 선정하기 위해 교사용 지도서 및 정도전 관련 역사전문 서적에 탑재된 사료를 검토하였다. 그리고 인용한 사료의 원문은 국사편찬위원회 한국사데이터베이스(https://db.history.go.kr/)에서 해석한 지문을 찾아 앞의 자료와 비교 · 대조한 다음, 학습 주제에 해당하는 내용을 학생들의 수준에 맞는 언어로 조정하였다.[10] 재조정한 자료는 주제

9) 정도전에 관해서는 상반된 평가가 기록으로 남아있다. 학생들은 한 인물에 대한 서로 다른 역사 기록을 접하면서 역사의 사료적 특성을 이해하고 추가적인 증거 탐구를 통해 해당 자료의 신빙성을 평가할 수 있다. 학생들이 만나는 증거 자료들은 대체로 교사가 추출하여 제공한 것이지만 학습자 본인의 필요와 요구에 따라 개별적인 증거 수집과 탐구도 가능하도록 하였다.

별로 범주화하면서 각각의 자료에 해당하는 질문을 추가하여 학생용 질문지를 구성하였다. 학생들이 매 회차 수업에서 작성한 질문지는 개인별 포트폴리오로 수합하였고, 이에 관한 분석과 피드백은 공동연구자들이 수차례 만나 교차 비교·분석함으로써 연구 방향과 내용 및 절차의 합리성을 확보하였다.

2. 프로젝트 연구 설계

〈정도전 프로젝트 회차별 개관〉

<table>
<tr><th colspan="3">수업 목적</th><td colspan="2">정도전과의 만남을 통해 살면서 필연적으로 직면하는 위기의 순간들을 극복하는 힘은 물론 자신의 길을 능동적·적극적으로 모색해나가는 삶의 태도를 배우고, 결과와 무관하게 어떤 과정을 거쳤는가 하는 관점에서 '의미 있는 삶'은 무엇인지를 생각해 본다.</td></tr>
<tr><th colspan="3">인물의
교육적 가치</th><td colspan="2">한 인물의 삶을 결과에 의해서만 바라보는 것이 아니라, 그가 일생을 통해 보여준 삶의 방향과 가치관, 태도까지 종합하여 평가하도록 한다. 인물을 통해 오늘날 우리가 얻을 수 있는 의미를 찾도록 한다.</td></tr>
<tr><th colspan="3">프로젝트 주제</th><td colspan="2">정도전과의 만남을 통해 '의미 있는 삶은 무엇인가?'
- 정도전이라는 인물의 삶을 결과가 아닌 과정의 측면에서 바라보기</td></tr>
<tr><th>회차[11]</th><th colspan="2">학습 단계 및 주제</th><th>학습 활동</th><th>자료[12]</th></tr>
<tr><td rowspan="2">1</td><td rowspan="2">사전
조사</td><td rowspan="2">인물
만나기</td><td>• (사전과제) 사전지식 펼치기
- 정도전에 관한 만화 읽기
- K-W-L 분석차트 작성하기</td><td>박시백의 조선왕조실록</td></tr>
<tr><td>• 인물 이슈화하기
- 정도전에 대한 엇갈린 평가(역사</td><td>『조선왕조실록』
「태조실록」</td></tr>
</table>

10) 다만 학생 수준을 고려하여 지나치게 어휘를 변경할 경우 본래의 의미가 왜곡될 개연성이 있어 수업 상황에서 교사의 부연 설명을 덧붙여 내용을 조정하였다.

			적 기록) 살펴보기 - 정도전의 삶은 성공일까? 실패일까?	『정도전을 위한 변명』[13]
			• 주제 발현하기 • 프로젝트 목표 확인하기	
2	역사적 맥락 파악하기	정도전이 살았던 시대	• 자료 수집 및 기록 - 고려 말 정치·사회 상황 알아보기 - 정도전이 유배 생활을 한 계기 • 중간 토론	『고려사절요』, 『고려사』, 『조선경국전』 (교사용지도서[14]) 『정도전을 위한 변명』
3-4		유배 생활	• 자료 수집 및 기록 - 유배 생활에서 겪은 역경 알아보기 • 중간 토론	『정도전을 위한 변명』
			• 자료 수집 및 기록 - 유배 생활에서 고난 알아보기 • 중간 토론	『삼봉집』
5	역사글 쓰기	정도전의 삶을 다시 쓰다.	• 최종 토론 및 정도전 평전 쓰기 - 정도전의 삶을 어떻게 바라볼 것인가?	권근의 글-『정도전을 위한 변명』 p.160

11) 40분 단위로 구성한 수업 차시는 여러 요인에 의한 영향을 많이 받는다. 학습자의 필요나 교사의 판단에 따라 수업 시간을 유연하게 활용하고자 '차시' 구분 대신 학습 '회차'로 구분하였다.

12) 수업에 사용된 모든 사료는 부록에 제시하였다.

13) 조유식, 『정도전을 위한 변명』 휴머니스트, 2014.

14) 교육부, 『사회 5-2 교사용 지도서』 ㈜지학사, 2019, p.163.

인물 만나기 단계에서는 박시백의 『조선왕조실록』 중 '조선 개국과 정도전 (1)~(4)' 편을 만화로 읽게 하였다. 권문세족이 정도전에게 북원에서 온 사신을 접대하도록 한 장면부터 정도전의 출생과 유배, 이성계와 위화도회군, 이방원과 정몽주에 이르기까지 조선 건국과 관련된 전반적인 내용들이 통사적 사실에 입각하여 실려 있다.

역사인물 이슈화하기는 학생들이 정도전을 본격적으로 만나는 단계이다. 교사는 먼저 학생들의 인지부조화를 유도할 목적에서 정도전에 대한 통념적 이해와 상반된 기록을 제공하였다. 『태조실록』에 실린 두 개의 사료를 제시하였다. [자료1]은 정도전에 대한 부정적인 평가가 담겨있다. [자료2]는 『조선왕조실록』「태조실록」에 실린 기사와 『정도전을 위한 변명』[15]에 정리되어 있는 이색의 평가를 제시하였다.

역사적 맥락 파악하기 단계에서는 정도전이 살았던 시대에 관한 자료를 통해 고려 말 정치 · 사회 상황과 정도전이 유배 생활을 하게 된 계기를 알아보았다. 이는 학생들이 프로젝트에서 만나는 정도전의 고난과 위기인데 조선 건국의 배경과도 밀접하게 연관되는 부분이다. 자료는 초등『사회』5-2 교사용 지도서에 탑재된 것으로, 다양한 문헌에 등장하는 고려 말기 상황에 관한 것이다. 이를 나라 안과 밖의 문제점으로 나누어 파악하도록 하였다.[16] 학생 개별 및 그룹 탐구 후에는 교사와 함께 학급 전체가 참여하는 중간 토론을 거쳤다. 교사는 학생의 그릇된 개념을 수정하거나 추가 정보를 제공하는 한편 활동에 대한 피드백을 제공하였다.

정도전이 살았던 사회의 상황적 맥락을 탐구한 후에 정도전 개인이 경험한 고난의 시절을 들여다보도록 하였다. [자료 5-1]을 제시하여 높은 관직에 올랐

15) 조유식, 앞의 책, 2014.

16) 각각의 서술이 설명하는 사회 상황이 다양하고 앞뒤 맥락이 생략되어 있어 어려울 수 있다고 여겨 먼저 혼자서 생각한 이후에 소그룹으로 모여 토의를 통해 이해를 확장할 수 있도록 진행하였다.

던 정도전의 이전 상황과 대비되는 유배 상황을 부각하였고, [자료5-2]에서 아내가 정도전에게 보낸 편지는 한 가정의 남편이자 아버지로서 정도전이 직면한 상황을 보여준다. 그리고 [자료6]과 [자료7] 에서는 백성들과의 만남을 통해 정도전의 삶의 태도를 살펴보도록 하였다.

역사글쓰기 단계에서는 사료를 활용한 탐구활동 이후 학생들이 정도전을 어떻게 바라보고 있는지를 정도전 평전 쓰기로 살펴보았다. [자료8] 권근이 훗날 쓴 정도전에 대한 평가를 담은 사료와 평전에 꼭 들어가야 할 요소를 제공한 후 글쓰기를 하도록 하였다.

Ⅲ 결과 분석

1. 인물 만나기

먼저, 본격적인 수업에 앞서 사전 과제로 정도전에 관한 만화를 읽고 K-W-L 분석차트를 작성하도록 하였는데, 아래 표와 같이 학생들의 반응을 정리하였다.[17]

17) 교수 · 학습에 관한 그동안의 논의에서 학생들의 사전 지식에 토대한 접근의 유용성은 밝혀졌다.

〈학생들이 작성한 K-W-L 차트〉

번호	이미 알고 있던 내용	새로 알게 된 내용	더 알아보고 싶은 내용	학업수준
1	미 작성			하
2	정도전, 호는 삼봉, 경북 봉화 출신, 피난민 생활을 경험한 것	북한산자락에 학원을 차린 것, 다시 김포로 집을 옮기는 시절에 지은 시 한 수가 '집을 옮기다'인 것 태조가 송헌거사라는 이름으로 정도전에게 편지를 보낸 것	정도전이 태어난 연도	
3	조선 시대 학자	경북 봉화 출신이다. 어머니는 명문가인 우현보 집안 여종의 외손녀, 공민왕의 총애를 받았다.	정도전이 한 일을 더 많이 알아보고 싶다.	
4	이성계의 명을 받고 한양으로 천도를 하면서 조선 거리를 차례로 세웠다. 정도전은 신진사대부다.	이성계를 추대해 조선을 건국했다. 정몽주라는 사람과는 다른 생각이 있는 것	(왜) 고려를 이어 나가려 하지 않고 새로운 나라를 만들려고 했을까?	상
5	정도전이라는 사람	정도전이 북원 사신의 접대를 거부하고 도리어 북원 사신을 베겠다며 이인임 정권 친원책을 반대 했다가 유배, 정도전이 정몽주파의 탄핵을 받고 유배	조선시대에 있었던 위인들을 더 알아보고 싶고, 위인들의 일생도 알아보고 싶다.	상
6	정도전은 똑똑하다	정도전이 벼슬이였다(관리였다는 뜻으로 적음), 정도전이 유배되었다.	정도전의 출생에 대한 정보	상

번호	이미 알고 있던 내용	새로 알게 된 내용	더 알아보고 싶은 내용	학업수준
7	과거시험을 본다	정도전이라는 사람이 있는 것	정도전이 누구인지 정확하고 확실하게 더 알아보고 싶다.	상
8	정도전은 신권 중심의 정치를 꿈꾼 인물이었고, 이방원이 왕자의 난을 통해 정도전을 살해했다.	정도전이 이성계를 알고 있었다는 내용	정도전이 어떤 개혁을 꿈꿨는지 더 공부하고 싶다.	
9	조선시대 학자	신분이 낮았지만 아버지는 신분이 높았다. 고려를 개혁하자는 의견에 섰다. 하지만 정도전은 정몽주파의 탄핵을 받고 유배됐다.	조선 건국한 이성계에 대해 알고 싶다.	상
10	정도전이라는 사람이 있었던 것도 몰랐다.	북원 사신의 접대를 거부하고 도리어 북원 사신을 베겠다며 이인임 정권의 친원책에 반대했다가 유배됨. 9월 정몽주파의 탄핵을 받고 유배됨, 태조에게 송헌거사라는 이름으로 편지를 받았다	송헌거사의 뜻	

학생들이 작성한 것을 보면 K-W-L 차트를 작성하는 방법에 대한 충분한 이해가 선행되지 않았음을 알 수 있다. '새로 알게 된 내용'에는 알게 된 것을 자기 말로 설명하는 것이 아니라 만화에 나온 문장 일부를 그대로 옮겨 적은 경우를 상당수 발견할 수 있었다. 이는 만화에서 설명하는 서사가 너무 긴 시간 동안의 내용이어서 학생들이 요약하는 데 어려움을 느꼈기 때문이라고 본다. 이 경우 단순히 새로 알게 된 내용을 적도록 하는 것 보다는 내용에 관한 간단

한 확인 질문을 제공하는 것이 더 효과적일 수 있겠다는 생각을 하였다. 또 역사에서 사용되는 주요 어휘나 표현을 몰라 자기 생각을 효과적으로 전달하지 못하는 사례도 있었다. '정도전이 벼슬이었다.'라고 적은 학생은 '벼슬아치' 즉 관리를 표현하고 싶었던 것인데 정확한 어휘를 알지 못해 '벼슬이었다'라고 적은 것이다. 역사 학습에서 많이 등장하는 개념 어휘나 표현을 배우는 것도 기초 기능으로서 중요함을 확인할 수 있었으며, 이는 뒤에 평전 쓰기와 같은 종합 과제를 수행할 때도 매우 필요한 부분이다.

또한 학생 대부분이 정도전의 출생이나 업적, 관련 인물이나 사건에 관한 사실적 지식을 '더 알아보고 싶은 내용'으로 언급하였다. 반면, '(왜) 고려를 이어나가려 하지 않고 새로운 나라를 만들려고 했을까?', '정도전이 어떤 개혁을 꿈꿨는지 더 공부하고 싶다.' 같이 교사의 수업 의도와 부합하면서 보다 탐구적인 질문을 제기한 학생들도 있었다.

두 번째 역사인물 이슈화하기[18]에서 학생들은 자료를 읽으며 자신의 생각을 뒷받침할 수 있는 부분에 밑줄로 표시하고 주어진 질문에 대해 대답하였다. 이때 교사는 '역사는 반드시 증거를 출처로 하여야 한다.'는 특성을 설명하고, 학생들이 답변을 작성할 때도 근거를 제시하도록 반복적으로 안내하였다. 대체로 자료가 나타내는 부정적 평가를 잘 파악하였고, 근거를 제시하며 답변을 작성하였는데 자료의 출처만 간단히 언급한 학생도 있고 구체적 내용을 서술한 학생도 있었다. 인물에 대해서는 '나쁘다'라는 표현이 가장 많았으며, '이기적이다, 잔인하다, 허술하다, 무자비하다.' 등 다양한 표현을 활용하였다. 학생들이

---

18) 역사적 주제를 대상으로 배운다는 것은 학생들이 자료와 질문 사이의 간극을 채워나가는 활동이다. 따라서 제시하는 자료의 타당성과 질문의 교육적 효과가 강조될 수밖에 없다. 그래서 본 연구에서는 기왕의 통념적 지식으로 알고 있는 것, 프로젝트의 목적과 결론, 불일치가 조화로 되는 것(John Dewey, *The Quest for Certainty* New York: Putnam 1929)을 기저에 두는 한편 최근의 연구를 참조하여 질문을 구성하였다(Linda S, Levstik, Keith C, Barton 저, 배한국 외 2인 공역, 『초 · 중학교에서 학생들과 조사 연구하는 역사하기』 제3판, 아카데미프레스, 2007, p.40).

작성한 내용은 다음과 같다.

Q1. 자료 1을 통해 알 수 있는 정도전의 최후는 어떠한가요?[19)]

- 태조실록 14권을 보니 참형을 당한 걸 보니 비참하게 죽은 것 같다.
- 왕자들을 해치려 하다 실패했다. 민부의 침실에 숨어 있다가 들켜 목숨을 구걸하다 최후를 맞음.
- 자료의 마지막 줄을 보니 목을 베였다(죽음).
- 태조실록 14권을 보니 왕자들을 죽이려고 하다가 실패하고 이방원에게 참형을 당한 것 같다.

Q2. 자료 1에 나타난 정도전은 어떤 사람인가요? 왜 그렇게 생각했나요?

- 태조실록을 보니 사람을 죽이자고 한 것을 보아 나쁜 사람인 것 같다.
- 자기보다 나은 사람이 있으면 꼭 해치려 했기 때문에 이기적인 생각을 하는 사람인 것 같다.
- 좋지는 않은 사람인 것 같다. 왜냐하면 정도전에 대한 기록 자료 1을 보니까 정도전이 왕자들을 해치려고 하였고, 사람들을 계속 죽이자고 한 것을 보니 좋지는 않은 사람인 것 같다.
- 정도전은 자신보다 나은 사람을 해치려 하고 더 나은 사람이 나타날까 겁내는 부분을 보니 욕심이 많고 속 좁은 사람인 것 같다.
- 자신의 득을 먼저 생각한다. 자료를 보아 사람을 죽여 위엄을 키우자 하는 걸로 봐서, 왕이 되어선 안 되고 무자비한 것 같다.
- 사람을 해치고, 속도 좁고, 참형을 당한 걸 보니 정말 나쁜 사람 같다.

[자료2]에서는 정도전에 대한 긍정적 평가를 제시하고 있다. 학생들은 앞의 자료와 대조되는 추가 자료를 읽으며 인지 부조화적 갈등을 경험하게 되었다. 여기서 역사 기록이 기록자의 인식이 반영된 하나의 해석임을 이해한 학생도

19) 21명의 학생의 반응 중 의미 있는 내용을 중심으로 구성하였다.

있는 반면 그와 같은 역사의 특성을 인식하지 못한 학생들도 있었다. 한 가지 사건에 대해서도 다양한 역사적 인식이 있으며, 각각의 인식은 역사 행위자와 역사적 맥락 등의 영향을 고려해 이해해야 함을 아는 것은 역사적 사고의 중요한 부분이므로 [자료1], [자료2]를 확장하여 '역사적 인식(관점)'에 대한 학습을 좀 더 부각하는 수업도 가능하다고 본다. 세 가지 질문에 대한 학생들의 답변 중 의미 있는 반응은 다음과 같다.

Q1. 자료2에 나타난 정도전은 어떤 사람인가요? 왜 그렇게 생각했나요?

- 자료2에서 정도전은 왕에게 칭찬을 받았으니 착하고 성실한 사람일 것 같다.
- 고려사를 만들고 글도 잘 쓰고 머리도 좋고 온순하다고 생각한다.
- 글을 잘 쓰고 뛰어난 인물인 것 같다. 왜냐하면 태조(이성계)가 계속 칭찬을 하는 것으로 보아 똑똑하고 글을 잘 쓰는 사람인 것 같다.
- 유능하고 올바른 사람. 자신이 맡은 바를 다 해낸다. 신뢰가 높다.
- 태조실록 7권에 정도전은 이성계에게 칭찬을 받은 것과 고려사를 쓴 것을 보니 똑똑하고 이성계에게 신임을 받은 사람인 것 같다.

Q2. 자료1과 자료2는 비슷한 시기에 쓰였습니다. 같은 인물에 대해 이처럼 완전히 다른 평가가 쓰인 까닭은 무엇일까요?

- 정도전이 이방원과 이성계한테 하는 행동이 달라서인 것 같다.
- 자료1과 자료2에 적힌 내용이 다르고 또 그 글을 쓴 사람도 다르기 때문에.
- 같은 사람이 해도 쓴 사람이 본 것이 다르기 때문에.
- 이성계는 나라를 건국하는 데 도움을 줬으니 좋게 썼을 것 같고, 이방원은 왕자들을 죽이려 들었으니 나쁘게 쓴 것 같다.
- 정치적 상황이 다르고, 결과에 따라 다른 것 같다.
- 사람마다 느끼는 것이 다르고 정도전을 본 행동이 다 다르니까.

Q3. 정도전은 1398년(태조7년) 제1차 왕자의 난으로 인해 사망하여 역적으로 받아들여지다가 1865년(고종2년) 흥선대원군 때에 와서야 경복궁 설계의 공을 인정받아 신분이 회복되었습니다. 정도전의 삶은 성공했다고 할 수 있을까요? 아니면 실패했다고 해야 할까요?

- 실패한 삶이다. 죽을 때 부정적으로 죽었다. 역적으로 500년 동안 알려졌기 때문.
- 성공한 삶. 오늘날에 긍정적인 설명이 더욱 많고 왕에게 인정받았기 때문.
- 지금은 성공한 삶으로 남아있지만 그 때 참형을 당하여 비참하게 죽었고 죽은 뒤까지 500년 동안 역적으로 몰렸으니 실패까지는 아니고 성공이지만 성공 같지 않은 씁쓸한 성공 같다.
- 과거 시험에 급제하였고, 살아있을 당시 태조에게도 인정받았기 때문에 성공.
- 비록 500년 동안 역적으로 몰아갔지만 최근에는 신분이 회복되었으므로 정도전은 성공했다고 할 수 있다.
- 실패. 살아있을 때 인정받지 못했기/비참하게 죽었기 때문

Q3은 정도전의 삶을 결과에 초점을 두고 학생들의 판단을 유도한 질문이다. 실패라고 대답한 학생들은 정도전의 최후, 죽음을 기준으로 하였고, 성공이라고 답한 학생들은 정도전이 살아있던 당시 또는 현재를 기준으로 하였다. 연구자는 프로젝트를 통해 학생들이 한 인물의 삶을 '성공과 실패'라는 이분법적인 잣대로 판단하지 않고, 삶의 과정 안에서 의미를 발견하는 데 수업의 목적을 두었기 때문에 Q3에 대한 학생들의 응답은 최종 프로젝트 결과물과의 비교를 통해 학생들의 변화와 목표 도달을 관찰하는 데 유용하게 활용할 수 있을 것으로 보았다.

이상의 자료를 검토한 이후 학생들은 정도전에 대해 부분적으로 혼란스러워하는 반응을 보였다. 특히 마지막 발문인 '정도전의 삶은 성공일까? 실패일까?'에 관해서는 주로 정도전의 죽음과 죽음 이후를 근거로 판단을 내렸는데, 이는 앞서 지적하였듯이 정도전이라는 인물의 삶을 결과의 측면에서 평가한 것이다. 본 프로젝트에서는 정도전의 최후나 업적, 이후 세대의 역사적 평가보다는 그

가 삶에서 보인 '과정'을 통해 학생들이 스스로 의미를 반추하도록 하였다. 그래서 학생들에게 이러한 수업의 목적을 간단히 설명하고, 본격적인 프로젝트 전개에서는 정도전에 대한 자료 탐구를 통해 인물에 대한 재평가를 실시하였다.

2. 역사적 맥락 파악하기

역사적 인물의 행위나 사건을 잘 이해하기 위해서는 당시의 사회나 인물이 처한 상황에 대한 맥락을 파악하는 것이 매우 중요하다. 학생들은 자료에 드러난 사실을 파악할 뿐만 아니라 '백성들이 괴로울 것 같다.', '백성은 땅이 없어 힘들겠다.' 같은 반응을 보이는 한편 '군사력이 매우 약했다.', '백성은 더욱 고생하고 국가는 더욱 가난해지겠다.'와 같이 기록 이면에 있는 상황을 추측하였다.

고려 말기 사회 상황 속에서 정도전이라는 개인이 어떤 영향을 받게 되었는지를 보여주는 [자료4]를 읽은 학생들은 'Q2. 정도전은 어떤 선택을 할까요?'라는 질문에 대해서는 '사신 영접을 하지 않았을 것 같다'고 생각한 학생들이 많았다. 그러나 '사신 영접을 했을 것 같다.'고 생각한 학생도 1/3 정도 되었다. 두 번째 글을 읽은 뒤 정도전이 사신 영접을 거부하고 유배를 간 이후에 관한 질문에 대해서는 거의 모든 학생들이 '나라를 위해', '공부를 했다'와 같이 비슷한 답변을 서술하였다. Q4, Q5에 대한 구체적인 작성 내용은 다음과 같다.

Q4. 정도전은 어떤 생각과 마음으로 그런(사신 영접 거부) 선택을 했을까요?
• 원의 사신을 맞이하는 것이 옳지 않았다고 생각해서 • 나라를 위한 마음으로. 백성을 위해서. • 나라의 자존심을 지키려고. 지금까지 자신이 주장했던 것이 물거품이 되니까. • 원나라가 정말 싫어서 • 나라를 위해서, 백성들을 위해서

Q5. 이후 정도전은 10년 동안이나 다시 정치에 복귀하지 못했습니다. 그 10년을 정도전은 어떻게 보냈을까요?
• 10년 동안 권문세족을 물리치는 계획을 세웠다. • 때를 기다리면서 나라를 위해서 공부를 했을 것 같다. • 정치에 다시 복귀하는 꿈을 품고 여러 가지를 준비했을 것 같다. • 원나라와 싸우려고 공부를 했을 것 같다. • 고려를 개혁하자는 생각을 했을 것 같다.

정도전이 살았던 사회의 상황적 맥락을 탐구한 후에 정도전 개인이 경험한 고난의 시절을 들여다 본 학생들은 대부분 아내의 마음에 대해서는 '실망스럽다, 걱정스럽다, 슬프다'라는 표현을 많이 사용하였다. 아내의 편지를 읽은 정도전의 마음에 대해서는 '마음이 아프다, 개경으로 돌아가고 싶다, 미안하다'는 표현을 많이 사용하였다.

정도전이 아내에게 보낸 답장을 읽은 뒤 'Q4. 정도전은 자신이 처한 유배 상황을 어떻게 받아들이고 있나요?'라는 질문에 대해서는 학생들이 다음과 같이 답변하였다.

Q4. 정도전은 자신이 처한 유배 상황을 어떻게 받아들이고 있나요?

- 정도전은 유배 상황을 걱정하지 않고 있다. 실패한 것은 하늘이 정한 것이라고 했다.
- 친구들이 이러한 처지가 된 것을 보더니 뜬구름같이 흩어지고 나를 걱정하지 않는다고 했지만 괜찮다고 받아들였다.
- (성공과 실패는 하늘이 정한 것이지 사람의 탓이 아니니 무엇을 근심하겠소) 이 부분을 보아 괜찮다는 듯, 어쩔 수 없었다는 듯 받아들였다.
- 내가 할 일을 하고 나라를 걱정하는 마음에 말했는데 하늘의 뜻으로 (유배) 간 걸로 좌절하지 않았을 것 같다.
- 성공과 실패는 하늘이 정하는 것이니 나는 부끄럽지 않다. 당당하다. 내 탓이 아니다라고 받아들이고 있다.
- 긍정적으로 생각한다.
- 어쩔 수 없다. 괜찮다고 생각했다. 실패는 하늘(신)이 결정하는 것이다.

(아내가 남편을 섬기는 것은 신하가 임금은 섬기는 것과 같으니 - 이 부분에 밑줄 긋고 화살표 함)후회하지 않음.

답변을 살펴보면 이전보다 자료 내용을 구체적으로 인용하여 자신의 의견을 서술하는 경향이 확산하였음을 알 수 있다. 일부 학생은 자료의 특정 부분에 밑줄을 긋고 나서 '증거'라고 표시하였는데 이는 역사 서술이 '근거'를 기반으로 이루어진다는 특성을 이해한 것이라 볼 수 있다.

학생들이 정도전이 살았던 시대적 동향과 인물이 처한 개인적 상황에 대한 맥락을 파악한 후 이를 토대로 그가 위기 속에서 보여준 삶의 태도에 더욱 다가가도록 하였다. 그리고 유배 생활에서 정도전과 백성들의 일화를 통해 그의 자세와 생각을 상상하도록 하였다. 몇몇 학생은 당시 귀족들의 모습과 백성들의 모습을 대비시키기도 하였으며 정도전이 백성들과의 만남을 통해 '어떤 영향'을 받았는지를 이해하였다. 전체적으로 이전 활동에서보다 구체적이고 상세하게 인물의 생각이나 입장을 떠올려 서술하는 모습을 보여주었다.

Q1. 정도전이 보고 느낀 마을 사람들, 즉 백성들의 모습은 어떠한가요?

- 순박하면서 허영심이 없다. 정도전에게 대접을 후하게 한다. 정도전을 잘 도와준다.
- 가난한데 마음씨가 많이 착하다.
- 높은 사람들보다 못 살지만 마음은 가장 크고, 모르는 사람이라도 착하게 대해주고 배려하고 잘 나누어주는 사람인 것 같다. 왜냐하면 자료6의 3번째 줄과 12번째 줄, 9번째 줄에서 그런 생각을 알 수 있다.
- 허영심이 없고, 서로 도우며 살고, 마음이 넓고, 사람들에게 잘해준다. 조금은 못 살지만 착하다.
- 마을 사람들은 순진하면서 욕심이 없고 농업에 종사함. 남을 도와줌. 가난해도 마음씨가 좋다. 자신이 가진 것이 없어도 정도전에게 잘해줬다.

Q2. 백성들과 직접 만난 정도전은 어떤 생각을 했을까요?

- 부끄럽고 감동 받고 (백성들이) 잘해주니까 너무너무 좋은 사람(인 것 같다.)
- 마음의 변화를 느낀다.
- 가난한 백성들이 자기를 후하게 대접을 해 감동한 것 같다.
- 정치는 권력으로 하는 게 아니라 백성들을 위한 정치를 해야 하는구나.
- 정도전은 도와준 게 없는데 사람들은 도와줘서 부끄러웠을 것 같고, 가진 것은 별로 없어도 마음은 착한 것 같다고 생각했을 것 같다.
- 백성들을 위해 노력하는 정치인이 되자고 생각했을 것 같다.
- 내가 죄인인데도 너무 잘해주고 하니 너무 고맙고 그리고 너무 미안한 생각이 들고 이제부터 정치를 백성들을 위해 할 것 같다.
- 부록 자료 6번의 11번~15번 째 줄을 보니 정도전은 부끄럽고 한편으로는 감동이 되었다고 한다.
- 마을 백성들을 보고 권력으로 정치를 하지 않고 백성들의 정치를 만들어야겠다는 생각이 들었을 것 같다.
- 높은 계급의 사람들도 권력 다툼하고 욕심도 많은데 낮은 계급의 사람들은 욕심 없이 남을 도와주니 부끄럽고 자신의 삶을 돌아보았을 것 같다. 그리고 백성들을 보며 큰 깨달음을 얻고 더 나은 정치를 하기 위해 노력해야겠다고 생각했을 것 같다.
- 부끄럽고 감동이 될 것 같다. 그리고 정도전은 백성들이 가족 같을 것 같다. 백성으로부터 본받았을 것 같다.

Q2. 정도전은 농부와 대화를 나누며 어떤 생각을 했을까요?

- 백성들은 힘이 없는 것이 아니구나. 백성들의 수준이 낮지 않구나. 공부를 열심히 하여 다시 정치를 해야겠다고 생각했을 것 같다.
- 즐거웠다. 충격 받았다. 농부에게 본받아야 한다고 생각했다.
- 대화 몇 번으로 죄지어 유배 온 사람인 걸 알아서 충격적이고 놀라웠을 것 같다.
- 백성도 옳은 말을 하며 이 나라의 상황을 이렇게 보고 있는 것에 부끄럽기도 하고 창피하다. 백성도 본받을 수 있다. 백성이 벼슬이 높은 자보다 마음이 넓을 수 있구나.
- 백성들에게 본받아야 할 것이 있다고 생각했을 것 같다.
- 같이 일하는 정치인들이 이런 짓을 해서 죄를 얻는다는 것을 보고 놀라고 충격일 것 같다.

Q3. 정도전은 백성들을 만나며 올바른 정치란 무엇을 위한 것이어야 하는지를 생각하게 되었습니다. 정도전은 어떤 깨달음을 얻었을까요?

- 정도전은 백성들을 만나며 정치는 백성들을 위한 것임을 깨닫게 된 것 같다. 내 생각엔 나라를 위해 준비를 할 것 같다.
- 다시 정치에 올라갈 수 있게 정치에 대해 준비하고 공부해서 당당하게 나설 수 있도록 준비해야겠다는 깨달음을 얻었을 것 같다.
- 백성들이 바라보는 고려의 상황이 엉망인 것을 깨달았을 것 같다.
- 농부에게 들은 말 덕분에 나중엔 엄청 큰 사람이 되었을 것 같다. 백성들이 바보가 아니라고 생각했을 것 같다. 농부가 해준 말 덕분에 정치하는 데 많은 도움이 되었을 것 같다.
- 올바른 정치란 백성을 위해 하는 정치라는 것을 깨달았을 것 같다.
- 자신의 위치를 잘 알아서 정치를 해야겠다고 생각할 것 같다.
- 정치란 백성들을 위해 해야 한다는 것과 힘도 있어야 한다고 깨달았을 것이다.
- 백성들이 바보가 아니라는 것을 알게 되었을 것이다.

계획 단계에서 교사의 의도는 정도전이 유배 생활에서 얻은 경험과 생각을 이후 삶에서 어떻게 실현했는가를 탐구하는 것이었지만 학생들이 자료에 나온 문장을 그대로 인용하는 정도에 그친 것이 아쉽다. 학생들의 사고 확장을 체계적으로 의도하는 탐구 과제의 구성과 수업 과정에서 학생들의 사고 수준을 점검하여 적절한 피드백과 스캐폴딩을 제공하는 교사의 역량에 관한 연구가 더욱 필요하다는 것을 확인할 수 있었다.

Ⅳ 정도전의 삶에 대한 학생들의 반응

지금까지의 탐구 활동을 종합하여 학생들이 정도전을 어떻게 바라보고 있는지 살펴보았다. 활동 내용을 되짚어보고 여러 역사 기록들을 근거로 하여 '정도전의 삶을 다시 쓰다'라는 제목으로 정도전에 대한 평전을 쓰도록 하였다. 학생들이 작성한 내용은 다음과 같다.

학생 A: 정도전이라는 인물의 삶에 대한 자기 생각 쓰기
정도전이라는 인물은 태조실록 7권을 보니 왕에게 칭찬을 받는 걸 보니 착하고 뛰어난 사람인 것 같다. 정도전은 원나라 사신을 영접하라는 명을 받았는데 사신을 영접하면 자신의 주장을 꺾고 스스로 주저앉는 꼴이 되고 영접하지 않는다면 임금의 명을 어긴 죄로 처벌 받을 처지인데 사신 영접하라는 명을 어겨서 유배를 가게 된다. **유배를 가는 당시 내가 한 행동에 좌절하지 않고 하늘이 정한 것이라며(아내와의 편지) 생각한 걸 보아 자신의 뜻을 굽히지 않고 사는 삶인 것 같다.** 정도전이라는 인물의 삶은 자신의 뜻을 굽히지 않고 굳게 지키는 태도를 가진 것 같고 유배를 갔을 때도 좌절하지 않고 긍정적인 태도인 걸 보니 정도전의 삶은 정말 긍정적인 것 같다. **정도전은 자기가 한 행동을 원망하지 않고 긍정적인 모습을 배우고 싶다.**

⇒ 자료를 근거로 본인의 견해를 서술하였다. 정도전의 모습에서 긍정적인 모습을 배우고 싶다고 한 점은 개인의 신념에 따른 의지와 긍정적인 태도에 가치를 두고 있기 때문일 것이다.

학생 B: 정도전이라는 인물의 삶에 대한 자기 생각 쓰기

정도전이 살았던 시대는 왜적이 계속하여 침입하고 신하들의 갈등이나 모든 사람들이 원의 옷을 입으라고 하였다. 정도전은 왕의 말을 듣지 않아서 유배를 갔다. 정도전은 **자신의 뜻을 끝까지 꺾지 않았다.** 유배를 가서 농부를 만났는데 정도전이 그 농부를 만나고 **뭔가를 깨닫고** 유배가 풀리고 이성계에게 찾아갔다. 정도전은 **포기를 모르고 끝까지 자기의 뜻을 세웠다. 정도전처럼 뭐든지 끝까지 하는 것을 배워야겠다.**

⇒ '뭔가를 깨닫고', '자기의 뜻을 세웠다.' 부분에서 구체적으로 어떤 것을 깨달았을지, 정도전의 뜻은 무엇이었는지에 대한 구체적인 내용 서술이 없다. 이 학생은 자료 인용에서도 정도전이 상황에 굴복하여 뜻을 꺾지 않았다는 부분에 초점을 맞추고, 결론에서도 '뭐든지 끝까지 하는 것을 배워야겠다.'고 서술하였다. 이 학생의 경우 평소 학교 운동부원으로서 주위로부터 '끈기'나 '성실'에 대한 피드백을 많이 받는데 이러한 개인적 경험이 역사적 인물에 대한 견해 서술에도 반영된 것으로 보인다. 요컨대 자신의 경험을 토대로 한 투사인 셈이다

학생 C: 정도전이라는 인물의 삶에 대한 자기 생각 쓰기

제목: 정도전

정도전의 자료를 보니 정도전의 삶은 고려에서 태어나면서 컸다. 하지만 원나라가 계속 간섭을 하니까 힘들게 살았고 정도전은 다 커서 신하가 되었다. 그런데 원나라를 싫어하는 왕이 죽자 권세가가 다시 원나라와 교류하자고 하니 원나라가 사신을 보내주었다. 그래서 권세가는 정도전을 보고 사신을 마중 가라고 했지만 정도전은 가지 않고, 내가 만약 가면 사신의 목을 베겠다고 했다. 그래서 유배를 가게 되었다.
정도전은 10년 동안 유배를 갔지만 백성들이 어떻게 살고 어떻게 생각했는지 보아 새로운 나라를 세우고자 결심했다. 유배 생활이 풀리면서 이성계에게 찾아가 나를 도와달라고 하였다. **이성계를 만나고 이후 조선이 건국되었다.** 정도전의 삶은 성공한 삶이었다. 자신의 꿈을 이루고 많은 일들 중에 좋은 일이 많기 때문이다. **정도전이 꿈을 포기하지 않고 어려운 일이 와도 극복하면서 자신의 꿈을 이룬 것을 배워야한다.**

⇒ 정도전과 이성계의 관계를 정도전이 조선 건국을 주도하고 이성계는 조력자로서 참여한 것처럼 서술하였다. 이와 관련된 부분은 수업에서 자세히 다루지 않았는데, 프로젝트 학습을 진행하면서 나타나는 역사적 지식이 확대하는 것을 어떻게 보완할 것인지에 대한 고민이 필요하다고 판단된다.

학생 D: 정도전이라는 인물의 삶에 대한 자기 생각 쓰기

제목: 정도전의 삶과 평가

정도전은 유용한 학식을 지니고 있었으며 과거시험을 통과해 신하가 되었다. 그 때 나라는 몽골과 일본에게 침범당하고 있을 때였다. 이 소란 속에 두 가지 무리가 있었는데 한 쪽은 '권문세족' 또 한쪽은 '신진사대부'였다. 권문세족은 몽골과 친하게 지내려 하는 친원파, 신진사대부는 그것을 반대하는 파였다. 정도전은 신진사대부의 대표적인 주자였는데 원나라에 사신을 만나러 가란 명령을 어겨 유배를 가게 되었다. 유배를 가서 가진 게 없어도 남을 잘 도와주는 마을 사람들을 보고 많은 것을 배우고 정치를 어떻게 해야 하는지 깨달음을 얻었다.

유배가 끝난 뒤 정도전은 이성계를 찾아갔다. 이성계는 군사들을 하나하나 잘 챙기는 사람이라고 소문나 있었다. 정도전은 이성계를 찾아가 왕이 되어달라 부탁을 했고 정도전은 나라를 새로 건국하자는 결심을 한지 19년 만에 조선 건국을 성공한다.

정도전은 유배를 갔음에도 불구하고 자신의 뜻을 굽히지 않아 조선 건국을 성공하였다. 19년 동안 자신의 뜻을 굽히지 않은 것이 대단하다. 정도전에게 배울 점은 정치를 바르게 하려고 노력했으며 바른 소리를 하고 오랜 시간동안 자신의 올바른 뜻을 굳히지 않은 것이다.

⇒ 학습 수준 '상' 학생. 권문세족과 신진사대부의 정체, 정도전이 유배를 가게 된 계기, 유배 생활 중 겪은 일, 이성계와의 만남 등에 관한 내용을 제대로 이해하는 등 자신의 서사를 비교적 짜임새 있게 구성하였다.

학생 E: 정도전이라는 인물의 삶에 대한 자기 생각 쓰기

제목: 정도전

이방원이 정도전의 삶을 적을 때는 완전 나쁜 사람으로 나왔다. 왜냐하면 사람을 해치고 속도 좁고 참형을 당한 걸 보니 나쁜 사람 같다. 그리고 이성계가 쓴 글을 보니 완전 착한 사람 같다. 왜냐면 너무 착하고 성실하고 똑똑하고 대단한 사람이라고 적혀있었는데 **내가 생각해보니 정말 나쁜 사람은 아닌 것 같다.** 그리고 나라 안에 문제점이 권문세족이 너무 세서 백성들이 생활하기 정말 어려웠다. 그리고 정도전은 원나라 사신을 영접하라는 명령을 받았는데 이러지도 저러지도 못하고 있다. 근데 정도전은 임금의 명령을 안 따랐을 것 같다. **정도전이 임금의 말을 듣지 않았던 이유가 원나라가 정말 싫어서 그런 것 같다. 그리고 정도전은 10년 동안 정치에 복귀하지 못했다. 그리고 정도전은 그 10년 동안 원나라랑 싸우려고 공부를 했을 것 같다.** 그리고 정도전이 유배를 갔다. 정도전의 가족들은 형편이 없고 춥고 배고프고 정도전의 이름은 나라 사람들에게 웃음거리가 되었다. 근데 정도전은 유배 상황을 어떻게 받아들였냐면 당당하고 떳떳하게 살고 있다. 유배를 가서 백성들을 만났다. 근데 백성들의 모습이 순박하며 허영심이 없고 공손했다. 그리고 백성들을 보고 든 생각은 감동이고 또 한편으로는 부끄러울 것 같다. 정도전 가족 같을 것 같고 백성으로부터 본받았을 것 같다. 그리고 백성들이 보는 고려는 나쁜 정치인들이 있는 나라라고 본 것 같다. 그리고 어느 농부와 대화를 했다. 정도전은 농부와 대화를 나누며 든 생각은 농부한테 본받아야 된다고 생각했을 것 같다. 그리고 조선 건국 날 정도전은 정말 기분이 좋을 것 같다. 왜냐면 10년동안 유배 생활을 하고 9년 동안 나라를 위해 노력했는데 기분이 좋을 것 같다. 내가 생각하는 정도전은 괜찮은 사람 같다. **왜냐하면 성실하고 바르게 생활했기 때문이다.** 본받을 점은 성실하고 바르게 생활한 것이다.

⇒ 정도전에 대한 상반된 기록을 비교하는 한편 탐구한 내용에 따라 자기 생각을 한 점이 명확히 드러난다. 다만 판단에 대한 근거로 '성실하고 바르게 생활했기 때문'이라는 추상적인 표현을 하고 있는데, 구체적인 역사 기록과의 연계성이 떨어진 점이 아쉽다.

학생 F: 정도전이라는 인물의 삶에 대한 자기 생각 쓰기

정도전은 권세가들이 횡포를 일으킬 때 바른 말만 해서 유배를 10년이나 갔고 유배 생활에서 큰 깨달음을 얻고 신흥무인세력에 가 백성을 위해 조선을 건국하자는 말을 했다. 그렇게 이성계 세력과 손을 잡았고 이성계는 요동을 공격하라는 왕의 명령을 어기고 위화도에서 고려로 회군을 해 큰 권력을 얻어 조선을 건국하였다. 하지만 왕자의 난으로 참형을 당해 정도전의 삶은 막을 내렸다. 그로부터 500년간은 역적으로 남았었다.

나는 정도전이 참형을 당하고 죽고 나서도 500년간 역적으로 남았더라 하더라도 백성을 위해 조선 건국에 힘쓰고 오늘날에는 정도전이 역적이 아닌 정도전이 한 행동들이 인정 받았으니 정도전의 삶은 의미가 있고 성공했다고 생각한다. 그리고 정도전을 본받아야 한다고 생각한다.

정도전이 한 행동을 보고 정도전의 굳건한 태도와 의리를 가졌고 힘든 생활속에서도 어떠한 유혹에 흔들리지 않는 마음을 본받아야 한다고 생각하고 자기보다는 남을 생각하는 마음도 본받아야 한다고 생각한다.

⇒ 정도전의 삶을 과정을 통해 인물을 조망해보는 교사의 의도에 가장 부합하는 답변이다. 특히 주목되는 점은 이 학생의 경우 1회 차 수업에서 정도전의 삶이 성공인지 실패인지를 묻는 물음에 대해 '정도전이 인정받았다고 해도 참형을 당해 실패한 삶인 것 같다'라고 답하였는데, 프로젝트를 수행하며 생각이 바뀌었음을 확인하였다. 그 근거로 '백성을 위해 조선 건국에 힘쓰고'라는 언급을 하고 정도전이 한 행동에서 본받을 점을 찾았다고 하였는데, 이는 삶의 결과보다는 과정에 비중을 둔 것으로 탐구를 통해 살펴본 정도전의 행적이 학생에게 영향을 주었다고 하겠다.

정도전의 삶을 통해 위기를 극복하는 '태도'의 측면을 강조하였던 교사의 의도가 글 속에 반영되어 있다. 이는 학생들의 인물의 삶에 관한 자기 생각 쓰기에서 나타난 '목표, 끈기, 노력, 굳건한 태도, 꿋꿋함'과 같은 다양한 어휘들을 통해 확인할 수 있었다. 또한 학생들이 수업과정을 거치면서 정도전의 삶과 관련된 여러 역사 개념과 사실적 지식들을 이해하고 정리하였음을 알 수 있었다.

V 제언 및 결론

본고는 19세기 이후 역사학이 추구해왔던 서사적 자기인식과 정체성의 핵심에 근거하여 역사교육의 초점과 방향을 설정해야 한다는 문제의식에 따라 기획되었다. 본장에서는 교사의 역사관과 역사인식이 학생들의 교수·학습 방식과 수준을 결정한다는 점을 재확인하면서 지금까지의 수업활동을 통해 나타난 성과와 문제를 중점적으로 성찰하고자 한다.

에세이 작성은 아동이 경험한 사실, 생각, 느낌을 그들의 언어로 기록한다는 점에서 감정과 사고가 비교적 자유로운 흐름에 따라 결정된다. 프로젝트 수업이 교사의 교육적 목적과 의도에 의해 진행되는 반면 글쓰기는 학생들의 자기 구성적인 학습의 한 형태라는 점에서 유의할 필요가 있다. 먼저 만족할 만한 수준은 아니지만 아동들의 에세이 속에서 정도전의 삶을 통해 위기를 극복하는 '태도'의 측면을 강조하였던 교사의 의도가 반영되었다. 이 점은 언급했듯이 학생들의 인물의 삶에 관한 자기 생각 쓰기에서 나타난 '목표, 끈기, 노력, 굳건한 태도, 꿋꿋함'과 같은 다양한 어휘들을 통해 확인할 수 있었다. 또한 학생들이 수업과정을 거치면서 정도전의 삶과 관련된 여러 역사 개념과 사실적 지식들을 개인적으로 이해하고 정리하였음을 알 수 있었다. 다만 몇몇 학생들의 글에서 나타난 그릇된 개념은 향후 교사의 피드백과 추가 자료 제공 등을 통해 보완이 필요하다고 본다.

한편 역사 인물 프로젝트 수업 설계에서 추후 보완 및 연구가 필요한 부분은 다음과 같다. 첫째, 본 연구의 초점은 역사적 사고를 통해 사실적 지식 습득 이상의 유의미한 경험을 하도록 하는 데 있다. 그런데 때론 몇몇 각론적인 주제의 초점이 불분명하거나 투입한 자료가 학생들의 수준 이상으로 난해하고 추상적인 경우 교사 자신도 잠정적인 결론을 내리지 못해 수업의 방향이 궤도를 벗어난 적도 있었다. 따라서 전체 차시와의 유기적인 관련성을 감안하며 각론을 보다 구체화시켜 수업에 필요한 기능을 안내해야 하겠다. 예컨대 프로젝트 최종단계에서 교사가 의도한 '정도전을 통해 의미 있는 삶이란 무엇인지 생각해보기'라는 에세이를 작성 때, 그에 대해 학생들이 기대한 만큼의 설명을 하지 못한 점은 실행연구자로서 교사가 지닌 개인적 역량의 한계라는 점을 자인할 수밖에 없었다.

둘째, 수업활동을 통해 아동들의 경험과 사고를 읽어내려고 했지만 학습자들이 보여준 이야기에 담겨있는 의미를 크게 부각하지 못하였다. 예컨대 학생들이 정도전의 고뇌와 자세를 주석하고 전유하였으나 이를 보다 확장시키는 단계까지는 도달하지 못한 점을 들 수 있다. 그래서 향후의 연구에서는 교사의 성찰일지와 아동들의 글쓰기를 저본자료로 활용하여 현상학적 연구의 지평을 보다 확대하는 과제로 삼고자 한다.

셋째, 차시별 각론적 탐구를 종합하여 한 편의 글을 쓰기 위한 문단 구성의 가이드가 필요하다. 프로젝트의 결과물은 다양한 형태로 제작될 수 있지만, 어떤 유형의 결과물을 제작하더라도 그 안에 담기는 내용은 언어 구사능력과 필연적으로 연결된다. 교사가 질문을 하면서 학생들과 대화를 할 때와 학생 스스로 글을 쓰는 등 생각을 정리한 결과를 비교해 보면 언어 능력의 한계 때문에 생각한 것을 효과적으로 표현하지 못하는 경우가 상당하다.

이러한 한계를 극복하기 위해 평상시 국어 등의 도구교과를 통해 지속적인 훈련이 선행되는 것도 중요하지만, 프로젝트의 표현 단계에서 글 구성의 가이드라인을 구체적으로 제공하는 것도 좋은 방법이 될 수 있다. 요컨대 필수적으로 포함할 내용은 물론이고 단락별 서술 방법과 서사적 양식의 틀을 제시하는 등 학생 개인의 언어적 능력을 강화하여 결론에 도달하도록 교사의 역할 및 수업 방법에 대한 접근이 요청된다.

넷째, 자료를 대상으로 교사의 질문 구성에 관한 보완과 연구가 필요하다. 교육적으로 유용한 질문은 각 활동의 목표를 달성하는 것을 돕고, 학생들의 역사적 사고를 체계적으로 자극하며, 점진적으로 탐구를 심화시켜 주제에 접근해 가는데 효과적이다. 요컨대 주제에 대한 방향과 동기화를 명확히 해야만 한다. 그러나 본 프로젝트에서는 일부 질문의 목적이 불분명하고 학생들에게 기대하는 답변이 모호하여 사실적 지식의 확인에서 그치거나 학생들이 지나치게 어려움을 느껴 답변을 작성하지 못하는 등 교사의 의도가 부분적으로 실현되지 않았음을 수업 복기를 통해 확인하였다. 예컨대 몇몇 학생들이 질문에 상응하는 내용의 목록에 무엇을 포함할지를 결정하는 데 주저하면서 교사가 자신들의 주위에 올 때까지 종이의 빈칸을 응시하는 태도를 드러내고 있었다. 따라서 질문의 목적과 적합성에 대한 세심한 디자인이 요구되는 한편 자료와 질문의 양이 균형 있게 조절되는 것 또한 염두에 두어야 한다고 생각한다.

마지막으로 앞으로 학생들에게 필요한 기능의 하나로 시간의 흐름과 상황의 지속 · 변화를 인지하는 연대기 파악능력이 요청된다. 자료를 기술한 인물이 누구인지 확인하는 것뿐만 아니라, 자료가 만들어진 상황적 맥락이나 해당 자료에 나타난 인물들의 관계들을 포함하여 출처를 확인함으로써 교사가 제공한 자료를 절대적으로 수용하기보다는 비판적으로 읽고, 확인하는 태도를 갖추도록 해야 한다고 본다. 또한 자료에서 자주 보이는 어휘나 문구를 고려하여 자신의 견해를 표현하는 방법에 대한 연습이 필요하다. 본 프로젝트의 학생 결과물들을 살펴보면 자신의 독해를 통해 정도전의 생각을 추측하였음에도 불구하고 이를 사실로 기술한 경우도 있는데, 이때 표현 방법에 대한 안내가 선행되었다면 '~인 것 같다.', '아마도'와 같은 어휘를 더욱 적극적으로 활용하였을 것이라 생각된다.

본 연구가 현상학적 실행연구의 사례로서 한계가 확인되지만 연구자는 일찍이 현대 교육적 용어로 성찰의 중요성을 지적했던 듀이(Dewey)가 학습경험 이후에 뒤따르는 성찰이라는 시간적 틈이야말로 아동을 성장시킨다는 견해를 되돌아본다.[20] 그래서 앞으로 교사로서 역사적 인물 정도전을 학습하며 아동이 자신의 구성적 삶을 생각하고 대처해 나가는 능력을 성장시키려고 접근한 수업경험을 반추하여 연구의 지평을 확대하고자 한다.

20) Dewey.J. *Experience and education*. New York: Macmillan Publishing Company. 1938, p.63.

학습 자료

[자료 1] 정도전에 대한 기록 (1)

정도전, 남은과 심효생 등이 여러 왕자들을 해치려고 하다가 성공하지 못하고 참형을 당하였다. …(생략)… 밤이 이경(밤9시~11시 사이)인데, 정안군이 말을 멈추고 10명으로 하여금 그 집을 포위하게 하니, 말 두서너 필이 문 밖에 있고, 노복은 모두 잠들었는데, 정도전과 남은 등은 등불을 밝히고 모여 앉아 웃으면서 이야기하고 있었다. 그 이웃집 세 곳에 불을 지르게 하니, 정도전은 도망가 그 이웃 민부의 집으로 들어갔다. 민부가 정안군에게 "배가 불룩한 사람이 내 집에 들어왔습니다" 하니, 정안군은 그 사람이 정도전인 줄 알고 부하 4인을 시켜 잡게 했다. 정도전이 침실 안에 숨어 있어 그를 꾸짖어 밖으로 나오게 하니, 정도전이 자그마한 칼을 가지고 걸음을 걷지 못하고 엉금엉금 기어서 나왔다. 정도전이 칼을 버리고 문 밖에 나와 "예전에 나를 살렸으니 지금도 또한 살려 주소서" 하였다. 이에 정안군이 "네가 조선의 봉화백이 되었는데도 부족하게 여기느냐? 어떻게 악한 짓을 한 것이 이 지경에 이를 수 있느냐?" 하며 그의 목을 베게 하였다(『태조실록』 권14, 태조 7년 8월 26일).

(정도전은) 도량이 좁기 때문에 남을 시기하고 겁이 많았다. 자기보다 나은 사람이 있으면 꼭 해치려 하고, 옛날에 품었던 감정은 기어코 보복하려 했으며, 언제나 임금에게 권하기를 사람을 죽여서 위엄을 세우자고 했다. 하지만 임금이 다 듣지 않았다(『태조실록』 권14, 태조 7년 8월 26일 정도전 졸기(卒記).

Q1. 자료 1을 통해 알 수 있는 정도전의 최후는 어떠한가요?

Q2. 자료 1에 나타난 정도전은 어떤 사람인가요? 왜 그렇게 생각했나요?

[자료 2] 정도전에 대한 기록(2)

정도전과 정총 등이 고려 태조로부터 공양왕에 이르기까지 37권의 『고려사』를 지어 바치니, 태조(이성계)가 친히 보고 정도전에게 글을 내렸다. "경(정도전)은 나를 도와 새 왕조를 세우는 데 공로가 있을 뿐 아니라, 좋은 계책은 나랏일에 도움이 될 만하고 웅장한 문장은 문물제도를 제정할 임무를 맡길만하다. 게다가 온순한 선비의 기상과 늠름한 재상의 풍채를 지니고 있다. 경이 유용한 학식을 가지고 있어 내가 왕위에 오른 첫날부터 재상으로 임명하고 또한 나라의 역사책을 짓는 관직까지 겸하게 했더니, 재상의 직책을 다하면서도 책을 만드는 데까지 업적을 나타냈다"(『태조실록』 권 7, 태조 4년 1월 25일 경신).

벼슬에 나가면 해야 할 일은 반드시 하고, 어떤 일을 당해서도 회피할 줄 몰랐으니 옛날의 군자도 우리 정도전과 같은 사람은 많지 않다. 하물며 지금 사람이야 말할 것이 있겠는가. 이것이 내가 그를 존경하고 존경하는 바이다(조유식, 『정도전을 위한 변명』, 2014, p.42).

Q1. 자료2에 나타난 정도전은 어떤 사람인가요? 왜 그렇게 생각했나요?

Q2. 자료1과 자료2는 비슷한 시기에 쓰였습니다. 같은 인물에 대해 이처럼 완전히 다른 평가가 쓰인 까닭은 무엇일까요?

Q3. 정도전은 1398년(태조7년) 제1차 왕자의 난으로 인해 사망하여 역적으로 받아들여지다가 1865년(고종2년) 흥선대원군 때에 와서야 경복궁 설계의 공을 인정받아 신분이 회복되었습니다. 정도전의 삶은 성공했다고 할 수 있을까요? 아니면 실패했다고 해야 할까요?

[자료 3] 고려 말 사회 모습에 대한 기록

왜적이 소란을 일으키며 출몰한 것이 벌써 20년이 넘었습니다. 그동안 바닷가 구석구석 군사를 배치해 방어만 하게 했을 뿐…왜구가 14년 동안 모두 378회나 침입했으니…(교사용 지도서 사료 학습 자료 중에서 추출 : 『고려사절요』 권29, 공민왕 22년).

일부 권력층은 좋은 땅을 가진 사람들을 나무로 마구 때린 후 빼앗지만, 그 주인이 비록 관청에서 발행한 증서가 있더라도 감히 항의하지 못했다(『고려사』 권126, 열전 간신2, 임견미).

"원과 친하게 지내려고 하는 신하들은 모두 벼슬에서 물러나게 해야 합니다"(『고려사절요』 권30, 우왕 원년 1월).
젊은 신하들은 우왕에게 과거 원이 고려에 끼친 피해를 생각하면 더 이상 원과 친하게 지낼 수 없다고 주장했다. "원의 사신을 맞이하라고 하니 젊은 신하들이 반대하여 벼슬에서 쫓아냈다"(『고려사절요』 권30, 우왕 원년 1월).

토지제도가 파괴된 후부터는 호족이 겸병하여 부자는 땅이 더욱 불어나고 가난한 자는 송곳 꽂을 땅도 없다. 가난한 자는 부자의 토지를 빌려 경작하고 일 년 내내 고생해도 먹을 것도 부족할 지경인데, 부자는 편안히 앉아 소작인을 부려 그 수입의 대부분을 먹는다. 국가는 아무 대책 없이 바라보고 있을 뿐 그 세(세금)를 받지 못한다. 따라서 백성은 더욱 고생하고 국가는 더욱 가난해진다(『삼봉집』 권7. 『조선경국전』 상권, 부전, 경리).

"전국에 명령하여 모두 원의 옷을 입게 하라"(『고려사』 권85, 형법2, 금령 충렬왕 4년 2월).
"고려의 신하가 명의 사신을 죽이고 원으로 도망갔다"(『고려사절요』 권29, 공민왕 23년 11월).
"명은 고려에게 매년 많은 양이 금과 좋은 말을 보낼 것을 강요했다"(『고려사』 권134, 열전 우왕 5년 3월).

Q1. 당시 사회의 모습을 알 수 있는 부분에 밑줄 그어 보세요.
Q2. 기록들을 통해 알 수 있는 당시 사회의 모습을 자세히 설명해 봅시다.
1) 나라 안의 문제점:
2) 나라 밖의 문제점:

[자료 4] 당시 정도전의 상황

반원 정책을 펼치던 공민왕이 죽자 하루아침에 또다시 세상이 바뀌었다. 나이 어린 우왕을 대신해 권력을 장악한 이인임과 염흥방, 임견미 등 친원파 권문세족은 새롭게 강한 나라로 떠오르는 명나라를 멀리하고 이미 쇠퇴하고 있는 원나라에 접근하는 정책을 취했으며, 정도전, 김구용, 이숭인, 권근 등의 신진사대부들의 반대에도 불구하고 원나라에 끊어진 외교 관계 회복을 요청하는 글을 보냈다. 몇 달 뒤 국가 간의 교류가 다시 시작되고, 원나라에서 사신이 오자, 친원파 집권 세력이 누구나 인정하는 반원파 정도전에게 사신을 영접하라고 명했다. 사신을 영접하면 자신의 주장을 꺾고 스스로 주저앉는 꼴이 되고, 영접하지 않으면 임금의 명을 어긴 죄로 처벌받을 처지였으니 정도전으로서는 진퇴양난이었다(『정도전을 위한 변명』 pp.110~111).

Q1. 정도전은 어떤 상황에 처했나요?
Q2. 정도전은 어떤 선택을 할까요?

정도전은 호랑이 굴이라 할 권신 경복흥의 집에 제 발로 찾아가 불손한 태도로 원의 사신을 영접하는 게 나라에 득이 되는지 해가 되는지를 따진 후, "나는 마땅히 원 사신의 목을 베어오리라. 그렇지 않으면 원 사신을 묶어 명에 보내겠다"고 통보했다. 이어서 궁중의 어른인 태후에게도 찾아가 원의 사신이 맞는 일이 불가함을 적극 주장했다. 『태조실록』에 따르면 당시 정도전이 주장한 요지는 "선왕이 명을 섬기기로 이미 태도를 결정했는데 이제 와서 원의 사신을 맞아들인다는 것은 옳지 않으며, 또 원의 사신이 우리에게 죄명을 씌워놓고 용서나 해주는 것처럼 하는데 어떻게 맞아들일 수 있는가"라는 것이었다. 이제와서 반원은 잘못된 것이고 친원은 잘한 일이라는 식으로 공민왕 대의 외교 노선에 대한 평가를 뒤바꿔놓는다면 고려의 외교적 자주권이 상실됨은 물론이기 때문이다. 정도전이 강력히 반발하자 이인임, 경복흥 등은 정도전을 전라도 나주 거평부곡 소재동으로 유배하는 강경 조치를 취했다(『정도전을 위한 변명』 pp.111~112).

Q3. 당시 정도전은 높은 벼슬에 속하는 종4품의 자리에 올라 있었습니다. 그럼에도 불구하고 정도전은 어떤 선택을 했나요?
Q4. 정도전은 어떤 생각으로 그런 선택을 했을까요?
Q5. 이후 정도전은 10년 동안이나 다시 정치에 복귀하지 못했습니다. 그 10년을 정도전은 어떻게 보냈을까요?

[자료 5-1] 정도전의 유배 상황

정도전의 유배지였던 부곡은 고려의 말단 행정단위로, 주로 천역(미천한 일)에 종사하는 하층민들의 집단 거주지였다(『정도전을 위한 변명』 p.127).

[자료 5-2] 정도전이 아내와 주고받은 편지

아내가 정도전에게 보낸 편지

당신은 평일에 글을 부지런히 읽으시느라 아침에 밥이 끓든 저녁에 죽이 끓든 간섭지 않아, 집안 형편은 경쇠를 걸어놓은 것처럼 한 섬의 곡식도 없는데 아이들은 방에 가득해서 춥고 배고프다고 울었습니다. 제가 끼니를 맡아 그때그때 어떻게 꾸려나가면서도 당신이 독실하게 공부하시니 뒷날에 입신양명하여 아내와 자식들이 의지하고 가문에 영광을 가져오리라고 기대했는데, 끝내는 나라의 법을 어겨 이름이 욕되고 몸은 남쪽 변방에 귀양을 가서, 세상 사람들의 웃음거리가 된 것이 이 지경에 이르렀으니 현인군자라는 것이 진실로 이러한 것입니까?(『삼봉집』 권4, 설(說), '가난').

Q1. 정도전과 가족들은 어떤 상황에 처해 있나요?
Q2. 유배 간 남편 정도전을 생각하는 아내의 마음은 어땠을까요?
Q3. 이 편지를 읽은 정도전의 마음은 어땠을까요?

정도전이 아내에게 보낸 답장

그대의 말이 맞소. 나에게는 형제보다 가까운 친구들이 있었는데, 내가 이러한 처지가 된 것을 보더니 뜬구름같이 흩어지고 나를 걱정하지 않는구려. 이는 본래 세력으로 맺어지고 은혜로 맺어진 관계가 아니기 때문이오. 부부의 관계는 한 번 결혼을 하면 끝까지 바꾸지 않는 것이니 그대가 나를 원망하는 것은 사랑해서이지 미워서가 아닐 것이오. 또 아내가 남편을 섬기는 것은 신하가 임금을 섬기는 것과 같으니, (생략) 그대는 집을 근심하고 나는 나라를 근심하는 것이 어찌 다르겠소. 각각 자기가 할 일을 다할 뿐이며 그 성공과 실패는 하늘이 정한 것이지 사람의 탓이 아니니 무엇을 근심하겠소(『삼봉집』 권4, 설(說), '가난').

Q4. 정도전은 자신이 처한 유배 상황을 어떻게 받아들이고 있나요?

[자료 6] 마을 사람들과의 만남

정도전이 소재동 황연의 집에 세들어 살았다. 그 마을은 바로 나주에 속한 부곡인 거평 땅으로, 소재사라는 절이 있어 이름을 소재동이라 지은 것이다. 마을 사람들은 순박하면서 허영심이 없고 열심히 농업에 종사하고 있는데, 그 중에 황연이 더욱 그러했다. 그의 집은 술을 잘 빚었고 황연이 또 술 마시기를 좋아했는데, 술이 익으면 반드시 나를 먼저 청해 함께 마셨다. 손님이 오면 언제나 술을 내어 대접하는데 날이 오랠수록 더욱 공손했다…하루는 뒷산에 올라가서 사방을 바라보다가 서쪽 한 곳이 좀 평평하고 그 아래로 넓은 들이 펼쳐 있는 것이 좋아 숲을 베어내고 간단히 집 두 칸을 지었는데, 일이 간략하고 힘이 적게 드는데도 마을 사람들이 와서 도와주어서 며칠이 못되어 완성되었다…다만 내가 찬찬하지 못하고 너무 고지식하여 세상의 버림을 받아 귀양살이로 멀리 와 있는데도, 마을 사람들이 나를 대접하기를 이렇게 후하게 하니, 어쩌면 내가 궁핍한 것을 불쌍하게 여겨서 거두어 주는 것일까? 아니면 그들이 먼 지방에 사는 까닭에 내가 죄인인 줄 몰라서인가? 아무튼 모두 후대가 극진하다. 나는 한편으로 부끄럽고 한편으로는 감동이 되므로 그 시말을 적어 나의 뜻을 표현하고자 한다(『삼봉집』 권4, 記, '소재동기(消災洞記)').

Q1. 정도전이 보고 느낀 마을 사람들, 즉 백성들의 모습은 어떠한가요?
Q2. 백성들과 직접 만난 정도전은 어떤 생각을 했을까요?

[자료 7] 어느 농부와 나눈 대화

하루는 들에 나가 노닐다가 농부 한 사람을 보았는데, 눈썹이 기다랗고 머리가 희고 진흙이 등에 묻었으며, 손에는 호미를 들고 김을 매고 있었다. 농부가 묻기를, "그대는 어떤 사람인가? 그대의 옷이 비록 해지기는 하였으나 옷자락이 길고 소매가 넓으며 행동이 의젓한 것을 보니 혹 선비가 아닌가? 또 손발이 갈라지지 않고 뺨이 풍요하고 배가 나온 것을 보니 조정의 벼슬아치가 아닌가? 무슨 일로 여기에 왔는가? 조정의 벼슬아치라면 죄를 짓고 추방된 사람이 아니면 여기에 오지 않는데, 그대는 죄를 지은 사람인가?" 했다. 나는 답하기를, "그러합니다."하니, 그는 "무슨 죄인가? 정의롭지 않게 한없이 욕심을 채우려다 죄를 얻었는가? 아니면 벼슬은 꼭 해야겠는데 스스로 이룰 능력이 없어서 권세가에게 아부를 떨다 미움을 사서 죄를 얻게 되었는가? 아니면 자기 몸만 온전히 하고 제 가족만 보호하면서 세월을 보내고, 충성스러운 신하가 있으면 그를 비방하고 비웃다가 그만 간사한 것이 드러나고 죄가 발각되어 이 지경에 이르렀는가? 아니면 평상시 큰 소리로 거짓말을 하여 왕의 은총을 받아 관직과 재물을 뜻대로 이루어 마음에는 자만심이 가득 차고, 적군을 만나면 먼지만 보아도 먼저 달아나 나라의 큰일을 망치기라도 했는가?" 하였다. 내가 "아닙니다." 하였더니, 그는 "그렇다면 그대의 죄목을 나는 알겠도다. 자신의 힘이 부족한 것을 헤아리지 않고 큰 소리를 좋아하고, 그 시기가 적절하지 않음을 알지 못하고 바른 말을 좋아하며, 아래에 있으면서 위를 거스른 것이 죄를 얻은 원인이로다." 하였다. 나는 그를 '도가 있는 선비'임을 알았다. 그리하여 배움을 얻기를 청하였으나 노인이 말하기를, "나는 대대로 농사짓는 사람이오. 밭을 갈아서 국가에 세금을 내고 나머지로 처자를 양육하니, 이 밖의 것은 나의 알 바가 아니오. 그대는 물러가서 나를 어지럽히지 마오"하고 다시 말하지 않았다(『삼봉집』 권4, 설(說), '농부에게 답하다(答田夫)').

Q1. 평범한 백성이 바라보는 당시 고려는 어떠한가요?
Q2. 정도전은 농부와 대화를 나누며 어떤 생각을 했을까요?
Q3. 정도전은 백성들을 만나며 올바른 정치란 무엇을 위한 것이어야 하는지를 깨닫게 되었습니다. 정도전은 어떤 깨달음을 얻었을까요?

[자료 8] 권근이 훗날 쓴 정도전에 대한 평가

선생은 자신의 뜻을 굽히지 않고 굳게 지키는 꿋꿋한 태도를 지녔으며(절의=절개와 의리) 학문과 기술(학술)이 비뚤어지지 않아 일찍이 바른 말로 세상의 비위를 거슬려 남쪽으로 유배된 지 10년이 되었으나 그 뜻이 변하지 않았으며, 권세가들 무리가 떼 지어 업신여기고 무리 지어 비방했지만 그 지킴이 더욱 굳건했으니, 선생이야말로 도를 믿음이 독실하여 주위에 휩쓸리거나 흔들리지 않는 분이라 이르겠다(『정도전을 위한 변명』 p.160).

위 자료를 토대로 아래 세 가지를 넣어 글을 작성하시오.

- 정도전이라는 인물이 어떤 삶을 살았는가?

- 정도전이라는 인물의 삶을 어떻게 평가할 것인가?

- 인물의 삶을 통해 오늘날을 사는 '나' 또는 우리가 배울 점은 무엇인가?

부록 2

초등 5학년 학생들의 역사 인물 프로젝트

-정조를 중심으로-

부록 2

초등 5학년 학생들의 역사 인물 프로젝트*

-정조를 중심으로-

I 머리말

교육과정의 변천과 비례하여 역사교육에 관한 다양한 담론이 제시될 때마다 역사지식의 형성과정에 대한 정확한 인식이 부족한 초등 교사들은 수업현장에서 학생들에게 연구자 중심의 지식을 일방적으로 전달하는 역할에 머물고 말았다. 해방 이후 되풀이되는 이와 같은 현상은 교사를 교실수업에서 선도적인 위치에 자리매김한 점은 있지만 학습자의 입장에서는 지식 그 자체만을 수동적으로 받아들이게 함으로써 지식에 대한 모사주의적(模寫主義的) 태도를 초래하였다.[1] 그 결과 교사는 물론이고 학습자들이 습득한 학습의 내용도 역사지

* 송인주 · 이하나(북대구초등학교 교사)

식의 형성과정을 둘러싼 인식방법의 획득보다는 지식 중심의 앎에 그친 성향이 매우 크다.[2] 이러한 교육의 전도현상은 근본적으로 교실문화에 있어서 학생들의 독자적 지식형성 가능성의 통로를 차단한 결과를 빚어내고 말았다. 따라서 앞으로 지식을 형성하는 인식 방법으로의 전환을 위해 지식형성 과정에 초점을 맞춘 학습자의 자세 변화가 필요하다고 본다.[3]

이러한 지적은 역사학습을 매개로 초등학생의 자아상과 가치관의 길잡이 역할을 해야 하는 교사의 역할을 감안할 때 자명하다고 본다. 그러나 여전히 역사교실수업을 담당하는 초등 교사들은 역사교과가 지니는 전문성과 학습내용의 방만함 때문에 적지 않은 부담감을 안고 있다. 몇몇 이유가 있겠지만 무엇보다 역사교실수업을 이끌어나가는 교사의 역사 교육관에 관한 확신의 결여를 거론할 수 있다. 초등 교사의 역사 교육관은 수업 전체의 방향과 내용을 결정짓는 중요한 요소임에도 불구하고 종래 지식형성과정 보다 통사적 교과지식에 따른 수업에 젖어 있는 학습자들의 경험을 통해서 확인 된다.[4]

교육이 삶의 사회적 연속성을 확대재생산하는 수단으로써 학습자에게 필요한 환경을 끊임없이 재적응시켜 나가는 것이라고 한다면,[5] 대략 10년 이상 학교 역사교육을 경험한 예비 초등 교사들이 말하는 한국사교육에 대한 학습의 동기와 의미 상실, 주체적인 탐구나 사고의 기회 결여 등의 문제는 교육목적의

1) 학습활동 자체가 지니는 삶으로서의 의미가 아니라, 지식이 객관적 사실주의에 입각한다면 그것은 상황을 벗어난 수단으로 전락하고 만다(조용기, 「지식의 위치와 그 교육적 함의」, 『초등교육논총』 32(1), 2016, p.169).

2) 이종각, 『한국교육학의 논리와 운동』, 문음사, 1990, pp.149~170. 양호환, 「역사학습의 인식론적 모색」, 『역사교육』 75, 2000. 김한종 외, 『역사교육과 역사인식』 책과 함께, 2005, pp.43~45. 김민정, 「역사 교사의 현장 연구 방법론 모색」, 『역사교육』 103, 2007, pp.70~73. 배영호, 「사회과 내러티브 지식관의 지식생산적 의미와 성격 탐색」, 『사회과교육』 54(3), 2015, pp.35~52.

3) 이종일, 「주변문화지역에서 지식형성방법의 도태와 회복」, 『대구교육대학교 논문집』 30, 1995.

4) 송인주, 「예비 초등 교사들이 본 한국사교육의 문제점과 향후 과제」, 『역사교육』 113, 2010.

5) 이홍우 역, 존 듀이, 『민주주의와 교육』 교육과학사, 1996, pp.10~11.

내재적 가치를 간과한 것이다. 더욱이 국가 교육과정에 나타난 중학교 역사교육과정의 경우 교육목표가 비교적 명시적으로 제시된 반면 초등은 사회과의 다른 영역과 통합적으로 제시하거나 '중학교 과정의 바탕이 되는 한국사에 대한 기초적 이해' 정도로 제시될 뿐, 초등 단계에 적합한 역사 교육의 목표를 구체적으로 설정하고 있지 않다는 점에서 방증된다.[6]

물론 초등 역사 교육의 진전을 위해서는 역사교육을 대상으로 한 교육과정이나 학교 시스템 등 제도적 차원에서의 변화가 수반되어야 하겠지만 무엇보다 현 단계 교사의 자기 혁신과 그 연장선상에서 수업을 바라보는 교사의 인식 전환과 실제적인 수업방안이 논의되어야 한다고 본다.[7] 이를 위해서 교사의 자율성이 최대한 발휘될 수 있고 수업목적과 주제 선정, 학생 수준에 따라 여러 가지 학습 방법을 탄력적으로 재구성하여 적용할 수 있는 수업 방식으로의 전환이 요청된다.[8] 특히 교사 주도의 수업 설계와 전략에 따른 청사진에 입각하여 학생의 지적 관심과 질문으로부터 수업을 수행하는 과정 중심의 절차를 진행하는 한편 역사교실수업의 주체로서 사건과 인물, 이야기를 통해 자신의 생각과 견해를 표방함으로써 역사와 학습자의 삶을 연계할 수 있는 역사 수업

6) 교육부, 교육부 고시 제2015-74호 [별책 7] 『사회과 교육과정』 2015, p.96. 중학교 과정에서는 초등학교에서 학습한 한국사에 대한 기초적 이해를 바탕으로 과거와 현재, 우리나라와 세계의 역사를 서로 연관시켜 체계적으로 이해할 수 있는 기본 능력을 갖추는데 주안점을 둔다고 서술하고 있다.

7) 송인주, 「한국 역사교육연구에 대한 비판적 성찰」, 『사회과교육』 53(2), 2014.

8) 종래 가르칠 내용에 대한 교육과정 재구성 이른바 학습단원의 개발연습 절차에 대해 언급한 연구에 따르면 먼저 예비교사들이 선정한 주제의 중요성을 정당화하는 한편 관련된 주제의 쟁점을 이해하고 정리하는 것으로 시작되며 둘째, 주제를 맥락화하여 전후 관련성을 파악하고 셋째, 학생들의 관련 내용 학습여부(사전지식)와 주제에 관한 적합한 표현 · 설명의 방식과 학습활동을 구상하는 단계를 지적한 후 협동과업을 통해 이를 진행하는 것이 필요하다고 하였다(양호환, 「역사교사 양성문제와 교과과정」, 『역사교육』 97, 2006, pp.172~173). 본 연구는 이러한 선학의 지적에 유의하면서 국가교육과정을 교육상황에 맞추어 교사가 현장수업 사례를 통해 담아내는 것이라고 하겠다(서경혜, 「교사들의 교육과정 재구성 실천 경험에 대한 사례 연구」, 『교육과정연구』 27(3), 2009).

이 필요하다고 생각된다. 이 점을 고려하여 기획한 주제가 역사 인물 프로젝트인 셈이다.

이상의 언급한 점들을 역사교실수업에 적용하여 담아낼 수 있는 기제로써 프로젝트 접근을 들 수 있다. 1886년 Dewey가 설립한 실험학교에서 비롯된 프로젝트 수업이 학교 교실현장에 적용된 이후 그것이 미친 학습활동의 효과는 Lillian, G. Katz와 Sylvia, C. Chard에 의해 부각되었고[9] 여타 교과로 확대 · 재생산되었다. 이처럼 다양한 교과 영역에서 개별 교과목의 특성에 초점을 둔 프로젝트 수업이 이루어졌으나 역사교육에서는 아직 연구가 제대로 진척되지 못하고 있다.[10] 그래서 사료에 입각하여 역사내용지식을 생산하는 역사 교과목의 고유한 속성을 어떻게 프로젝트 학습에 접목시킬 것인가에 대한 접근이 요망된다.

따라서 본 연구는 역사 인물 프로젝트를 통해 프로젝트 학습에서 확인된 교육적 성과의 반향을 초등 역사교실수업에 적용시켜보려고 한다. 덧붙여 교사의 입장에서 학교 현장의 실태를 반영하여 역사 프로젝트 수업의 적용을 가로막는 요인들의 극복 방안을 제시하고자 한다.

대상은 연구자가 담당한 대구○○초등학교 5학년 학생 21명이며 총 6회에

9) 송인주, 「예비 초등 교사들의 역사 인물 프로젝트 후기 분석」, 『사회과교육』 58(2), 2019, p.44.

10) 강덕남, 「초등 사회과 현대사 학습에서의 구술사 프로젝트 활용 방안」, 한국교원대학교 교육대학원 석사학위논문, 2007. 송인주, 「미국 초등학교 사회과 교실수업의 프로젝트 수행과정과 교육적 함의」, 『사회과교육』 48(2), 2009. 장순화 · 송인주, 「초등학교 5학년들의 역사 프로젝트 수행과정과 시사점–한국 전쟁의 원인 분석을 중심으로」, 『역사교육논집』 45, 2010. 송인주, 「이순신 프로젝트와 역사교실 수업」, 『역사교육논집』 46, 2011. 강인애 외, 『교실 속 즐거운 변화를 꿈꾸는 프로젝트 학습』 상상채널, 2011. 여상한 · 엄우용, 「초등 교육과정과 연계한 프로젝트중심학습 설계모형 개발」, 『교육공학연구』 30(2), 2014. 양영선 · 허희옥 · 김영수, 「팀프로젝트학습에서 학습자의 효능감과 스캐폴딩이 학습참여도와 성취도에 미치는 영향」, 『교육정보미디어연구』 20(4), 2014. 이관구 · 주웅영, 「가족사 프로젝트를 통한 초등학생의 역사 인식 형성」, 『역사교육논집』 55, 2015. 하선희 · 송인주, 「개인사 프로젝트를 활용한 초등 역사교실수업」, 『역사교육논집』 55, 2015. 송인주, 「예비 초등 교사들의 역사 프로젝트 구성상의 문제점과 과제」, 『역사교육논집』 67, 2018.

걸쳐 9차시 수업을 진행하였다. 학급의 학생들은 대체로 학습 수준이 높지 않고 독서량이 절대적으로 부족하여 독해력과 어휘력에 한계를 보이고 있다. 더욱이 역사 영역을 학습 할 때 초등학교 단계의 아동들에게서 나타나는 보편적인 문제 예컨대 시대적 상황이나 그와 연관된 역사적 사건 및 인물에 관한 지식의 짜임새가 빈약한 점을 드러내고 있다. 그래서 본 연구는 이러한 학생들의 지적 특성과 성향을 고려하여 지식의 구성적인 정도, 사용된 자료와 용어의 수준, 교사의 개입 시점과 참여 정도에 따라 일정을 조율하면서 진행하였다.

연구의 초점과 방향은 다음과 같다. 먼저 기왕의 역사 프로젝트 학습의 연구 동향과 관련 이론을 분석하여 역사 인물 프로젝트에 반영할 시사점을 도출한다. 둘째, 초등 역사 수업에서 프로젝트 학습이 적용될 수 있는 방안 및 교육적 의의를 모색한다. 셋째, 역사 인물 프로젝트의 개념과 특성을 규정하고 구성 방향을 탐색한 이후 수업의 기본 틀과 과정을 설계 · 실행한다. 넷째, 학교 교육과정의 여건을 감안하여 자료 검토와 수집 및 학급 환경 조성 등의 사전 준비를 실시한다. 다섯째, 프로젝트 전체 과정에 대한 전사와 녹음 그리고 교사와 학생의 상호작용 및 반응을 기록하고 학생들이 수행한 최종 결과물을 분석한다.

Ⅱ 예비적 검토

1. 프로젝트 접근을 둘러싼 연구 동향

본 장에서는 프로젝트 접근을 둘러싼 연구 동향과 역사교육에서 그와 연계한 연구 성과에 대해서 살펴보고자 한다. 프로젝트 접근은 학습자의 관심과 흥미에 근거한 주제를 대상으로 학생 스스로의 주도적인 활동을 이끌어냄으로써 확산적 사고와 성장을 경험시키는 교수·학습으로[11] 교사의 치밀한 수업설계와 전략으로 이루어진다. 무엇보다 종래의 피동적 존재로서의 학생과 설명자로서의 교사에서 벗어나 능동적 존재로서의 학생과 협력자로서의 교사 역할로 관계가 치환된다는 점을 주목할 수 있다.[12]

우리나라 초등학교에서 프로젝트 접근을 살펴본 연구들에 의하면 아동의 적극적·주체적 참여가 이루어진다는 점, 아동이 관심 있는 주제에서 출발하여 자신에게 의미 있고 깊이 있는 탐구를 수행함으로써 보다 심화된 지식을 재구성하고 내적 동기화 상태를 지속적으로 유지할 수 있다는 점, 교육과정의 상위 목표인 전인적 인격 형성의 달성이 실현된다는 점, 생활과 삶 속에 학습이 통합된다는 점, 활동성과 몰입의 양상이 두드러지게 나타난다는 점, 다양한 수업 방법론을 포괄할 수 있다는 점을 지적하고 있다.[13] 더욱이 이러한 교육적 효과

11) 유승희·성용구, 『프로젝트 접근법, 레지오 에밀리아의 한국 적용』, 양서원, 2007.

12) 그래서 교사와 학생의 상호작용은 물론 학생이 역사를 어떻게 이해하는가에 천착한 연구가 미진한 현실을 고려할 때 수업 상황에서 양자의 관계, 그리고 학습 주제와 맥락에 토대하여 학생들의 역사적 이해를 추적하는 연구가 필요하다는 언급은 눈길을 끈다(김민정, 「역사교사의 가르칠 궁리에 대한 반성과 공유」, 『역사교육』 117, 2011, pp.14~16).

13) 강덕남, 「초등 사회과 현대사 학습에서의 구술사 프로젝트 활용 방안」, 한국교원대학교 교육대학원 석사학위논문, 2007. 장순화·송인주, 앞의 논문, 2010. 이지연, 「프로젝트 접근법을

는 프로젝트 접근을 보다 확대 적용한 교과별 연구를 통해서도 재생산되고 있다.[14] 특히 사회과 지식의 체계적 습득, 민주시민성 함양, 학생의 능동적·주체적 학습 유발 등의 교육적 논의에서도 재확인된다.[15]

이처럼 개별 교과의 연구를 통해 프로젝트 접근이 지닌 다양한 교육적 의의가 논증됨에 따라 이를 교실수업에 연계하려는 실천적 모색이 진행되고 있지만 그에 관한 문제점도 있다. 그 주된 이유는 국가수준 교육과정에 어떻게 적용시킬 것인가 하는 점과 더불어 학습을 바라보는 아동과 학부모 그리고 교사의 통념적 행동 양식에 관한 변화가 수반되지 않고 있어[16] 교사들의 입장에서 적지 않은 괴리감을 드러내고 있기 때문이다. 예컨대 우리나라 교육현장에 적합하도록 종합적으로 정리된 프로젝트 이론과 실천 방안에 관한 수업모형의 부족, 제도적 차원의 열악한 지원에서 비롯되는 어려움, 교과내용을 결정짓는 교과지식의 가치가 무엇인지 하는 점에 대한 논의의 한계성, 프로젝트 수행에 필요한 교사자질의 전문성 부족에서 찾을 수 있다. 따라서 프로젝트 접근법이

통한 학습수준별 초등학생의 학습 태도 변화」 대구교육대학교 교육대학원 석사학위논문, 2010. 한경희·정정희·정한철, 「프로젝트 접근법의 효과에 대한 메타분석」, 『아동학회지』 25(6), 2004. 이처럼 학생 자신의 의사결정과 의지에 따라 주도적으로 학습을 실행해 나갈 수 있는 환경을 조성함으로써 내적 동기와 참여를 유발해 능동적인 학습 및 학습에의 몰입을 가능하게 하고, 적극적으로 외부와 상호작용하며 지식을 구성해 나가는 과정에서 인지적·사회적 기술을 획득하도록 한다는 점은 앞으로의 역사 수업에서 중요한 시사점을 보여준다.

14) 서윤경, 「초등교육에서의 프로젝트 학습 관련 연구 동향 분석」 건국대학교 교육대학원 석사학위논문, 2019. 문은주, 「프로젝트 접근법을 통한 과학 학습지도가 초등학생들의 학업성취도와 과학적 태도에 미치는 영향」 광주교육대학교 석사학위논문」 2008. 전문기, 「프로젝트 접근법에 의한 초등학교 도덕과 대화학습」 대구교육대학교 교육대학원 석사학위논문, 2002.

15) 최근 사회과에서 주제별로 프로젝트 학습을 적용한 연구로는 다음이 참고 된다. 강덕남, 앞의 논문, 2007. 박미이, 「지구촌 프로젝트접근법을 통한 초등학생 고학년의 세계시민의식 형성」 대구교육대학교 교육대학원 석사학위논문, 2011. 김낙현, 「프로젝트 접근법을 통한 초등학교 고학년 학생들의 민주시민의식 함양」 대구교육대학교 교육대학원 석사학위논문」 2011. 기성준, 「초등 사회과 지역화 학습을 위한 프로젝트 수업의 설계 및 실행」 청주교육대학교 교육대학원 석사학위논문, 2015.

16) 한경희·정정희·정한철, 앞의 논문, 2004.

교실수업을 통해 제대로 자리매김을 하려면 이상 지적한 점들을 보완하는 것이 고려되어야 한다.[17] 이 가운데 특히 프로젝트 수업의 설계자 및 안내자로서 교사의 전문적 자질 부족 문제에 국한해서 살펴보고자 한다.

프로젝트 접근과 관련된 교사자질 문제는 종래 교사 자신이 학습자로서 프로젝트 접근에 근거한 역사 수업을 거의 경험하지 못한데서 비롯된다. 곧 프로젝트란 무엇인지, 어떤 방식으로 수업이 이루어지는지, 프로젝트 수행과정에서 교사와 학생이 어떤 역할과 활동을 하는지에 관한 구체적 이미지나 인식이 빈약하다. 게다가 프로젝트 접근과 같은 장시간의 수업을 이끌어가기 위한 주제 선정과 교육과정 재구성, 주제에 따른 일관된 차시별 수업 목표－내용－방법－평가, 학습 동기 유발과 학습자의 자발적 참여 유도, 내용과 수준을 고려한 자

17) 예컨대 교과별 현장 연구가 산발적으로 진행됨으로써 각 교과에 따른 특성 확인은 물론이고 교과 간 수업 사례에 대한 종합적 데이터를 구축해야 하지만 이러한 작업은 찾아볼 수 없다. 더욱이 프로젝트 수업의 질적 향방을 결정하는 교육과정 재구성의 시각에서 볼 때 고려되어야 할 교사의 교육적 지향점, 학습자의 특성과 경험 및 수업 환경, 국가 교육과정의 성취기준과 연결된 개별 학교교육과정과 시수 편제 등 제도적인 부분의 문제들도 풀어야 할 과제라고 본다. 한편 프로젝트 접근법을 교육적 차원이 아닌 제도적 차원에서 실시하여 그 본질을 벗어나게 하는 관행도 지적되어야 한다. 실제로 필자가 학교 교육과정 차원에서 프로젝트 수업을 추진하는 학교의 두 교사와 나눈 대화에서 이 같은 문제를 절실히 느낄 수 있었다. 경기도 분당의 ○○초등학교에서는 3~6학년까지의 학생들이 멘토 선생님과 함께 소규모 그룹을 형성하여 자유롭게 설정한 주제에 대해 결과물을 산출하는 방식의 프로젝트 수업을 운영하는데, 이 학교에 근무하는 K교사는 "프로젝트 접근에 대한 선이해가 선행되지 않은 탓에 수업이 단순 활동에 지나지 않는다"고 말했다.
게다가 학생의 내적 동기가 유발되지 않는 상태에서 형식적으로 한 달에 두 차례 이루어지는 프로젝트는 "학생에게는 숙제, 교사에게는 업무가 된다"고 하였다. 또한 대구광역시의 한 초등학교에 근무하는 교사 또한 "프로젝트 수업을 학교의 중점 교육으로 설정하다보니 실적물이 필요하여 절차적 · 업무적인 부분이 강조되고, 교사와 아동이 함께 만들어나가는 교육과정이 제대로 이루어지지 않는다"라고 하면서 교육적 본질에서 벗어난 프로젝트 접근법의 학교 현장 적용 실태를 비판하였다. 특히 제도적 차원에서 프로젝트 접근법을 강조하는 것은 가치 있는 교육 방식을 활성화하려는 취지에서 비롯된 것으로 사실 프로젝트 접근에 따른 수업을 진행한 교사들의 교직에 대한 자긍심, 사명감, 전문성이 신장되었다는 연구(박덕향, 「프로젝트 접근법을 수행한 초등 교사들의 교육관 변화」 대구교육대학교 교육대학원 석사학위논문, 2010)에서 드러났듯이 교사가 수업을 수행하면서 이러한 긍정적 반응을 지속적으로 경험할 수 있는 환경을 조성하고 지원해주는 것이 더욱 효과적인 활성화 방안이 되겠다.

료의 수집과 가공, 학생 주도적 수업을 위한 학습 환경 및 활동 구성, 적합한 질문에 따른 스캐폴딩(Scaffolding)은 교사가 갖추어야 할 핵심적 자질이다. 프로젝트 접근의 효과적인 실행을 위해서는 예비 초등교사 단계에서부터 이에 관한 기본적인 지식과 기능을 습득하고, 현장의 교사 연수 또한 교사에게 주제별 · 수준별로 필요한 수업 활동에 관한 내용으로 이루어져야 할 것이다.

다음으로 이제까지 프로젝트 접근을 둘러싼 논의에 비추어 현 단계 그것이 지닌 교육적 의의를 초등 역사학습에 연계한 연구들과 관련시켜 검토해보고자 한다. 무엇보다 프로젝트 접근은 교사의 구체적인 수업의도와 학생의 흥미 · 관심 · 수준에 따른 주제를 매개로 교육과정을 재구성한 후 교과의 내용과 방법을 탄력적으로 설정할 수 있다는 점에서 교사의 자율성이 최대한 담보된다. 따라서 통사적 내용지식에서 탈피하여 교사가 수업을 통해 추구하는 아동의 성장과 변화의 방향에 따라 내용의 양과 범위를 설정하는 한편 다양한 교수 · 학습 이론을 연결할 수 있다. 또한 앞서 지적하였듯이 학생의 흥미와 삶으로부터 출발하여 주변과의 상호작용 및 주체적 참여를 통해 학생 주도적으로 수업이 진행되므로 교실수업의 무게중심이 교사에서 학생에게로 전환된다.

그러나 초등단계에서 프로젝트 접근의 교육적 평균 효과가 크다는 지적에도[18] 불구하고 여전히 사회과 역사 영역의 적용은 매우 제한적이다. 다만 미국 초등학교의 사회과 프로젝트 수업 사례[19]는 각 단계에서 구체적으로 어떠한 교수 · 학습이 이루어지는지에 대한 길잡이를 제공한다.[20] 그리고 학생 개인의

18) 한경희 · 정정희 · 정한철, 앞의 논문, 2004, p.143.

19) 송인주, 「미국 초등학교 사회과 교실수업의 프로젝트 수행과정과 교육적 함의」, 『사회과교육』 48(2), 2009.

20) 예컨대 교사가 수업 시작 단계에서 제공하는 프로젝트의 초점과 합리적인 평가 기준은 프로젝트 전반에서 학생들이 나아가야 할 방향을 이끌어내면서 그 자체로 스캐폴딩의 역할을 한다는 점, 교사와 학생의 상호작용에 필요한 시간과 기회는 물론이고 자료 선택과 발표 준비에 이르기까지 학습자 주도적인 학습 환경을 조성해야 한다는 점, 교사는 적합한 자료들에 대해 안내하고 학생들은 객관적 자료에 근거하여 문제를 해결하는 역할을 수행한다는 점 등은 프로젝트 학습을 기획하는 교사에게 매우 상세한 가이드라인을 보여주고 있다.

출생과 성장 시기에 근거해서 개인사를 추적하거나[21] 가족을 대상으로 아동들을 과거에 연결시키는 수업을 통해 역사와 '나'를 관련시킨 논고도 찾아진다.[22] 이러한 연구들은 초등학생들에게 과거를 개별화하는 방법을 제시하는 한편 역사 자료를 수집하는 조사기법을 배우도록 유인함으로써 역사지식이 선택과 해석의 결과라는 점을 추체험시켰다는 점에서 눈길을 끈다. 또한 한국전쟁이라는 주제를 통해 역사 프로젝트를 다룬 연구도 보인다.[23]

이 같은 연구들은 학생들로 하여금 과거가 현재를 어떻게 만들어 냈는지를 조사하는 확대된 관점을 부각시켰다고 하겠다. 최근 예비 초등 교사들을 대상으로 한 이순신 프로젝트[24]에 관한 논고도 보인다. 종전 연구와의 차이점은 역사적 인물과의 소통에 초점이 맞추어진데 있다. 이순신의 고난과 역경에 관해 조사와 발표를 하면서 그에 대한 이해를 자신의 삶과 연결 짓는 경험을 하였다. 특히 다큐멘터리 영상, 논픽션, 픽션, 만화 등 다양한 장르의 매체를 활용하여 자료의 교육적 효과를 확인한 점[25], 자료의 투입에 앞서 활동의 목적과

---

21) 하선희 · 송인주, 「개인사 프로젝트를 활용한 초등 역사교실수업」, 『역사교육논집』 55, 2015. 대부분의 초등학생들이 역사를 자신과 관련 없는 과거의 일로 간주하는 경향 때문에 유의미한 역사 학습이 이루어지지 않는다는 문제의식에 따라 개인사를 활용한 역사 프로젝트 학습을 설계 및 실행하였다. 이를 통해 학생들이 자신의 구성한 역사의 과정을 조사함으로써 과거와 현재의 관계성을 인식할 수 있었음을 확인하였다. 특히 프로젝트의 마무리 단계에서 자서전 쓰기 활동을 통해 역사에 대한 자신의 생각을 표현하는 결과물을 만들어냄으로써 파편화된 경험의 재구성을 통해 자신의 성장을 반추해 보았다는 점이 특징이라고 하겠다.

22) 이관구 · 주웅영, 「가족사 프로젝트를 통한 초등학생의 역사 인식 형성」, 『역사교육논집』 55, 2015.

23) 장순화 · 송인주, 「초등학교 5학년들의 역사 프로젝트 수행과정과 시사점－한국 전쟁의 원인 분석을 중심으로」, 『역사교육논집』 45, 2010.

24) 송인주, 「이순신 프로젝트와 역사교실 수업」, 『역사교육논집』 46, 2011.

25) 송인주, 앞의 논문, 2011. 이 연구에서 저자는 논픽션 자료에 대해 학생들이 대개 '재미가 없다', '지루하다'는 식의 고정관념을 가지고 있지만, 그것이 학생들에게 새로운 정보를 많이 제공하고 저자가 분명한 관점으로 생동감 있는 내러티브로 내용을 전달한다면 교육적 자료로서 매우 좋은 효과가 있음을 확인하였다. 또한 픽션 자료(문학 장르)는 내러티브를 활용하여 학생들의 지적 자극과 관심을 불러일으킬 뿐만 아니라 막연한 과거의 사건이나 인물에 대한 대리적 경험을 입체적이고 감각적으로 제공한다는 점에서 교육적 의미가 있다. 영상자료는

이유를 안내하여 동기유발과 사고 자극을 도운 점, 목적지향적인 자료 읽기 과정을 통해 자율적인 학습활동과 자기 주도적 이해 및 판단을 유발한 점이 주목된다. 특히 인물 중심의 프로젝트를 구성할 때 요청되는 수업의 가이드라인에 입각하여 초등학교 고학년 수준에 따른 적용 방안을 도출하는 시사점을 주었다.

이러한 몇몇 논고들은 현장 역사교실수업의 개선을 위한 실험적 성격을 띤 연구들로서 무엇보다 학생들에게 역사 수업에 대한 내적 동기와 몰입의 상태를 지속시키며 깊이 있는 탐구를 촉발하는 한편 그 과정에서 보다 심화된 지식과 경험을 갖추도록 해주려면 무엇이 필요한지, 그룹별 활동에 따른 상호 협력을 통해 학생 간 수준 차이를 어떻게 보완해야 하는가를 보여주었다는 점에서 눈길을 끈다. 게다가 역사 관련 TV 프로그램이나 영화, 도서 등의 다양한 매체를 적극 활용하여 학생들이 교과서상에는 경험하지 못한 과거를 간접적으로 체험할 수 있는 하나의 사례를 제시했다고 본다. 그러나 이상의 연구들은 대체로 학생들의 교육적 반응양상에 주안점을 맞춘 까닭에 역사 프로젝트 수업에 필요한 교사의 자질과 역할에 대한 조명은 부족한 형편이다.

2. 인물 중심 주제 구성

여기서는 인물학습과 관련된 기왕의 성과를 참고하면서 인물 중심 주제 구성에 관해서 살펴보고자 한다. 2015 개정 교육과정 역사 영역이 집중적으로 배치된 5학년 2학기의 초등학교 역사 '성취 기준'의 대단원 개관에서는 "고대 시

제한된 시간 내에 역사적 인물을 다루기에 효과적이고 역사 분야의 경우 사실성, 입체성, 시청자의 관심과 흥미, 교육적 문제의식을 갖춘 미디어 자료들이 많이 생산되고 있다는 점에서 주목된다. 이러한 점들은 초등학생의 흥미와 수준을 고려하였을 때 수업에 효과적으로 활용될 수 있는 자료에 관한 시사점을 제공한다.

기부터 조선 전기에 이르기까지 나라의 발전에 기여한 인물과 대표적 문화유산에 대한 이해를 바탕으로 우리나라 역사 속에 드러나는 사회 변화의 특징과 중요한 사건들을 이해하기 위해 설정되었다", "조선 후기부터 오늘날에 이르기까지 주요 인물의 활동과 문화유산을 통해 우리나라의 역사 발전의 과정을 이해하고, 이를 통해 대한민국의 발전을 위해 노력하는 자세를 기르기 위해 설정되었다."라고 설명하고 있다.[26] 주요 인물과 문화유산을 중심으로 역사 교육의 목표를 달성하려고 한다는 점을 명시하는 한편 성취 기준의 항목과 역사 영역의 집중 배치 기간을 축소시키며 교육과정에서 제시한 인물의 수가 늘어난 것[27]은 인물학습을 강조하려는 배경으로 읽을 수 있다.

종전 인물 중심의 역사 학습은 개별인물 자체에 집중하는 '인물 학습'과 인물을 통해 역사와 시대를 이해하는데 초점을 둔 '인물사 학습'으로 구분된다.[28] 그러나 최근의 경향에서는 양자를 구분하지 않고 통합적으로 수용하고 있으며, 2015 개정 교육과정의 사회 5-2 교과용 지도서(2019)에서도 인물 학습을 '인물의 사고와 행동에 영향을 미친 시대 배경에 대한 이해를 돕고, 인물 행위의 의도, 전개 과정, 결과 등을 분석하는 능력을 배양하며, 역사 속에서 인간의 역할에 대한 올바른 태도와 가치관을 함양하는 데 도움을 주는 교수 · 학습 방법'이라고 정의하며 인물 자체와 인물을 통한 역사 이해를 추구하고 있다.

26) 교육부, 『사회 5-2 교과용 지도서』, ㈜지학사, 2019, p.490.

27) 2009 개정 교육과정에 비해 2015 개정 교육과정에서 제시하는 총 인물의 수는 5명 증가하였다. 고대의 인물로는 선덕여왕, 계백, 을지문덕이 삭제되고 근초고왕, 광개토대왕이 추가되었고 고려 시대는 견훤, 궁예가 삭제되고 서희와 강감찬이 추가되어 고려의 외침 극복과정에 대한 학습이 강조되었음을 알 수 있다. 조선 시대는 국가적 위기나 사회의 모순을 극복하기 위해 노력한 인물이 대거 추가되고 특히 조선 후기~근대의 인물이 차지하는 비중이 높아졌다. 근대의 인물 이회영, 김구, 유관순, 신채호는 2015 개정 교육과정에서 새로 등장하였다.

28) 역사적 인물의 생애나 인간상, 의지, 고뇌, 가치관, 업적, 생몰 연대, 인생관 등을 파악하여 학습자의 인생관과 가치관을 이끌어내는 인물학습과 인물의 활동과 사상을 그 시대의 배경, 사회 상황, 주요 인물 및 집단 등과 관련시켜 살펴봄으로써 그 시대의 역사를 파악하는 인물사 학습을 들 수 있다(송춘영, 『역사교육의 이론과 실제』, 형설출판사, 2001, pp.257~258).

근래 인물을 주제로 한 역사 수업에서 인물에 대한 이해도는 물론이고 자료 처리 능력과 해당 인물의 다양한 입장과 관계를 통해 역사를 거시적으로 바라보는 관점의 확대, 구체적이며 생동감 있는 역사의 내면화라는 교육적 의의가 있음을 확인한 연구가 주목된다.[29] 하지만 시대의 특성이나 사회 제도, 주요 정치적 사건 등을 이해하는 것이 목적인 탓에 주제 또한 '정도전, 고종, 김구의 등장과 정책', '조선시대 신분제도'와 같이 역사적 내용 지식의 개념에 입각하여 선정되었고, 학습 활동이나 평가 또한 지식 이해의 도달에 맞춤으로써 여전히 역사지식 중심의 지도라는 아쉬움을 준다. 역사 인물 학습은 학생들의 관심과 흥미에 기초하여 인물이 살았던 시대적 배경 및 주변 인물을 관련지어 한 인물을 깊이 있게 탐구함으로써 역사적 사고력과 비판력, 더 나아가 올바른 인격과 가치관 형성이라는 거시적 효과에서[30] 그 교육적 의의를 찾아내야 한다고 본다.

이때 역사 인물 프로젝트 학습에 있어 주제 구성은 초등학교 단계의 인지 수준에 적합하도록 역사 내용을 구체적인 대상으로 전환해주는 작업이 필요하다. 왜냐하면 인물은 이야기와 감정을 만들어내며 이야기는 인물을 구체화시키고 역사적 흐름을 재생시키면서 보다 쉽게 학생들에게 수용될 수 있기 때문이다. 이러한 모색은 역사 내용의 추상성과 과거라는 시간적 간극으로 인해 발생하는 길항 관계를 보완하여 인물과의 만남을 더욱 몰입시켜 준다고 본다. 게다가 초등학생들은 인물의 행위가 부각된 사건 중심으로 역사를 설명하며, 대체로

29) 주제적 접근법을 적용한 인물 학습이 시대의 특성과 인물을 연결 지어 역사적 내용 지식을 이해 하는데 효과적이라는 측면에서 한 시대의 특징을 나타낼 수 있는 인물 3명을 선정하고 3차시 분량의 수업을 실시한 논고(최환영, 「초등학교 역사교육에서 주제 접근 인물학습 방안 연구」 서울교육대학교 교육전문대학원 석사학위논문, 2015)와 다양한 인물의 관점을 통해 시대를 파악하고 인물을 입체적으로 이해하기 위해 교과서상에 제시되지 않은 인물을 수업에서 다룬 연구(김지희, 「역사교육에서의 '인물-주제학습'과 그 적용: 초등학교 사례를 중심으로」 강원대학교 교육대학원 석사학위논문, 2010)도 참고 된다.

30) 송춘영, 앞의 책, 2001, p.262.

갈등 구조를 지닌 사건에서 인간의 본성을 확인할 수 있는 이야기, 구체적인 인물이 역경을 극복한 위대한 행위나 업적 또는 인간의 기초적인 감정에 호소하는 내러티브, 자신의 정체성을 확인할 수 있는 이야기에 흥미를 보인다고 한 근래의 연구에서도 확인된다.[31] 요컨대 역사적 인물 중심의 내러티브는 초등 학생들이 보다 가깝게 경험할 수 있는 문화적 도구로 아동들이 역사를 구체적인 인물의 행위와 사고가 담긴 이야기로 이해한다는 것을 의미한다고 하겠다.

더욱이 인물 중심의 주제 구성은 정치 · 경제 · 사회의 모든 영역을 시대와 사건에 상관없이 다룰 수 있어 내용 조직과 자료 활용의 측면에서도 유용하다. 무엇보다도 역사적 인물이라는 타자와의 다각적인 접촉을 통해 성장의 토대를 마련할 수 있어 중요한 교육적 의의를 지닌다. 교육의 본질은 학생의 성장에 있다. 아동의 학습경험이 재구성되는 동안 사고의 자극이 비롯되는 점을 고려하면[32] 학습 상황에서 직면한 이슈들을 해결하려는 교육적 과정은 성장을 담보해내는 필수적인 관건이 된다고 하겠다.

따라서 특정한 역사적 인물의 선택의 배경과 판단의 결과 그리고 그 영향을 아동들이 재구성하는 작업은 해당인물의 입장을 시대적 상황과 맥락적으로 연계시켜 사고함으로써 향후 학생들의 가치관과 태도를 형성하는 데 큰 영향을 미치게 될 것이다. 이러한 과정이 바로 경험의 재구성이고, 역사적 인물과 만나면서 맺어진 관계를 통해 발견한 배움은 지식 그 이상의 성장을 유인할 수 있을 것이다.

---

31) 강선주, 「5학년 역사 내용 구성 방안」, 『역사교육』 117, 2011, p.57.

32) 존 듀이, 이홍우 번역, 『민주주의와 교육』 교육과학사, 1996, pp. 219~240.

Ⅲ 역사 인물 프로젝트 단계 설정

본 장은 프로젝트 접근의 목표와 방법에 따라 초등학생의 인지적 특성을 고려하여 교육적 과정을 부각시키는 방향으로 설계되었다. 특히 역사학의 학문적 특성에 따라 객관적이고 실증적인 역사적 사료 및 사실을 토대로 역사적 인물과의 다면적 만남을 매개로 학습이 이루어진다는 점에서 여타 교과의 프로젝트 학습과 구분되며 역사적 사실에 대한 이해를 추구하는 인물 교재 역사 수업과 차별화되는 점이라고 하겠다.

〈표 1〉 **역사 인물 프로젝트와 프로젝트 접근법 및 인물 교재 수업의 관계**

프로젝트 접근법	인물 교재 역사 수업		역사 인물 프로젝트
전인적 성장	인물 및 역사적 사실에 대한 이해		역사적 인물과의 만남을 통한 성장
학습자의 흥미와 삶	역사적 인물과 시대, 사건, 현상 등		역사적 인물과의 만남을 유발하는 질문
주제를 중심으로 교사와 학생이 함께 내용을 만들어나감	인물에 영향을 미친 시대 배경, 인물의 행위와 관련된 내용	⇨	인물의 삶과 생각을 추적하는 과정에서 필요한 역사적 내용
자기주도적 학습, 외부와의 상호작용, 지식의 구성	대상에 대한 친근감, 추체험과 감정이입, 객관적 · 다면적 인물 이해		역사를 통해 개인의 삶과 모습에 반추할 수 있는 의미를 얻음

역사 인물 프로젝트 구성 방향은 다음과 같이 설정하였다.[33] 첫째, 교사의 교육적 지향점과 학습자의 성장의 방향에 맞춘 인물을 선정한다. 둘째, 학생의 특성과 수준에 따라 내용의 양과 범위, 활동 방법, 자료의 투입 정도, 교사의 차시별 안내, 수업 기간 등을 유연하게 조정한다. 셋째, 국가 교육과정 성취기준을 포함하고 학교 교육과정과 큰 괴리가 없도록 한다. 넷째, 학생들에게 교사 및 동료와 협력하고, 자신의 견해와 판단을 표현하는 기회를 제공한다. 다섯째, 역사적 인물과의 만남이 자신의 삶에 주는 교훈과 의미를 반추하도록 한다.

이러한 점들을 고려하면서 역사 인물 프로젝트의 틀과 과정을 개발하였다. 그리고 교육 목표에 대한 인식과 해당인물에 대한 교사의 사전 이해를 점검하였다.[34] 특히 레지오 에밀리아 접근법[35]의 진행 단계와 몇몇 현장 연구 사례를[36] 검토한 후 인물의 주제적 접근의 요소와 특성을 반영하여 역사 인물 프

33) 프로젝트 적용에 있어 한계 요인으로 언급한 부분의 보완을 위한 점도 포함시켰다.

34) 교사의 교육적 의도와 수업 목적에 따른 치밀한 사전 설계와 준비가 매우 강조된다. 왜냐하면 앞서 언급했듯이 역사 인물 프로젝트 학습이 교실수업 활동으로 구현되는 데 있어 걸림돌로 작용하는 것은 교사자질의 문제라고 판단된다. 따라서 본 연구자는 교사의 프로젝트 학습 설계 및 준비과정에 보다 많은 비중을 두고 접근하려고 한다.

35) 레지오 에밀리아 접근법은 능동적인 지식 구성을 강조하는 프로젝트 방법으로 한국의 초등학교에서 기존 프로젝트 접근법의 부족한 점을 보완해줄 수 있는 대안으로 제시되었다. 주제에 대한 폭넓은 활동 경험보다는 이해의 깊이를 심화시키는 학습에 초점을 두며 교사·동료와의 긴밀한 상호작용을 통한 협력, 표상활동을 통한 삶과 학습의 통합을 중시한다는 점에서 역사 인물 프로젝트가 추구하는 학습 방향과 부합한다. 레지오 에밀리아 접근법의 단계별 내용과 방법에 관해서는 다음의 글이 참고 된다(유승희·성용구, 앞의 책, 2007).

36) 본 연구에서 참고한 역사 인물 프로젝트 실행 연구 사례로는 다음을 들 수 있다.
송인주, 「미국 초등학교 사회과 교실수업의 프로젝트 수행과정과 교육적 함의」, 『사회과교육』 48(2), 2009. 장순화·송인주, 「한국전쟁 프로젝트와 역사교실 수업」, 『역사교육논집』 45, 2010. 송인주, 「이순신 프로젝트와 역사교실 수업」, 『역사교육논집』 46, 2011.
이 가운데 이순신 프로젝트는 역사적 인물을 주제로 한 프로젝트라는 점에서 주목된다. 역사적 인물과의 소통을 어떻게 만들어 가야하는지, 여러 장르의 매체와 자료를 어떻게 활용할 수 있는지, 역사적 인물에 대한 이해를 개인의 삶에 내면화 시키고 그것을 어떻게 표현하도록 할 것인지에 대한 가이드라인을 제시하고 있기 때문이다.

로젝트 학습의 틀과 단계별 과정을 구축하였다. 그래서 학습의 전체 과정을 1단계(준비)−2단계(전개)−3단계(표현/발표)−4단계(마무리)의 4단계로 구성하였다. 준비 단계를 학습 과정의 한 단계로 강조한 이유는 역사 인물 프로젝트 학습이 교사의 단계별 수업 설계와 전략에 따라 성패가 좌우되기 때문이다.[37] 각 단계별 내용과 방법을 제시하면 다음과 같다.

1. 준비 단계

수업을 설계하고 자료를 준비하는 단계에서 교사는 학생들이 추구할 성장과 변화의 방향을 명확히 한다. 그리고 국가 교육과정 성취기준 분석에 입각하여 인물을 선정하고 주제망을 작성한다. 이때 해당 인물이 학습자의 흥미와 관심을 촉발할 만한지, 자료가 풍부한지, 주변 인물과 집단·시대적 배경을 관련지어 다룰 수 있는지 하는 점을 고려해야 한다.[38] 차시별 주제는 역사 인물 프로젝트의 목적과 방향, 탑재할 내용을 순환적 관계에 따라 담아내는 한편 수업의 목적과 인물에 관한 교육적 가치의 준거를 명백히 한 다음 이를 학생의 수준에 알맞은 주제 문장으로 표현하였다. 주제망은 학생들이 수행하는 마인드맵을 통해 나타내며 이를 차시별 수업 시수에 반영하여 개별 차시마다 목표, 내용, 자료, 방법을 편성하였다. 〈표 2〉는 준비 단계를 나타낸 것이다.

37) 송인주, 「예비 초등 교사들의 역사 프로젝트 구성상의 문제점과 과제」, 『역사교육논집』 67, 2018, p.6.

38) 송춘영, 앞의 책, 2001, p.268, p.289.

〈표 2〉 준비 단계

단계	내용
수업 목적 설정	수업을 통해 추구할 성장과 변화의 방향 설정
교육과정 분석	국가 교육과정의 성취기준과 성취기준에서 제시된 인물 파악
인물 선정	수업 목적의 달성에 부합하는 인물 선정
주제 선정	수업 목적과 교육과정 분석 결과를 포괄하고, 학생의 흥미, 관심, 필요, 삶에서 발현될 수 있는 주제의 선정
교사 주제망 작성	내용을 논리적 · 체계적으로 구성
세부 계획 작성	수업 시수 결정 및 차시별 계획 소집단 구성 방식 결정 프로젝트 목적 · 목표 등 프로젝트 소개 준비 인물을 이슈화 시킬 전략 준비
자원 준비 및 환경 구성	자료 제작 및 자원 준비 주제에 친숙해지고 동기를 유발하기 위해 관련 자료로 환경 구성

다음으로 교사는 인물의 쟁점화를 위한 전략과 그에 관한 개관 및 자원을 준비해야 한다. 특히 학생들의 관심을 이끌어낼 수 있도록 인물을 이슈화 시키는 한편 의도적인 질문을 통해 주제를 부각한다. 다만 동기 유발을 위한 자료는 역사적 객관성을 지니지 못한다면 이후 학습에서 편견과 오해를 초래할 수 있어 반드시 역사적 사실을 중심으로 한 접근이 되어야 한다.[39] 또한 교사는 프로젝트의 목적과 성취 기준에 대한 가이드라인을 제시하여 학생들에게 활동 초점과 평가 준거를 안내해야 한다.

뿐만 아니라 각 차시에 활용될 수업 자료를 학생 수준에 맞추어 구성하는 것이 요청된다. 이 점은 대부분의 학생들이 가장 많이 활용하는 자료는 교사에 의해 추천 또는 제공된 자료라는 점에서[40] 확인된다. 자료는[41] 교과서를 분석

39) 송인주, 앞의 논문, 2018, p.16.

40) 역사교실수업의 목적에 따른 자료 수집과 활용의 경험이 많지 않은 우리나라 초등학생들의 상황에 교사가 적합한 자료를 안내하는 것이 매우 효과적이며 필요한 점이라는 것을 시사해

하여 주제 활동에 적합한 연표와 역사지도, 영상물, 초상화 등을 추출하여 그 출처의 신빙성과 연관성을 검토하였다. 확정된 자료는 자료명 · 출처 · 시대 · 작자 · 내용 · 특징 등을 명기해서 카드 형태로 제작한 후 학생들에게 제시하였다. 마지막으로 학생들에게 제공할 질문지를 제작한다. 질문지는 학생들이 자료를 읽는 목적과 초점을 분명히 인지하도록 하여 어떤 정보가 필요하고 적절한지 판단할 수 있는 기준을 삼고 자료를 통해 만난 정보로부터 확산적 사고를 빚어내는 텍스트인 셈이다.[42)]

2. 전개 단계

전개 1단계에서 교사는 브레인스토밍, K-W-L 차트 등을 활용하여 학생들의 사전 지식을 파악하는 활동을 한다. 이는 학생들의 학습이 사전 지식과 연결되지 않을 때 거의 배우는 것이 없다는 점 때문이다.[43)] 또한 파악한 결과를 교사가 준비한 주제망, 세부 계획과 비교하여 내용 · 방법 · 자료 수준을 학생들의 성향에 맞추어 조정해야 한다. 그리고 다양한 형태의 자료와 학생들의 사전 지식을 활용하여 인물에 관해 이슈화 시키는 작업을 통해 학생들의 관심과 동기를 유발한다. 나아가 역사 프로젝트 전반에 대한 개관을 통해 학습하는 것이

주는 사례 연구라고 하겠다(송인주, 앞의 논문, 2009).

41) 자료 준비 과정은 송춘영 앞의 연구를 참고하였다.

42) 이러한 과정을 거쳐 준비된 자료는 실제 수업에 투입하여 그 효과와 적절성을 검증해야 한다. 수업 과정에서 문제점이 발견되면 자료를 수정, 보완하여 투입하고, 효과가 검증된 자료는 대상 인물, 자료의 성격 및 유형, 수준 등의 기준에 따라 분류하고 자료의 구체적인 활용 방법과 해설을 기록할 필요가 있다.

43) Gardner, H. *The unschooled mind: How children think and how schools should teach.* New York: Basic Books, 1991.
Caine, R. N., & Caine, G. *Making connections: Teaching and the human brain.* New York: Addison-Wesley, 1994.

무엇인지, 그것이 왜 중요한지에 대해 학생들이 이해할 수 있도록 해야 한다. 덧붙여 학생들에게 프로젝트의 목표가 무엇인지, 수행해야 하는 과정은 어떤 형태로 이루어지는지, 발표의 방식과 청중의 여부는 어떠한지에 관해 안내를 한다. 교사의 이러한 자세는 역사 인물 프로젝트라는 주제가 하나의 유의미한 교육적 과정으로 인식되려면 학습자에게 자신이 교육받고 있다는 데 대한 최소한의 의식이 반드시 필요하기 때문이다.

〈표 3〉 **전개 1단계 과정**

단계	내용
사전 지식 파악	인물에 대한 학생의 사전 지식을 파악하여 반영
인물 이슈화	역사적 인물 도입
주제 발현하기	교사-학생 상호작용을 통해 프로젝트 주제 발현
프로젝트 소개하기	프로젝트의 목적과 목표에 관한 교사의 소개

전개 2단계는 주제 조사에 필요한 학생 중심의 다양한 활동과 그에 대한 기록이다. 각 차시에서는 대주제로의 접근을 위한 하위 주제들이 수업 목표로 설정되며 각각의 과제는 차시별 수업 목표의 달성을 위한 활동으로 이루어진다. 더욱이 교사는 인물을 둘러싼 역사적 상황에 대한 자료 제시에 앞서 해당 자료의 목적과 활동의 의미를 설명한다. 이는 학생의 활동이 목적에 분명히 연결되어야 학습동기와 지적 성장이 발생하고, 교사와 학생들이 학습 목적에 대한 인식을 공유함으로써 활동이 보다 의미 있는 것으로 파악될 수 있기 때문이다.[44)]

한편 학생들은 교과서와 다양한 유형의 자료를 통해 인물이 직면한 역사적 상황에 관해 인지하는 한편 수집한 자료에 토대하여 질문지를 작성한다. 이러한 자료 수집과 기록 과정은 매차시마다 진행된다. 이 같은 역사자료 읽기 과

44) 교육적 과정을 보여주는 실례인 셈이다(송인주, 앞의 논문, 2011).

정을 통해 학생들은 증거에 따른 해석을 경험하고 역사적 탐구력을 확장함으로써 인물을 바라보는 자신의 생각과 감정을 만들어내며 이를 언어로 표현하는 경험을 한다. 또한 학생 간, 학생-교사 간 중간 토론을 실시하여 각자의 활동 결과 및 견해를 공유하면서 상호 협력적인 사고와 이해를 심화시킨다. 이때 교사는 구체적인 질문을 통해 학생들의 이해를 심화하고 사고를 자극할 수 있어야하며, 반드시 역사적 근거가 되는 자료에 기초한 토론이 되도록 이끌어야 한다.[45)]

〈표 4〉 **전개 2단계 과정**

단계	내용
자료 수집	주제에 따라 인물에 관해 필요한 자료 수집 및 탐구 인물과 시대적 배경 등의 역사적 사실 이해
기록	수집한 정보를 바탕으로 질문에 대한 기록
중간 토론	토론을 통해 상호 협력적으로 사고 및 이해 심화

3. 표현/발표 단계

최종 토론은 학생들에게 프로젝트의 목적과 의미를 재확인시키며 전체 프로젝트 수행 과정에서 이끌어낸 지식과 경험을 스스로 구성하도록 한다. 그에 따른 활동 결과물은 학생들의 특성과 수준, 주제의 성격에 맞게 다양한 방식으로 제작될 수 있다. 무엇보다 주제에 관한 학생들의 견해를 근거와 더불어 드러낼 수 있어야 하며 자신들의 언어와 목소리를 담아내는 경험을 하도록 한다.

45) 송인주, 앞의 논문, 2018, p.10.

〈표 5〉 **표현/발표 단계 과정**

단계	내용
최종 토론	활동 결과 종합 및 주제에 관한 견해 공유
활동 결과물 제작	주제에 관한 최종적 견해를 정리하여 결과물 제작
활동 결과물 발표	효과적인 방식으로 발표하여 학급 전체와 공유

4. 마무리 단계

수업 전반에 관한 반성과 평가 단계에서는 출발 당시 교사가 제시한 활동 초점과 평가 기준 그리고 학생들이 작성한 질문 목록 등에 입각하여 학습의 모든 과정을 학생들이 의식하며 목적과 주제에 근접하였는지, 수행 과정에서 문제점은 없었는지를 회고한다. 또한 교사는 전체 과정과 활동 결과물에 대한 피드백을 제공한다. 평가의 기준을 확인한 다음 교사 또는 동료 및 자기 평가가 진행되는데 학습 과정에서 보인 관심과 흥미, 태도, 어려웠던 점 등을 기술하도록 하여 성취에 대한 객관적 지표보다는 반성적 사고를 경험하는 데 의의를 둔다. 평가 후에는 역사 인물 프로젝트 학습 전체에 대한 소감 및 제안을 발표하며 프로젝트를 최종적으로 마무리한다.

〈표 6〉 **마무리 단계 과정**

단계	내용
프로젝트 반성	프로젝트 수행 과정에서 나타난 문제점 반성 교사의 전체 과정 피드백
프로젝트 평가	교사 평가, 자기 평가, 동료 평가 등 평가 실시 프로젝트 학습 전체에 대한 소감 및 제안 발표

이상 거론된 역사 인물 프로젝트 학습의 단계와 과정을 종합적으로 나타내면 〈표 7〉과 같다.

〈표 7〉 **역사 인물 프로젝트의 틀과 단계별 과정**

단계	과정	내용
준비	수업 목적 설정	수업에서 추구할 성장·변화의 방향 설정
	교육과정 분석	국가 교육과정 성취기준 및 성취기준에서 제시하는 인물 파악
	인물 선정	수업 목적의 달성에 부합하는 인물 선정
	주제 선정	수업 목적과 교육과정 분석 결과를 포괄하고, 학생의 흥미·관심·필요·삶에서 발현될 수 있는 주제의 선정
	교사 주제망 작성	내용을 논리적·체계적으로 구성
	세부 계획 작성	수업 시수 결정 및 차시별 계획 소집단 구성 방식 결정 프로젝트 소개 준비 인물 이슈화 전략 준비
	자원 준비 및 환경 구성	자료 제작 및 자원 준비 프로젝트 주제 관련 자료로 환경 구성
전개1	사전 지식 파악	인물에 대한 학생의 사전 지식 파악
	인물 이슈화	역사적 인물 도입
	주제 발현하기	교사-학생 상호작용을 통해 주제 발현
	프로젝트 소개하기	프로젝트 목적·목표에 관한 교사의 소개
전개2	자료 수집	자료를 통한 인물에 대한 개괄적 이해 주제, 인물에 관한 정보 수집 인물이 살았던 역사적 상황 이해
	기록	수집한 정보를 바탕으로 활동 기록
	중간 토론	상호 협력적 사고 및 이해 심화

단계	과정	내용
표현/발표	최종 토론	활동 결과 종합 및 주제에 관한 토론
	활동 결과물 제작	주제에 관한 최종 결과물 제작
	활동 결과물 발표	활동 결과물을 학급 전체와 공유
마무리	프로젝트 반성	프로젝트 수행 과정의 문제점 반성 교사의 전체 과정에 대한 피드백
	프로젝트 평가	평가 기준 확인 및 평가 실시 프로젝트 학습 소감 및 제안 발표

Ⅳ 역사 인물 프로젝트 실행과 그 결과

1. 준비 단계

가. 수업 목적 설정과 교육과정 분석

교육의 관점에서 연구자가 지향하는 역사수업의 목적은 역사교과의 내용과 방법을 어떻게 구성하면 학생들이 삶 속에서 폭넓고 풍부한 경험을 할 수 있을까? 하는 것이다. 그래서 학교라는 공간에서 배운 역사를 활용할 수 있는 능력을 기르는 것은 매우 필요하다고 본다. 이를 위해 초등 단계에서 만나야하는 역사적 인물은 해당인물의 고난과 역경을 극복하는 과정을 추체험함으로써 이를 학습자의 삶에 다각도로 연동시켜 교육적 가치의 정당성을 확보할 수 있어야 한다고 판단된다.[46] 그렇다면 학생들이 수업을 통해 어떤 의미 있는 경험을 하는 것을 바라는가? 본 연구에 참여한 학생들은 자기 통제력이 부족하고 고난과 역경에 대한 역치가 상당히 낮아 작은 어려움에도 쉽게 무기력해지거나 짜증과 화를 내는 경향이 많다. 또한 타인에게 엄격하고 당장 자신의 욕구나 이익에 따라 움직이려는 경향이 강하다. 평소 부모와 소통하고 함께 보내는 시간이 많지 않은 생활환경도 학생들의 정서에 영향을 끼쳤을 것으로 보인다.

따라서 학생들에게는 더 큰 비전과 절제를 통해 삶을 승화시킨 인물과의 만남은 세상을 보는 또 다른 방식을 투사할 수 있다는 점에서 효과적이라고 보았다. 더욱이 역사적 인물을 대상으로 한 수업 활동은 근본적으로 다양한 형태의 생각을 파생시키는 디딤돌 역할을[47] 한다는 점에 유의하여, 학습 과정에서 학생들의 역사적 사고력이 확대 · 재생산될 수 있는 실험적 경로를 다각도로 모색하였다.

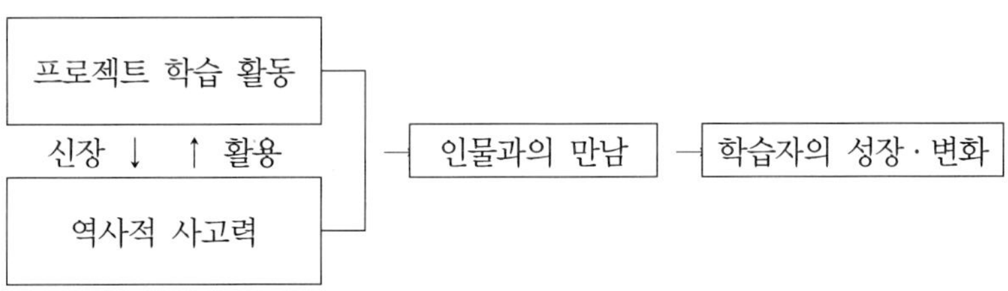

〈그림 1〉 **역사 인물 프로젝트 학습의 목적**

이러한 점에 착안하여 연구자는 학교 교육 여건에 따라 현행 국가 교육과정을 분석하였다. 2015 개정 사회과 교육과정에서는 '(4) 사회의 새로운 변화와 오늘날의 우리' 단원의 성취기준으로 다음의 내용을 제시하고 있다.[48]

---

46) 이런 점에서 다음의 논고가 주목된다. 강선주 「5학년 역사 내용 구성 방향」, 『역사교육』 117, 2011.

47) 최상훈, 「역사적 사고력의 하위범주와 역사학습목표의 설정방안」, 『역사교육』 73, 2000, p.8. 학교교육에서 역사적 사고력의 육성은 단계별로 필요한 수준을 설정하는 것이 필요하다고 하였다.

〈새로운 사회를 향한 움직임〉

> [6사04-01] 영 · 정조 시기의 개혁 정치와 서민 문화의 발달을 중심으로 조선 후기 사회와 문화의 변화 모습을 탐색한다.
> [6사04-02] 조선 사회의 모순을 극복하기 위해 개혁을 시도한 인물(정약용, 흥선 대원군, 김옥균과 전봉준 등)의 활동을 중심으로 사회 변화를 위한 옛 사람들의 노력을 탐색한다.

성취기준 가운데 역사 인물 프로젝트에 견줄 만한 내용은 영 · 정조시기를 중심으로 한 조선 후기의 개혁 정치를 이 시기의 사회적 상황과 연결 지어 학습할 수 있다. 또한 프로젝트에서 학습한 것을 당시의 문화와 주변 인물들로 확장하여 서민 문화의 발달 양상은 물론이고 정약용을 비롯한 사회 개혁자들에 대한 인식으로 증폭될 수 있다.

나. 인물 및 주제 선정, 교사 주제망 작성

수업의 목적과 국가 교육과정 성취기준을 유념하여 프로젝트의 인물을 선정할 때에는 인물의 특성과 수업 내용도 함께 고려해야 한다. 이를 위해 후술하듯이 인물 선정을 위한 기준을 결정하고 그에 가장 부합하는 인물을 채택하였다. 첫째, 고난과 역경의 성장 과정을 겪었으며 그러한 어려움에 학생들이 감정적으로 이입할 수 있는 인물. 둘째, 자신과 타인에 대한 바람직한 삶의 방향을 추구하기 위해 노력하였으며 그러한 점에서 역사적으로 긍정적인 평가를 받는 인물. 셋째, 인물의 삶이 학생들의 흥미와 관심을 유발할 만하고 학생 수준에서 이해 가능한 역사적 해석이 가능한 인물. 넷째, 관련 자료가 풍부하게 구축되어 있어 쉽게 접근할 수 있는 인물. 다섯째, 당시의 시대적 배경, 주변 인물과 집단을 관련지어 종합적으로 다룰 수 있는 인물 등의 요인이다. 이상의

48) 교육부, 『사회과 교육과정』, 교육부 고시 제2015-74호 [별책 7], 2015, p.42.

다섯 가지 조건과 함께 교사는 이 인물을 학생들이 왜 만나야하는지에 대해 생각해야 한다. 그것이 바로 역사 인물 프로젝트에서 추구하는 '인물과의 만남을 통한 성장과 변화'라는 교육의 핵심이기 때문이다. 따라서 본 연구에서는 정조(正祖)를 프로젝트의 중심인물로 선정하였다.

초등 『사회』교과서에는 정조의 업적을 중심으로 내용이 서술되어 있으나[49) 정조가 그러한 정치를 추진한 맥락을 이해하려면 그의 삶과 당시의 상황을 고려하지 않을 수 없다. 11세에 아버지 사도세자를 잃은 정조의 삶의 행보는 고난과 인내의 연속이었다. 정치 세력들의 끊임없는 위협과 죄인의 아들이라는 굴레에도 불구하고 왕위에 오른 정조는 혁신적인 정책들을 펼치면서 자신의 정치적 기반을 닦았다. 특히 백성들에 대한 관심과 배려를 통해 그들과 소통한 점이 확인된다. 군주의 신분으로 가장 낮은 위치에 있던 백성들의 마음을 헤아리고 공감하며 국가와 백성, 왕의 역할에 대하여 자신이 가진 가치관과 목표를 추구했던 정조의 자세는 오늘날 역사를 배우는 학생들에게도 많은 의미를 던져주고 있다.

유의할 점은 인물의 성품을 지나치게 위대한 것으로 부각시키지 않도록 해야 한다. 무엇보다 역사적 인물의 세계관(시국인식)과 삶에 대한 가치관, 태도에 초점을 두고 접근할 필요가 있다. 따라서 차시별 수업을 진행할 때 다루는 (하위)주제는 고난과 역경을 인내하며 자신의 입지를 지켜나간 정조의 추진력을 다각도로 조사하는 한편 그에 근거하여 학생들이 개인적 견해를 표출할 수 있는 것을 선정하였다. 그 결과 '정조라는 왕은 어떤 생각과 마음을 가진 인물

49) 교육부, 『사회 5-2 교사용 지도서』, (주)지학사, 2019, p.228. 교과서에는 정조와 관련하여 다음과 같이 서술되어 있다. "정조는 영조의 탕평책을 이어받아 인재를 고루 뽑아 정치를 안정시키려고 노력했다. 그리고 규장각을 설치하고 이곳에서 젊은 학자들에게 나랏일과 관련해 여러 학문을 연구하게 했다. 또한 백성이 좀 더 자유롭게 경제 활동을 할 수 있도록 제도를 고치는 등 사회 발전을 위해 노력했다. 정조는 새로운 과학 기술을 응용하여 수원 화성을 건설하고 상업의 중심지로 삼으려 했다. 또 국왕을 중심으로 정치를 운영해 나가고자 했다. 그러나 붕당 사리의 대립은 여전히 사라지지 않았다"

이었을까?'라는 주제어를 설정하였다. 다음으로 학습내용을 주제망으로 구성하고 하위 주제를 정했다.[50)]

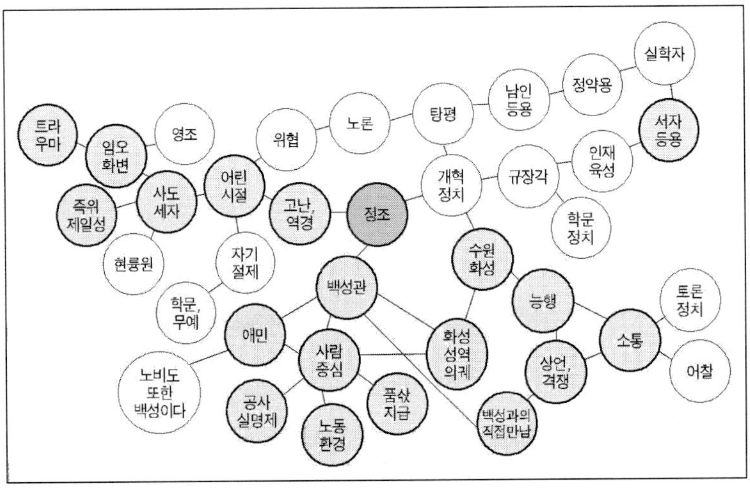

〈그림 2〉 **정조에 대한 주제망**

주제망을 통해 드러난 하위 주제는, 첫째, 정조가 어린 시절에 겪은 어려움을 알아보고 어린 정조의 마음 상상하기 둘째, 수원화성 축성에서 나타난 정조의 백성에 대한 마음 알아보기 셋째, 상언, 격쟁과 관련된 자료를 통해 정조의 생각 알아보기 넷째, 서얼 출신의 인재 등용과 관련된 자료를 통해 정조의 인재관 알아보기 등이다.

다. 세부 계획 작성

구체적인 차시별 전개 계획을 작성하기 위해서는 수업 시수와 차시 구성을 결정해야 한다. 각 단계에 따른 수업 시수를 결정하는 데는 다음의 표를 참고하였다.

50) 교사는 마인드맵을 통해 주제에서 파생되는 내용을 정리하고, 그 중 수업 목적과 학생 수준에 부합하는 내용을 선별하여 학습과 어떻게 연결시킬 것인지에 대한 아이디어를 구안해야 한다.

〈표 8〉 **연령에 따른 프로젝트 단계별 소요 시간**

단계	전개 1	전개 2	표현/발표
유치원	25%	50%	25%
3학년	20%	60%	20%
6학년	15%	70%	15%

〈표 8〉[51]에서 나타내듯이 일반적으로 본격적인 활동이 이루어지는 전개 2단계에 가장 많은 시간이 소요되고, 연령이 낮은 어린이일수록 연령이 높은 어린이에 비해 전개 1단계와 표현/발표 단계에 더 많은 시간을 필요로 한다. 본 연구는 초등학교 고학년(5~6학년) 학생들의 역사 수업인 까닭에 전개 1단계를 1차시, 전개 2단계를 2~6차시, 그 이후의 단계를 8~9차시로 구성하는 것이 적합하다고 판단하였다. 각 차시별 주제 및 학습활동 계획은 다음과 같다.

〈표 9〉 **1차시 교수 · 학습 세부 계획**

차시	학습 주제	학습활동
1	'정조'와 만나기	사전지식 펼치기 • 정조에 관한 어린이 만화 읽기 • K-W-L 분석차트로 '정조'에 대한 사전 지식 펼치기
		인물 이슈화하기 • 정조 시대 이후 정조에 대한 기록 자료 읽기 • 정조는 어떤 왕이었을지 상상하기
		주제 발현하기 '정조'라는 왕은 어떤 꿈을 가진 사람이었을까?
		프로젝트 목표 확인하기

51) 지옥정 譯, Sylvia C.Chard, 『프로젝트 접근법: 교사를 위한 실행 지침서』, 창지사, 1997. 이 책에서 제시하는 프로젝트 전개 1,2,3단계가 각각 본 연구에서 제시하는 전개1, 전개2, 표현/발표 단계와 유사하여 표는 본 연구에서 제시하는 단계로 표현하였다.

1차시 수업은 학생들이 정조를 만나서 그와 관련된 주제에 대하여 활동을 수행하는 것으로 출발하였다. 먼저 교사는 K-W-L 차트를 통해 '이미 알고 있는 것', '더 알아보고 싶은 것', '새롭게 알게 된 것'을 확인하였다. 이러한 접근은 준비단계에서 제시된 수업 계획과 자료를 점검 · 조정하고, 수업의 전개 과정에서도 학습 내용을 학생들의 사전 지식과 보다 밀접하게 관련지어 깊이 있는 이해를 도울 수 있다. 다만 본 연구의 경우 학생들이 지닌 사전 지식이 극히 미비하다는 사실을 이미 알고 있었기 때문에 정조의 출생에서 즉위까지의 이야기를 짧게 구성한 어린이 만화를 먼저 읽게 한 뒤, K-W-L 차트를 작성하도록 계획하였다. 사전지식 파악을 통해 인물에 대한 관심과 인지적 반응이 형성될 때, 교사는 인물 이슈화 전략의 일환으로 정조가 어떠한 평가를 받은 인물이었는가를 보여주었다. 학생들은 정조 이후 사람들이 그가 통치한 시대를 일컬어 '건릉성제(健陵盛際)'로 부른 사실의 기록[52]을 보며 정조는 어떤 왕이었을지 상상한다.

〈표 10〉 **2~3차시 교수 · 학습 세부 계획**

차시	학습 주제	학습활동
2	영 · 정조가 살았던 시대	시대와 개인의 관계 생각하기 • 내가 2000년대에 태어나 살아가고 있기에 가능한 일들에 대해 이야기 나누기
		영조가 통치하던 시대의 사회적 상황 알아보기 • 역사 신문으로 소집단별 자료 탐구 및 기록하기 • 조사 결과 발표하기
		당시에 살았던 사람들의 생각 상상하기 • 왕(영조), 백성, 어린 정조의 생각과 마음 상상하기

52) 안대회, 『정조 치세어록』, 푸르메, 2011, p.8.

차시	학습 주제	학습활동
3	정조의 성장과정	'임오화변' 관련 자료 탐구하기 • 『조선왕조실록』의 관련 자료 탐구하기 • 영화 '사도'의 일부 장면을 보고 기록하기 • 어린 정조가 겪었던 일, 감정에 대해 토론하기
		즉위 후 사도세자 사건에 관한 정조의 대응 탐구하기 • 내가 정조라면 왕이 된 후에 어떻게 했을까? • 즉위 후 정조는 사도세자 사건에 관하여 어떤 입장을 보였는지 역사적 기록을 통해 알아보기
		정조의 마음과 만나기 • 정조는 어린 시절의 어려움을 어떤 생각과 마음으로 대하며 성장했을지 상상 및 토론하기

2~3차시 수업에서는 정조의 대민정책이 어떠한 시대적 동향과 개인적 배경으로부터 비롯된 것인지를 탐구하기 위해 영조 시대의 사회적 상황과 정조가 어린 시절 겪은 아버지 사도세자의 죽음을 다룬다. 2차시 수업에서는 역사에서 인간 삶의 모습이 시대적 상황과 흐름에 따라 달라짐을 인식하기 위해 학생 자신이 2000년대에 태어나 살아가기 때문에 가능한 일들에 대해 떠올려본다. 이를 통해 정조의 정책과 가치관 역시 당시 사회의 여러 상황들에 영향을 받으며 형성되었음을 이해할 수 있다.

이때 교사는 영조 시대의 사회 상황을 이해하도록 신문 기사 형식으로 가공된 자료를 학생들에게 제공한다. 읽기와 쓰기 기능, 이해력, 학습 태도를 바탕으로 교사에 의해 구성된 소집단별로 각기 다른 자료가 제시되며, 학생들은 협력을 통해 탐구 및 기록 활동을 수행하여 신문 기사 내용에서 파악한 당시의 사회적 상황을 다른 소집단에게 설명한다. 또한 당시의 국왕 영조, 백성, 그리고 어린 정조의 입장에서 그들이 어떤 생각과 마음으로 생활하였을지 상상해본다. 이는 나라의 정책이 사회와 백성들의 삶을 반영함과 동시에 이에 강력한 영향을 미치게 된다는 점을 인식하고, 정조가 가진 꿈의 정체에 대한 시대적 배경을 이해하기 위한 활동이다.

3차시에서는 정조가 어린 시절에 겪은 고난과 역경, 아버지 사도세자의 죽음에 대한 내용을 다루며 어린 정조의 감정에 몰입하도록 한다. 먼저 『정조실록』 가운데 임오화변 기록에 주목하여 당시의 정황과 어린 정조의 모습을 확인하는 한편 영화 '사도'에서 연출한 관련 장면을 보여준다.[53] 학생들은 어린 정조가 겪었던 상처와 감정에 대해 자신들의 생각을 표현하며 그 사건이 인물에게 어느 정도의 영향을 미쳤을지 구체적으로 인지하게 된다. 그리고 정조가 즉위 후 사도세자 관련 사건을 대응하는 방식에 관한 자료와 연산군과 대비되는 정조에 대한 후대의 평가를 고려하여 정조가 자신이 겪은 고난과 역경에 대해 어떤 생각과 태도를 지니며 성장하였을지 토론한다.

〈표 11〉 **4~6차시 교수 · 학습 세부 계획**

차시	학습 주제	학습활동
4	왕이 된 정조, 백성을 대하는 마음(배려)	수원화성 알아보기 • 수원화성에 대한 기본 정보 탐색하기 • 『화성성역의궤』의 의미 알아보기
		수원화성과 관련된 기록 탐구하기 • 수원화성 공사 과정에서 나타난 백성에 대한 정조의 마음 탐구하기
5	왕이 된 정조, 백성을 대하는 마음(소통)	정조의 '화성행차' 관련 자료 보기 • 왕의 능행이 백성들에게 주는 의미 생각해보기
		백성과의 소통 관련 기록 탐구하기 • 정조가 백성들과 직접 소통한 기록에서 나타난 백성에 대한 정조의 마음 탐구하기

53) 동일한 상황에 대하여 역사영화를 시청하기에 앞서 관련 사료를 먼저 읽도록 한 것은, 픽션으로써 역사영화가 가지는 제약을 상쇄하려는데 따른 것이다.

차시	학습 주제	학습활동
6	왕이 된 정조, 백성을 대하는 마음	서얼 등용 관련 기록 탐구하기 • 서얼과 관련하여 정조가 실시한 정책을 통해 인재에 대한 정조의 생각과 마음 탐구하기
		정조의 정책이 미친 역사적 영향 탐구하기 • 정조의 고른 인재 등용 정책을 통해 얻은 조선의 인재들과 그 인물들이 역사에 미친 영향 탐구하기

4~6차시는 정조의 즉위 후 백성과 관련된 행적을 통해 인물이 '왕'으로서 어떤 태도와 가치관을 지니고 있었는지를 탐구하는 과정이다. 정조가 실시한 여러 개혁 정책 중에서 프로젝트의 목적과 방향에 부합하는 것으로 '수원화성 건설'과 '서얼 등용'을 선정하였다. 먼저 4~5차시는 수원화성의 공사 과정과 화성 능행 관련 기록에서 드러난 정조의 백성을 바라보는 시각을 탐구하는 부분이다. 『정조실록』과 『화성성역의궤』에는 수원화성의 축성과 공사 진행 과정에서 노역에 동원된 백성들을 배려한 정조의 마음이 풍부하게 나타난다.[54]

또한 정조는 조선시대 국왕 중 가장 많은 능행을 했던 인물이었다. 그는 능행을 통하여 직접적으로 대민접촉을 시도하였으며 백성들이 자신에게 접근하는 것을 개방하여 그들의 민원을 청취하고 해결하였다.[55] 정조대의 상언과 격쟁 활성화 경향 역시 백성과 적극적으로 소통하려한 정조의 자세를 읽을 수 있다. 6차시는 당파나 신분보다는 능력을 중시하여 서얼 등용을 통해 인재를 선발하려고 했던 정조의 인재관을 탐구한다.

54) 박현모, 『정조평전』, 민음사, 2018, pp.243~248.

55) 조영주, 「華城陵幸圖와 정조의 대민정책」, 숙명여자대학교 대학원 석사학위논문, 2005.

〈표 12〉 7~9차시 교수·학습 세부 계획

차시	학습 주제	학습활동
7	주제에 대한 생각 표현하기	최종 토론하기 • 정조에 관하여 학습한 내용 브레인스토밍하기 • 주제에 관한 최종 토론하기
		최종 보고서 작성하기 • 정조와 나의 삶을 연결 지어 의미 생성하고 주제에 대한 최종 견해를 글로 작성하기
8	최종 보고서 발표하기	학급 전체 공유하기 • 보고서를 교환하여 읽고 반응 및 동료 평가하기 • 학급 친구들을 대상으로 보고서 발표하기
		보고서 내용과 발표에 대한 교사의 피드백 제공하기
9	프로젝트 마무리	전시 준비하기 • 제목, 자료의 출처, 관련 삽화 등을 추가하여 전시용 자료로 만들기
		소감 나누기 및 평가 • 프로젝트를 한 소감 나누기 • 교사의 프로젝트 총평 및 프로젝트 끝내기

7차시에서는 1~6차시의 학습을 되돌아보고 주제에 관한 학급 전체 토론을 통해 프로젝트 학습을 거치며 확보한 개인적 견해를 정리해서 공유하고 최종 보고서를 작성하는 활동이 이루어진다. 교사는 학생과 함께 토론에 참여하여 중요한 사항에 대하여 토론이 활성화될 수 있도록 질문을 제시하고, 새롭게 제기되는 의문점이나 이해가 부족한 부분에 대하여 추가적인 설명을 제공한다. 8차시 수업에서는 모든 결과물을 학급 전체가 나누면서 서로의 결과를 비교·대조하며 평가를 진행한다. 마지막 9차시에서는 제작한 보고서를 전시물 형태로 편집하여 학년 전체를 대상으로 한 프레젠테이션 준비를 한 이후 개인별 소감과 더불어 교사의 진행 전반에 대한 총평을 듣도록 한다.

라. 자원 준비 및 환경 구성

교사는 이미 인물 선정 단계에서부터 프로젝트에 투입할 자료를 수집하고, 자료의 구성과 활용 방안을 모색하였다. 교과서 분석 결과 정조에 대한 내용이 매우 부족하여 활동에 요청되는 자료가 필요하다고 생각했다. 정조 관련 자료는 매우 방대하여 부분적으로『정조실록』가운데 수업활동에 직접적인 1차 사료를 추출하였고 전문 역사가에 의해 서술된『정조평전』과 각종 역사서에서 필요한 내용을 발췌하였다.[56] 본 역사 인물 프로젝트 학습에서 활용한 자료는 다음과 같다.[57]

- 정조의 탄생에서 즉위까지의 서사에 대한 어린이 만화[58]
- 정조의 생애를 그린 연표
- 건릉성제(健陵盛際)와 정조의 영릉(英陵) 전배 자료[59]
- 영조 시대의 사회적 상황과 관련된 역사 신문 자료[60]
- 임오화변 관련 기록 및 영상[61] 자료
- 정조의 즉위 윤음에 관련된 자료
- 수원화성의 기본 정보에 관한 그림[62], 영상[63] 자료
- 수원화성 공사 기록 중 백성들에 대한 정조의 태도 관련 기록 자료
- 화성 능행 관련 그림[64], 영상[65] 자료

56) 인물 이해와 자료 준비를 위해 참조한 것은 다음과 같다.『63인의 역사학자가 쓴 한국사인물열전 2』돌베개, 2003. 김윤중,『정조의 조선』말글빛냄, 2015. 박현모,『정조평전』민음사, 2018. 안대회,『정조 치세어록』푸르메, 2011. 정창권,『정조처럼 소통하라』사우, 2018.

57) 이후 수업 전개 과정에서 6차시 수업 내용이 변경되어 해당 자료는 목록에서 제외하였다.

58) 최재훈,『Who?한국사 정조』㈜스튜디오 다산, 2016, pp.62~81.

59) 기록 자료의 상세 내용 및 출처는 이후 내용에서 따로 기술하였다.

60) 역사신문편찬위원회,『역사신문4 (조선후기(1608~1876))』사계절, 1996. 정조의 정책과 관련이 깊은 내용을 발췌하여 학생 수준에 맞는 어휘로 수정하였다.

61) 이준익, 영화 사도, 2014.

62)『화성성역의궤』「화성전도」, 국립중앙박물관.

63)『세계 속에 빛나는 수원화성』, 수원문화재단, 2014.

64)『화성능행도』「시흥환어행렬도」, 국립중앙박물관.

65) 의궤 8일간의 축제, KBS 한국방송, 디에스미디어, 2015.

- 능행 횟수, 상언 · 격쟁, 정조의 백성들과의 직접 소통 관련 기록 자료[66]

덧붙여 학생들 스스로 인물에 대한 지식과 정보를 자유롭게 탐색하며 사전 지식과 주제에 대한 관심과 흥미를 가질 수 있도록 교실 내에 정조와 관련된 어린이 도서와 자료를 비치하는 등의 환경을 조성하였다.

2. 전개 1단계

가. 사전 지식 파악

인물 탐구에 앞서 조선시대의 신분 구조에 관해 학생들의 사전 지식이 어느 정도 형성되어 있는지를 확인하려고 '조선시대 왕과 백성에 관하여 알고 있는 사실은 무엇인가?'라는 질문을 던졌다. 이는 왕이라는 특수한 지위를 가졌던 정조와 당시 일반 백성들의 삶 및 관계를 신분 구조라는 사회적 배경의 바탕 안에서 이해해야 되기 때문이다. 질문에 대한 학생들의 대답은 대체로 '왕은 무엇이든 할 수 있고 풍족한 삶을 살았지만, 백성들은 일을 많이 하고 억울하게 매를 맞기도 하며 어려운 삶을 살았다'는 식의 내용이었으며, 대개 드라마나 영화에서 드러난 조선시대와 사람들의 모습을 떠올리며 신분 구조에 따른 생활의 차이를 대략적으로 인식하고 있었다. 교사는 학생들의 대답에 덧붙여 왕과 백성이라는 신분에 의한 사회적 역할 차이와 그 중요성에 대해 보충 설명을 하였다.

학생들의 사전 지식이 매우 미비하였기 때문에 프로젝트 시작 약 1~2주 전부터 정조와 관련된 그림, 도서 등의 인쇄 자료를 교실에 비치하여 생활 속에

66) 이태진, 「정조」, 『한국사시민강좌』 13, 일조각, 1993.

서 자연스럽게 접할 수 있도록 하였다. 그래서 정조의 출생에서부터 즉위에 이르기까지의 과정을 축약하여 만화로 나타낸 어린이용 학습 만화의 일부분을 제공하여 인물에 대한 기본 정보를 개관하도록 하였다. 학생들은 만화에서 나오는 대리청정, 노론과 같은 역사적 용어의 뜻을 정확하게 이해하지 못하였으나 읽은 내용에 관해 '영조가 정조에게 힘을 실어주기 위해 나랏일을 맡겼다', '정조의 즉위를 반대한 세력이 있었고 정조는 자신을 보호하기 위해 열심히 학문과 무예를 익혔다'고 구술하며 역사적 상황을 자기 수준의 언어로 인지하였다. 인물 자료에 의한 환경 구성과 만화 읽기를 통해 형성된 사전 지식을 바탕으로 K-W-L 차트를 작성하였는데 그 내용은 다음과 같다.

〈표 13〉 **K–'이미 알고 있는 것'**

- 영조의 손자, 사도세자의 아들, 죄인의 아들, 어릴 때 아빠가 돌아가심
- 왕이다, 영조의 다음 왕이다, 조선 22대 왕이다
- 이름은 이산이다
- 술과 담배를 즐김
- 활쏘기를 잘함, 재능이 뛰어남
- 규장각을 만들었다, 수원화성을 건설하였다, 개혁군주

학생들이 기술한 내용을 살펴보면 정조의 탄생과 죽음, 이름, 가족 관계, 성격, 특징 등 인물의 개인적 특성에 관한 내용이 가장 많았다. 특히 '정조가 사도세자의 아들이며, 할아버지 영조에 의해 아버지 사도세자가 죽게 되었다'는 사실을 기억하고 있음을 알 수 있다.

〈표 14〉 W-'더 알아보고 싶은 것'

- 정조의 아들, 어머니, 아내는 누구인가?
- 정조의 성격, 특징, 술과 담배를 즐긴 이유
- 정조, 이산, 사도세자 이름의 뜻
- 정조는 언제 탄생했는가?
- 정조는 언제 사망했는가? 어떻게 사망했는가?
- 정조가 한 노력, 한 일(업적)
- 노론, 소론은 무엇일까?
- 영조나 신하 등 아버지를 죽게 한 사람들에게 복수를 했는가?
- 사도세자는 왜 죽었을까?
- 정조는 어떻게 왕이 잘 될 수 있었는가?
- 개혁 군주란 무엇인가?
- 정조 다음의 왕은 누구인가?
- 정조는 백성들을 어떻게 생각하였는가?
- 정조가 역사에 남은 이유는 무엇인가?
- 사도세자는 죄인인데 정조는 아버지를 왜 미워하지 않는가?

또한 '더 알아보고 싶은 것'에서는 정조의 가족 관계에 대한 내용이 두드러졌는데, 위의 두 항목에서 이러한 특징이 나타난 것은 학생들이 인물을 이해하려고 할 때 자신이 잘 알고 있고, 공감대를 느낄 수 있는 측면을 중심으로 대상을 인식하고, 호기심을 가진다는 것을 보여준다. 또한 정조가 왕이 된 이후의 행보에 관한 질문들도 많았다. 사도세자의 죽음이 영조나 정치 세력과 연관되어 있다는 사실을 알고 있는 학생들은 과연 정조가 복수를 하였는지에 대해 궁금증을 가지는 경우가 많았고, 정조의 업적과 개혁, 그리고 백성들에 대한 생각과 왕으로서 한 노력, 역사에 남은 이유 등 국왕 정조의 면모에 대한 질문 역시 많은 학생들에 의해 기술되었다. 이러한 질문들은 본 프로젝트 학습의 (하위)주제와 연계되어 다룰 내용을 그대로 내포하고 있다는 점에서 눈길을 끈다.

〈표 15〉 L-'새롭게 알게 된 것'

• 대리청정 • 죄인의 아들이지만 왕이 되었다. • 정조를 위협하는 세력이 있었다. • 정조는 자신을 보호해야 했다. • 이산은 효장세자의 양자로 올려졌다. • 정조는 누군가에게 지지 않을 무예와 학문, 지능을 가지고자 노력했다. • 자신의 실력을 숨기기 위해 일부러 화살 한 발을 비껴가게 쏘았다.

어린이 만화를 읽고 난 뒤 작성한 '새롭게 알게 된 것' 항목에서는 특히 사도세자 사건으로 인하여 정조가 어린 시절에 위협을 많이 받았으며, 이로부터 자신을 보호하고자 철저한 자기 관리를 위해 노력했다는 사실에 대한 기술이 많았다. 정조에 대한 사전 지식이 거의 형성되어있지 않았던 일부 학생들은 만화를 읽은 후 정조에 관한 기본 정보(왕, 이름, 가족 관계 등)에 관해 새롭게 알게 되었다고 서술하였다. K-W-L 차트를 작성한 후에는 개인별로 적은 내용을 학급 전체와 공유하며 이야기를 나누는 시간을 가졌다. 이 과정에서 학생들은 이해되지 않은 어휘와 용어에 대해 교사에게 질문하였으며, 다른 학생이 질문한 내용에 대해 자신이 알고 있는 것을 바탕으로 답변하며 상호 협력적으로 사전 지식을 구체화하기도 하였다.

나. 인물 이슈화

정조라는 인물에 대한 이미지를 보다 강하게 부각시키고 프로젝트의 주제와 연결 짓기 위해 후대의 역사적 평가가 드러난 자료를 제시하였다.

> '정조 승하 후 후대 사람들은 그가 통치한 시대를 '건릉성제'로 부르며 조선 후기의 태평성대로 추억하였다.'[67]

교사와 학생은 상호 작용을 통해 문장의 뜻을 이해하고, 후대 사람들이 정조 통치시대를 '건릉성제'로 부른 까닭에 대해 토론하였다. 학생들은 자신이 생각하는 좋은 왕의 기준 또는 당시 사람들의 생각을 통해 정조에 대한 이미지를 형성해가기 시작하였다.

교사: 태평성대란 무엇일까요?

학생: 잘 모르겠어요.

교사: 어진, 그러니까 마음이 너그럽고 슬기로운 임금이 잘 다스려 나라가 안정되고 평안한 세상이나 시대를 말합니다. 그리고 '건릉'은 정조의 무덤을 가리키는 말입니다. 백성들은 정조가 다스렸던 시대를 '건릉성제'라고 부르며 조선 후기의 태평성대로 추억하였다고 했는데 그 이유는 무엇이었을까요?

학생1: 좋은 왕이었기 때문입니다.

교사: 좋은 왕이란 어떤 왕인가요?

학생2: 좋은 왕은 세금을 줄여주고 먹을 것을 풍족하게 주는 왕입니다.

학생3: 일을 덜 시키는 왕입니다.

---

67) 안대회, 앞의 책, 2011, p.8. 학생들의 이해를 위해 안대회의 책에 나온 문장을 인용하여 제시하였으나, 수업 준비 단계에서 사료를 통해 해당 내용을 직접 확인하려고 국사편찬위원회 한국사데이 터베이스를 활용하였다. 필자가 찾은 '건릉성제(健陵盛際)' 관련 기록은 다음과 같다(국역은 한국고전번역원의 내용을 인용하였다).

'아, 신이 일찍이 들으니, 규장각을 설치한 뜻은 옛날 정조 대왕의 융성한 시대에 정치와 교화가 사방으로 퍼져 국운이 밝고 문화가 빛나자 당세의 뛰어난 인재들을 뽑아 임금과 가까운 반열에 두고서 임금이 의견을 물을 것에 대비하고 임금을 이끌어 주게 한 것입니다.' (『승정원일기』 고종 20년 1월 3일 계미).

'예전 건릉(健陵)의 훌륭했던 시대로부터 아래위로 100여 년 사이에 아름다운 소문과 훌륭한 영예가 여기에서 벗어나지 않았고 여기에서 오고 가지 않은 것이 없었습니다.'(『승정원일기』 고종 22년 9월 9일 을유).

학생4: 신분을 없애주는 왕?

학생5: 백성들을 위한 편의 시설을 많이 만들어주는 왕입니다.

학생6: 궁궐에 사람들을 초대해서 즐겁게 해주는 왕입니다.

학생7: 양반이든 평민이든 차별하지 않고 평등하게 대하는 왕입니다.

학생8: 가난한 사람들에게 쌀을 한 포대씩 나누어주었을 것 같아요.

교사는 주제와의 연결을 위해 추가 자료를 투입하여 학생들이 보다 생각에 집중할 수 있도록 유도하였다. 투입한 자료는 정조가 1779년(정조 3년) 세종의 능인 '영릉(英陵)'을 전배하면서 "세종의 정치를 이어받아 실천하는 것이 자신의 책임"이라고 천명한 사실을 기록한 사료[68]를 학생 어휘 수준으로 재구성 한 것이다. 자료를 읽은 후 학생들은 세종대왕에 관해 자신들이 알고 있는 사실을 기초로 정조의 말에 담긴 그의 목표의식과 생각에 대해 추측하였는데, 그 내용은 대체로 '세종대왕처럼 나라를 위해 노력해야겠다.', '훌륭한 덕을 쌓아 아버지(사도세자)가 겪은 안 좋은 일을 뛰어넘어야겠다.'는 것이었다.

다. 주제 발현 및 프로젝트 소개

본 프로젝트의 목적은 역사적 인물의 행적을 다각도로 조사하여 여기서 이끌어낸 결과를 학생 개인의 삶과 태도에 반영하는 데 있다. 따라서 교사는 인간의 행위가 내면에 지닌 생각과 가치관에 의해 결정됨을 설명하며, 정조가 살아가며 보인 행적들 역시 그의 내면과 밀접한 관련이 있음을 강조하였고, 인물 이슈화 단계에서 확인했던 역사적 사실들을 토대로 학생들이 정조라는 인물이 지녔던 생각과 마음을 생각해보도록 끊임없이 유도하였다.[69]

---

68) 『정조실록』 권8, 정조 3년 8월 5일 병진.

69) 일부 학생들은 인물이슈화 단계에서 접한 자료와 무관하게 '아버지를 위한 복수'를 목표로 제기하였다.

〈표 16〉 학생들이 인물 이슈화 단계에서 작성한 정조의 생각 · 마음

• 백성들을 잘 보살펴주고 힘이 되어 줄 것이다. • 백성들에게 평등하며 베푸는 왕이 되겠다. • 백성을 중요시 여기고 소중하게 생각하는 왕이 되자. • 백성들의 힘이 되어 주고, 백성들이 행복했으면 좋겠다. • 세금을 줄이며 쌀을 나누어 주는 멋진 왕이 되고 싶다. • 백성들을 위해 최선을 다해 노력하고 모든 백성들에게 존경받는 왕.
• 세종대왕이 잘 다스려 놓은 나라를 더럽히지 않고 지키자. • 세종대왕처럼 백성을 소중히 여기고, 아끼고, 존중해주며 항상 내가 무엇을 하면 백성들이 더 편해질까? 라고 생각하자. • 세종대왕처럼 백성을 위해서 끝까지 포기하지 않고 백성들의 말을 귀 기울이면서 노력하자.
• 정조는 역사에서 좋은 왕으로 기록되어 자신의 아버지인 사도세자의 몫까지 훌륭하게 정치를 하고 싶었을 것이다.

학생들은 대부분 백성의 삶과 관련한 내용을 떠올렸다. 그러나 교사는 객관적 증거가 뒷받침되지 못한 역사적 상상이 지닌 불완전성을 느끼도록 의문을 제기하며 인지적 갈등 상황을 유발하였다. 이러한 교사의 지속적인 질문 과정을 통해 학생들은 정조가 역사적으로 긍정적인 평가를 받을 수 있었던 이유가 그가 지녔던 생각, 목표 의식의 실천에 의한 결과임을 인지하였고, 그 실체는 역사서에 나타나있지 않으므로 여러 가지 역사적 증거의 수집을 통해 획득한 근거를 토대로 상상 및 추론할 수 있음을 알게 되었다.

따라서 교사와 학생들은 정조가 지녔던 생각이나 목표를 '꿈'이라는 단어로 표현하고, '정조라는 왕은 어떤 꿈을 가진 사람이었을까?'라는 주제 문장을 확정하였다. 그리고 주제 접근을 위해 정조가 했던 말, 한 일에 대한 자료를 탐구하기로 결정하였다. 또한 교사는 프로젝트 학습을 통해 알게 된 인물의 삶이 '나'에게 주는 의미를 찾아보는 것이 본 학습의 이유라는 점을 설명하고, 주제

에 대한 개인별 견해를 보고서 형식으로 작성하여 최종적인 발표 및 전시를 위해 프로젝트의 목표를 소개하였다.

이처럼 전개 1단계에서는 주제 발현과 관련한 교사의 질문 능력이 매우 중요한 역할을 차지한다. 학생들로부터 자연스럽게 주제가 부각되도록 하려면 인물 이슈화 단계에서 제시한 자료를 통해 알게 된 사실과 학생들에게 생겨나기 시작한 흥미 및 관심으로부터 학생들의 사고가 점진적으로 주제를 향해 접근하도록 유도해야 한다. 이를 위한 상호작용 과정에서 학생들의 다양한 의견을 수용하면서도 교사가 기대하는 용어와 내용이 도출될 수 있도록 다양한 형태의 의도적 질문을 제공하는 것 또한 교사에게 요구되는 기능 중 하나이다.[70)]

3. 전개 2단계

2~6차시의 수업은 각 차시별 주제에 따라 자료를 탐구하고 활동 기록지를 작성하며 얻은 하위 주제에 대한 개인적 견해를 토론을 통해 공유하는 활동이 반복적으로 이루어졌다. 2차시에서는 영조 시대의 사회적 상황을 역사 신문을 통해 소집단별로 탐구하여 정조가 영향을 받은 시대적 배경을 이해하는 수업으로 진행되었다. 먼저 학생들은 자신이 2000년대에 태어나 살아가고 있기에 가능한 일들에 대해 교사와 함께 토론하며 시대적 상황과 개인의 삶은 서로 영향을 주고받음을 이해하였다. 따라서 인물의 행적을 탐구하기에 앞서 정조의 삶에 영향을 미쳤을 영조 시대의 사회적 상황을 알아보는 것을 수업의 목표로

70) 이에 연구자는 질문에 대한 자기반성을 통해 닫힌 형태로 질문하여 다양한 사고를 자극하지 못한 점, 학생들에게 사고할 시간을 충분히 주지 않은 점, 질문에 사용하는 교사의 언어적 표현이 한정적인 점 등이 원활한 주제 발현을 제약하는 원인이라는 것을 확인할 수 있었다. 따라서 교사는 수업에서 상황별로 활용될 수 있는 질문에 관한 기술을 함양해야 한다고 생각한다.

한다는 점을 인지하고, 소집단별로 탐구 활동을 실시하였다. 연구자는 4가지 사회적 상황에 대한 역사 신문 자료를 학생 수준에 맞게 재구성하고 교과서 내용을 첨가하여 질문지(활동 기록지)와 함께 제작하였으며, 각 소집단별로 한 가지 주제씩 자료를 제공하였다.[71] 4가지 주제는 다음과 같다.

- 붕당으로 인한 정치적 혼란과 영조의 탕평 정책
- 시대의 변화에 따른 법률 개선
- 민원 급증에 따른 신문고 재설치
- 서얼의 신분상승 요구

연구자는 처음 자료를 소집단 구성원과 함께 협력적으로 읽고 '누가, 무엇을, 어떻게, 왜'의 형식에 따라 내용을 정리한 뒤, 각 소집단에서 이해한 사회적 상황을 다른 학생들에게 설명하는 방식의 활동을 구상하였다. 그러나 예상한 것 이상으로 학생들이 신문 기사 읽기에 어려움을 보였으며, 육하원칙에 따라 기사 내용을 정리하더라도 정확하게 그것이 나타내는 사회적 상황의 내용을 포착하지 못함을 발견하게 되었다. 수업 종료 후 학생과의 대화를 통해 그 원인을 파악한 것에 따르면, 이와 같은 종류의 글을 읽은 경험이 부족하고, 신문 기사의 내용을 목적에 따라 정리하는 것이 어려웠으며, 내용을 대략적으로 이해하여 그것을 다른 사람들에게 설명할 방법을 모르는 데서 비롯된 것이었다. 목적적 글 읽기에 대한 경험과 기초 기능의 부족이 프로젝트 학습의 한계를 유발한 현상으로 드러난 것이다.

역사 인물 프로젝트에서 역사적 자료의 목적적 글 읽기 및 이해는 필연적으로 요구되는 기능이라는 점에서, 타 교과 및 일상 역사 수업을 통해 다양한 장르의 글 읽기, 낯선 용어가 사용된 글 읽기, 모르는 낱말의 뜻을 찾아가며 글

71) 대상 학급의 소집단은 3명씩 총 7개의 집단으로 구성되었다. 2차시 수업에 활용된 자료는 「부록」 참조.

읽기, 육하원칙에 따라 내용 정리하기, 글 읽는 목적에 따라 내용 파악하기, 내용 간추리기, 글 속에서 필요한 정보 찾기, 글 속에서 질문에 대한 답 찾기, 글 내용을 바탕으로 질문하기 및 토론하기, 읽은 내용을 다른 사람에게 설명하기 등의 기초 기능 습득을 위한 훈련이 이루어져야 한다고 본다. 더욱이 교사는 학생들의 목적적 글 읽기를 유도하기 위해 구체적인 질문 가이드라인을 제시하고, 글을 읽은 후 해야 할 활동에 대한 분명한 설명을 명시해야 한다.

따라서 교사는 본 학급의 학생들에게 이러한 기초 기능이 부족함을 확인하고 기사 내용에 대해 소집단별로 발표한 후 추가적인 설명을 제공하는 것으로 활동 방식을 변경하여 실시하였다. 학생들은 교사의 설명을 들으며 직면한 의문점에 대해 즉시 질문을 하였고, 교사 역시 학생들이 사회적 상황에 대해 보다 맥락적으로 이해할 수 있도록 메타질문을 하였다.

교사: 영조는 왜 탕평책을 실시했을까요?
학생1: 노론과 소론 때문에요.
학생2: 신하들이 서로 싸워서 갈등이 일어나기 때문에요.
학생3: 인재를 기르고 학문을 닦기 위한 서원을 정치적 싸움의 본거지로만 활용했기 때문이라고 기사에 나와 있어요.

교사: 상언과 격쟁에 대해 1학기에 배웠습니다. 영조 시대에 상언이나 격쟁과 같은 민원이 급증했다는 것은 무엇을 의미할까요?
학생1: 그만큼 백성들이 왕한테 할 말이 많다는 거예요.
학생2: 불만이 많다!
학생3: 백성들은 누군가가 내 마음을 좀 알아줬으면 좋겠다고 생각했을 거예요.

또한 이러한 사회적 상황에서 당시를 살았던 왕(영조), 백성, 어린 정조가 어떤 생각을 하였을지 인물들의 입장을 생각해보도록 하였다.

〈표 17〉 영조 시대 사람들의 생각

왕(영조)	이 상황을 어떻게 해결할까? 나라에 문제가 많으니 참 근심이다. 백성들이 바라는 정책은 무엇일까? 그동안 법을 고치지 않아 백성들이 받았을 피해를 생각하니 안타까운 마음이 든다.
백성	살기가 힘들다. 누가 좀 해결해주면 좋겠다. 왕이 우리를 위한 정치를 해 주었으면 좋겠다.
어린정조	내가 왕이 되면 백성들의 말을 잘 들어줘야겠다. 내가 왕이 된다면 살기 좋은 나라를 만들어야지! 내가 왕이 되면 이런 문제들을 해결해야겠구나.

3차시에서는 정조가 성장 과정에서 겪은 아버지 사도세자의 죽음과 그 사건에 대한 정조의 감정을 다루었다. 이는 인물이 겪은 고난과 역경이 얼마나 인물에게 큰 영향을 미쳤을지 이해함과 더불어 이러한 어려움을 인물이 어떤 마음가짐으로 극복 하였는지 알아보는 프로젝트의 핵심적인 단계이다. 본 수업에서는 『정조실록』과 영화 사도를 통해 이 문제를 탐구하였다. 교사는 자료를 제시하기에 앞서 자료가 지닌 의의와 자료를 보는 목적 및 활동 초점을 미리 설명하여 학생들의 학습이 반드시 목적과 연결되어 학습동기와 지적 성장을 촉진할 수 있도록 해야 한다.[72] 따라서 교사는 먼저 『정조실록』이 무엇인지 브리핑 한 후, 역사적 기록에 나타난 사도세자의 죽음 관련 기록[73]을 읽으며 머릿속으로 사건의 이미지를 그려보도록 안내하였다.

72) 송인주, 앞의 논문, 2011.

73) 〈표 18〉은 사료를 축약하고 난해한 어휘를 재구성한 것이다.

〈표 18〉 **학생들에게 제시한 임오화변 관련 기록**

> 임금이 세자에게 명하여 땅에 엎드려 관(冠)을 벗게 하고, 맨발로 머리를 땅에 조아리게 하고 이어서 차마 들을 수 없는 전교를 내려 자결할 것을 재촉하니, 세자가 조아린 이마에서 피가 나왔다. 세손(정조)이 들어와 관(冠)과 포(袍)를 벗고 세자의 뒤에 엎드리니, 임금이 안아다가 시강원으로 보내고 다시는 들어오지 못하게 하라고 명하였다. 세자가 울면서 다시 들어가 땅에 엎드려 애걸하며 개과천선(改過遷善)하기를 청하였다. 드디어 세자를 깊이 가두라고 명하였는데, 세손이 황급히 들어왔다. 임금이 빈궁·세손 및 여러 왕손을 좌의정 홍봉한의 집으로 보내라고 명하였는데, 이때에 밤이 이미 반이 지났었다 (『영조실록』 권99, 영조38년 윤5월 13일 을해).

다음으로 임오화변을 다룬 영화 사도를 학생들에게 소개했다. 역사영화는 앞서 살펴보았듯이 역사적 기록에 연출자의 상상력을 가미하여 재현한 영상자료로서, 사실감이 높고 실감나는 표현으로 학생들의 '역사적 감정이입'을 강하게 유발하여 역사적 인물에 몰두할 수 있게 만든다. 필자는 영화 사도 중 〈표 18〉에 나타난 상황을 연출한 장면을 약 7~8분 정도의 분량으로 편집하여 제시하였는데, 학생들이 순식간에 몰입하여 인물들의 감정을 느끼고 있음을 확인할 수 있었다. 영화 시청 후 학생들은 당시 어린 정조가 겪었던 일과, 정조의 심정에 대해 활동 기록지를 작성하고 토론하였다.

〈표 19〉 **사건 당일 어린 세자의 심정을 본 학생들의 반응**

- 자신이 사랑한 아버지가 돌아가시니 가슴이 찢어질 것 같고 정신이 멍해질 것 같다. 또 할아버지가 미워지고, 자신의 아버지가 자꾸 생각나고, 그날의 일이 떠올랐다.
- 할아버지라는 사람이 자신의 아버지를 직접 죽이는 것을 보았으니 그냥 죽었다는 사실을 안 것 보다 더 슬플 것 같다.
- 너무 슬프고 가슴이 찢어질 것 같았다. 너무 화가 났다.
- 아버지를 뒤주에 가둔 사람이 할아버지라는 것이 믿기지 않았다. 어떻게 자기 자식을 뒤주에 가둘 수 있지? 너무 마음이 아프다.

- 심장이 뚫렸다. 아버지가 죽었다. 할아버지가 나빴다.
- 슬프고 마음이 찢어지도록 슬프다. 아바마마 많이 보고 싶소.
- 마음이 찢어지는 것 같다. 너무 울어서 숨이 턱턱 막히니 이러다 나도 죽는 건 아닌지 모르겠다. 내가…이 일을 반드시 평생 기억하겠다.

학생들은 '마음이 찢어질 것 같다'는 표현을 하며 사도세자의 죽음이 정조에게 엄청난 고통과 상처를 주었다고 받아들였다. 학생들은 영화에서 묘사된 사도세자의 죄를 그가 죽임을 당한 이유로 언급하였는데, 영조가 사도세자를 죽인 이유에 관해서는 지금도 연구자들 사이에서 논란이 되며 여러 가지 원인이 제기되고 있는 점을 감안하여, 교사는 영조와 사도세자 사이에 소통이 원활하지 않았으며 사도세자 사건과 관련하여 정조의 즉위를 견제했던 정치적 세력이 있었다는 사실을 중심으로 간단한 설명을 덧붙였다. 그리고 사도세자의 죽음보다는 이러한 어린 시절의 고난에 대해 정조가 보여준 태도와 마음가짐에 초점을 맞추기 위해 정조 즉위 후의 대응을 예상하도록 안내하였다. 학생들의 대부분은 다소 격앙된 표현을 하며 자신이 정조라면 분노의 감정으로 복수를 하였을 것이라고 대답하였다.

교사: 내가 정조라면 왕이 되던 날, 어떤 명령을 내렸을까요?
학생1: 나의 아버지 사도세자를 죽게 만들었던 사람들을 찾아내 사형에 처했을 것 같습니다.
학생2: 할아버지인 영조에게 복수를 할 방법을 찾았을 것 같습니다.
학생3: 신하들에게 화풀이를 할 것 같습니다.

학생들은 『정조실록』의 정조 즉위년 윤음 사료를 통해 재확인하였다. 난이도가 높은 어휘가 많아 수정을 하게 되면 본래의 의미가 지나치게 훼손될 것을 우려하여 원문을 제시하지 않고 국역자료를 함께 읽어나가는 과정에서 내용에

대한 교사의 상세한 설명을 덧붙여 이해를 도왔다.[74)]

〈표 20〉 **정조의 즉위 윤음 기록**

"아! 과인은 사도 세자(思悼世子)의 아들이다. 선대왕께서 종통(宗統: 왕실의 계통)의 중요함을 위하여 나에게 효장 세자(孝章世子)를 이어받도록 명하셨거니와, (중략) 예(禮)는 비록 엄격하게 하지 않을 수 없는 것이나, 인정도 또한 펴지 않을 수 없는 것이니, 향사(饗祀: 돌아가신 인물에 대한 제사)하는 절차는 마땅히 대부(大夫)로서 제사하는 예법에 따라야 하고, 태묘(太廟: 역대 선왕들의 위폐를 모신 장소)에서와 같이 할 수는 없다. (중략) 이미 이런 분부를 내리고 나서 괴귀(怪鬼)와 같은 불령한 무리들이 이를 빙자하여 추숭(追崇: 사도세자를 존경하여 높이려는 것)하자는 의논을 한다면 선대왕께서 유언하신 분부가 있으니, 마땅히 형률로써 논죄하고 선왕의 영령(英靈)께도 고하겠다"(『정조실록』 권1, 정조 즉위년 3월 10일 신사).

〈표 20〉의 자료를 통해 학생들은 정조가 정적들에게 사도세자의 아들로서 자신이 왕위에 올랐다는 것을 분명히 밝히는 동시에 영조와의 약속을 지키기 위해 정치 보복을 하지 않겠다고 선언하였음을 확인하였다. 추가로 교사는 연산군의 사례와 역사적 평가를 들려주어 성장 과정에서 겪은 비슷한 어려움에 대해 각 인물이 택한 대응 방식이 역사적으로 어떤 다른 결과를 도출하는지 비교하도록 하였다. 이에 대해 〈표 21〉에 나타나듯이 자료를 읽고 난 뒤 학생들이 작성한 '어린 세자(정조)는 어떤 마음가짐으로 자신이 겪은 역경에 대응하며 성장하였을까?'라는 질문에 관한 기록은 앞서 자신의 기준에서 정조의 대응 방식을 예상한 것과 달리 정조 즉위년 기사를 근거로 보다 구체적이고 객관적인 추론으로 변화하였음을 보여준다.

74) 교사의 보충 설명은 박현모 『정조평전』의 해설을 참고하였다.

〈표 21〉 **성장과정에서 겪은 어려움에 대한 어린 정조의 마음가짐**

- 제가 아버지를 대신해서 훌륭한 왕이 되겠습니다.
- 아버지의 몫까지 열심히 하겠다.
- 나는 14년 동안 아버지의 죽음을 복수하고 싶었지만, 그럼 난 좋은 왕이 될 수도 행복한 삶을 살 수도 없을 것이다. 그러니 복수는 넣어두고 나랏일에 집중하자.
- 내가 복수를 한다하여도 결국 역사는 나를 연산군처럼 기억할 것이다.
- 나도 복수를 하고 싶었다. 하지만 나는 왕이니까 복수는 뒤로하고 백성들을 먼저 챙길 것이다.
- 복수보다는 먼저 백성들부터다! 백성들을 먼저 챙겨야지 나라가 안정을 되찾는다.
- 신하들에게 틈을 보이지 않도록 철저하게 빈틈을 채우며 생활하겠다.
- 복수를 하여서 내가 겪은 슬픔을 다른 사람들까지 느끼게 하고 싶지는 않다.

주목되는 점은 앞서 역사 학습에서 인물이 지니는 효과를 언급하면서 인물은 이야기와 감정을 만들어내 보다 쉽고 친밀하게 학생들에게 수용되고 상황을 구체적이고 생생하게 인식하도록 도와 역사 내용의 추상성과 과거라는 시간적 간극을 보완해준다고 하였는데, 3차시 수업을 통해 이를 확인할 수 있었다. 학생들은 '가족을 잃은 슬픔'이라는 인간의 기초적인 감정에 빠르게 이입하여 공감하며 인물이 겪은 갈등과 역경을 이해하였다. 또한 인물과 주제에 대한 흥미와 관심이 급격하게 증가하여 인물의 감정과 생각에 대한 자신의 견해를 매우 적극적으로 표현하였다. 이를 통해 초등학생의 역사 인물 프로젝트에서는 인물과의 감정적 만남이 학습 지속과 이해, 능동적 사고에 상당히 중요하게 작용하며, 교사는 주제에 부합하면서 역사적 사실성을 확보한 자료를 통해 이러한 역사적 감정 이입 상황을 연출할 필요성이 있음을 알 수 있었다.

3차시까지의 수업이 왕이 되기 전 정조의 생각과 태도를 통해 주제에 접근하는 과정이었다면 4차시~6차시의 수업은 국왕 정조의 행적을 통해 정조의 목표 의식이 보다 구체적으로 나타난 사실을 탐구한다. 4~5차시의 수업은 연속 차시로 진행되었으며, 수원 화성 건설 공사와 능행 과정에서 나타난 정조의 대민 정책을 통해 백성에 대한 정조의 가치관을 탐구한다. 수원 화성에 대한 기초 지식을 이해하기 위해 대형 지도에서 수원을 찾아보고 조선의 도읍지인 한양과의 위치 관계를 파악하였다. 또한 『화성성역의궤』의 「화성전도」를 보며 과거 화성의 모습을 확인하고, 디지털영상지도로 볼 수 있는 오늘날의 화성 전경과 비교하였다. 이후 영상 자료를 시청하며 수원화성의 모습을 보여주며 다음 세 가지 질문에 대한 답을 찾아보도록 하였다.

- 정조는 왜 수원화성을 건설하였는가?
- 수원 화성의 착공 및 완공 연도는? 공사 기간은?
- 수원 화성이 일제 강점기와 6.25를 거치며 많이 파괴되었음에도 과거의 모습대로 복원될 수 있었던 까닭은?

학생들은 질문들에 대한 조사를 통해 10년을 예상했던 수원 화성 축성이 31개월 만에 완성되었고[75], 건물의 모습과 공사에 참여한 사람들의 이름까지 빠짐없이 기록된 공사 보고서 『화성성역의궤』의 존재에 대해 알게 되었다. 교사는 이번 수업에서 탐구할 자료가 『정조실록』과 『화성성역의궤』 라는 점을 안내하고 당시 백성들은 나라에 큰 일이 있을 때 부역을 해야 했다는 사회적 상황을 설명하며, 수원화성 공사 기록에서 나타난 정조의 말과 행동을 통해 정조가 백성들을 어떤 마음으로 바라보았는지 알아보도록 활동의 초점을 명시하였다. 학생들은 자료를 탐구하며 사료에 나타난 당시의 상황을 이해하며 각자의 해석을 기반으로 정조의 마음이 드러나는 부분을 선택해서 표시하였다. 그리고 자신이 선택한 내용에 입각하여 정조가 백성에 대해 지녔던 마음을 문장으로 표현하였다. 교사가 학생들의 탐구를 위해 제공한 자료는 〈표 22〉와 같다.

75) 박현모, 앞의 책, 2018, p.245.

〈표 22〉 **수원화성 공사 기록에서 나타난 정조 관련 기록**

① 갑인년에 화성의 축성 공사와 관련하여 공사를 감독하는 신하들에게 윤음(조선시대 국왕이 국민에게 내리는 문서)을 내리기를, "공사를 진행시킬 때에 품삯은 날수로 계산하지 말고 실적을 기준으로 삼되 운반 거리의 멀고 가까움에 따라 차이를 두게 하라. 그렇게 하면 힘이 센 자는 넉넉히 100전(錢,돈의 단위)을 가져가고 약한 자도 한 몸은 충분히 먹고 살 수 있을 것이다. (중략) 이 또한 의지할 곳 없는 백성들에게 이로운 일이라 할 것이다." 하였다(『정조실록』 권43, 정조 19년 11월 7일 갑인).

② 오직 우리 전하는 지혜가 하늘과 같아서 (화성을 짓는데 드는) 비용은 (왕실에) 쌓아 두었던 재물로 하였고, 일하는 사람은 모두 임금을 주고 일하게 하였다. (강제로 노동하게 하지 않았다.) 겨울에는 옷을 주고 여름에는 약을 나누어 주었으며, 흉년을 만나면 공사를 정지하도록 특별히 명령하였다(『화성성역의궤-화성기적비문』 가운데).

③ 근일의 찌는 듯한 더위는 근년에 처음 있는 일이고 어제 오늘의 따가운 햇볕은 근일에 처음 보는 일이다. 성을 쌓는 수고를 생각하면 자나 깨나 먹을 때나 쉴 때나 매우 걱정이 된다. (중략) 이번 성을 쌓는 일은 소중함이 어떠한가. 비록 한 사람의 인부나 한 사람의 장인(匠人)이라도 혹 더위를 먹고 갈증이 난다면 이것이 어찌 성을 쌓는 일로 인하여 그런 것이 아니겠는가. (중략) 성을 쌓는 공사장 중 돌을 뜨고 기와를 굽는 여러 곳에서는 뙤약볕 가운데 서있게 되므로 부역하는 일은 서늘한 기운이 생길 때까지 멈추도록 하라. 처서(處暑) 전에라도 서늘한 기운이 생기면 형세를 보아 일을 독촉할 것이다. 더구나 이 성 쌓는 문제는 일마다 백성들의 마음을 기쁘게 하고 백성들의 힘을 펴게 하는데 힘써야 한다. 한 가지라도 백성을 병들게 하는 것이 있다면 설사 공사가 며칠 안에 이루어지는 효과가 있더라도 나의 본뜻은 아니다." 하였다(『정조실록』 권40, 정조 18년 7월 6일 신묘).

④ 『화성성역의궤』 권4, 공장(工匠)
수원화성 공사의 전 과정을 기록한 〈화성성역의궤〉를 보면 공사에 참여한 사람의 직업, 이름, 공사에 참여한 일수까지 모두 기록되어 있습니다. 여기에는 작은 끌톱장이 김삽사리, 목수 박뭉투리 등 평민들의 이름도 많이 있는데요. 나라에 일이 있으면 노동을 하는 것이 당연하던 조선시대 백성의 입장을 생각해 보았을 때 신분과 상관없이 백성들의 이름을 한 명씩 빠짐없이 기록한 왕 정조의 마음과, 백성들의 마음을 생각해 봅시다(사료에 대한 교사의 설명).

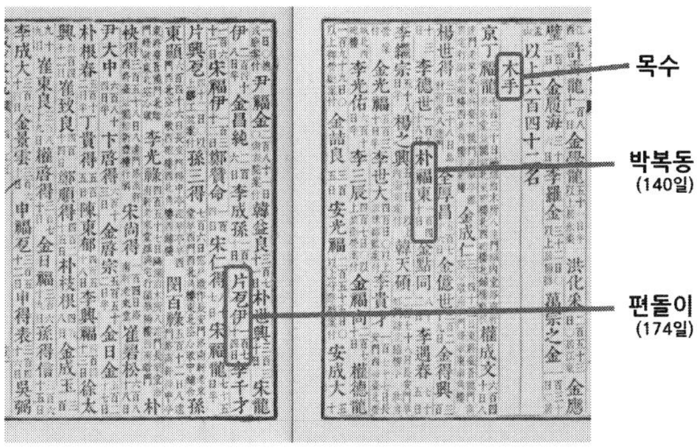

이상의 사료를 읽고 역사적 인물의 행적에 관해 개인적 해석을 도출하는 활동 과정에서 학생들은 각자의 가치관이나 수준에 따라 저마다 다른 이해의 양상을 드러내고 있었다. 〈그림 3〉의 활동 기록지에서 나타나듯이 같은 자료 안에서 자신의 견해를 뒷받침하기 위한 근거로 서로 다른 정보를 선택하였고, 모든 자료에서 근거를 마련한 학생이 있는 반면, 자신이 이해할 수 있는 일부 자료의 범위 내에서 근거를 찾은 학생이 있었다. 요컨대 학생들은 자기주도적인 탐구 활동을 통해 역사지식 구성과 의미 형성을 경험하여 자신들의 견해를 만들어 냈다.

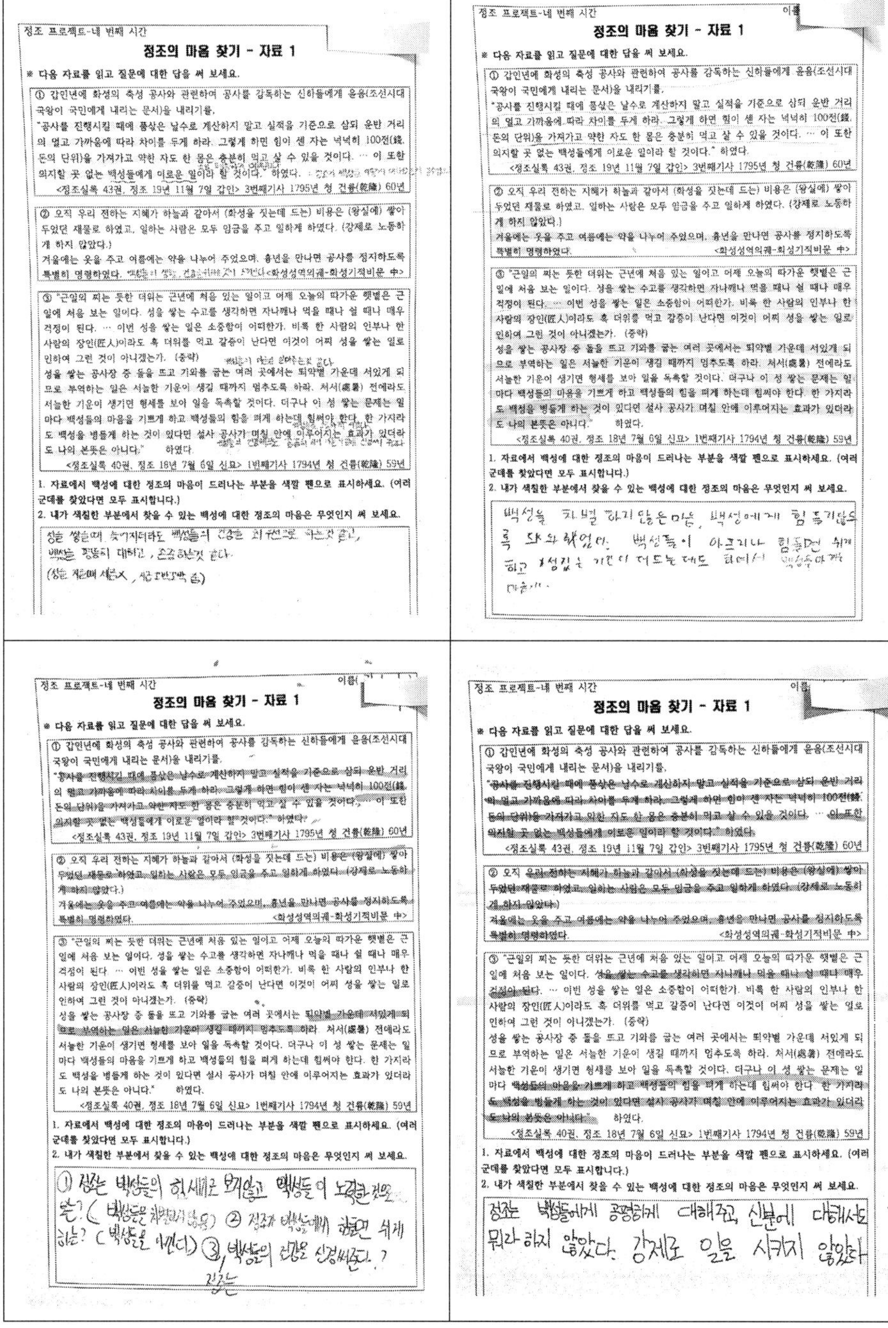

정조 프로젝트-네 번째 시간　　이름

정조의 마음 찾기 - 자료 1

※ 다음 자료를 읽고 질문에 대한 답을 써 보세요.

① 갑인년에 화성의 축성 공사와 관련하여 공사를 감독하는 신하들에게 윤음(조선시대 국왕이 국민에게 내리는 문서)을 내리기를,
"공사를 진행시킬 때에 품삯은 날수로 계산하지 말고 실적을 기준으로 삼되 운반 거리의 멀고 가까움에 따라 차이를 두게 하라. 그렇게 하면 힘이 센 자는 넉넉히 100전(錢, 돈의 단위)을 가져가고 약한 자도 한 몸은 충분히 먹고 살 수 있을 것이다. … 이 또한 의지할 곳 없는 백성들에게 이로운 일이라 할 것이다." 하였다.
<정조실록 43권, 정조 19년 11월 7일 갑인> 3번째기사 1795년 청 건륭(乾隆) 60년

② 오직 우리 전하는 지혜가 하늘과 같아서 (화성을 짓는데 드는) 비용은 (왕실에) 쌓아 두었던 재물로 하였고, 일하는 사람은 모두 임금을 주고 일하게 하였다. (강제로 노동하게 하지 않았다.)
겨울에는 옷을 주고 여름에는 약을 나누어 주었으며, 흉년을 만나면 공사를 정지하도록 특별히 명령하였다.　<화성성역의궤-화성기적비문 中>

③ "근일의 찌는 듯한 더위는 근년에 처음 있는 일이고 어제 오늘의 따가운 햇볕은 근일에 처음 보는 일이다. 성을 쌓는 수고를 생각하면 자나깨나 먹을 때나 쉴 때나 매우 걱정이 된다. … 이번 성을 쌓는 일은 소중함이 어떠한가. 비록 한 사람의 인부나 한 사람의 장인(匠人)이라도 혹 더위를 먹고 갈증이 난다면 이것이 어찌 성을 쌓는 일로 인하여 그런 것이 아니겠는가. (중략)
성을 쌓는 공사장 중 돌을 뜨고 기와를 굽는 여러 곳에서는 뙤약볕 가운데 서있게 되므로 부역하는 일은 서늘한 기운이 생길 때까지 멈추도록 하라. 처서(處暑) 전에라도 서늘한 기운이 생기면 형세를 보아 일을 독촉할 것이다. 더구나 이 성 쌓는 문제는 일마다 백성들의 마음을 기쁘게 하고 백성들의 힘을 펴게 하는데 힘써야 한다. 한 가지라도 백성을 병들게 하는 것이 있다면 설사 공사가 며칠 안에 이루어지는 효과가 있더라도 나의 본뜻은 아니다."　하였다.
<정조실록 40권, 정조 18년 7월 6일 신묘> 1번째기사 1794년 청 건륭(乾隆) 59년

1. 자료에서 백성에 대한 정조의 마음이 드러나는 부분을 색깔 펜으로 표시하세요. (여러 군데를 찾았다면 모두 표시합니다.)
2. 내가 색칠한 부분에서 찾을 수 있는 백성에 대한 정조의 마음은 무엇인지 써 보세요.

〈그림 3〉 수원화성 공사 관련 자료 및 활동 기록지

또한 개별 자료 탐구 이후에 진행된 중간 토론을 통해 학생들은 개인마다 관점에 따라 근거와 역사적 해석을 다르게 한다는 점을 인지하고, 다른 학생의 견해가 하나의 스캐폴딩으로 작용하여 자신이 생각하지 못한 부분의 탐구를 지속함으로써 보다 심화된 지식을 구성한다는 점을 알게 되었다. 자료 검토 후 학생들이 작성한 '백성에 대한 정조의 마음'은 다음과 같다. 학생들의 기술 내용에서 '배려', '존중'과 같은 단어들이 등장하였으며, 일부 학생들은 정조가 한 구체적인 행동을 근거로 "정조의 입장에서 성을 빨리 완성하는 것이 당장의 경제적 이익임에도 불구하고 백성들의 건강을 챙겼다"는 점을 지적하였다.

〈표 23〉 **4차시 수업에서 작성한 백성에 대한 정조의 마음**

- 백성들을 배려하고 존중하는 마음
- 정조는 백성들을 소중히 여기는 걸 알게 되었다.
- 백성들을 공평하게 대하고 강제로 일을 시키지 않음.
- 일을 할 때에도 마음을 기쁘게 하고 힘을 펼 수 있도록 백성들을 아낌.
- 정조는 백성들을 힘세기로 보지 않고 노력한 것으로 본다(차별하지 않음). 백성들이 힘들면 쉬게 한다(백성들을 아낀다). 백성들의 건강을 신경 쓴다.
- 성 짓는 시간과 비용이 더 드는데도 백성들이 아프거나 힘들 때 쉬게 하며 백성을 아꼈다.
- 성을 쌓을 때 늦어지더라도 백성들의 건강을 최우선으로 하는 것 같고, 백성을 평등히 대하고 존중하는 것 같다.(성 지을 때 세금으로 하지 않음, 돈을 꼬박꼬박 줌)
- 일한 만큼 품삯을 제공해 백성들이 열심히 일할 수 있도록 하고, 백성들에게 좋은 영향을 줄 수 있도록 하고 싶어 한 것 같다.
- 일을 할 때에도 백성들의 마음을 기쁘게 하고 힘을 나게 하는데 힘 쓸 만큼 백성을 아꼈다.

5차시 수업에서는 정조가 능행과 상언·격쟁을 통해 백성과 소통하였던 기록을 살펴보았다. 먼저 정조가 1795년 친부모 장헌세자와 혜경궁의 주갑년(周甲年)이 되는 해를 맞이하여 어머니 혜경궁을 모시고 7박 8일에 걸친 현륭원

원행[76]을 한 것을 다룬 『화성능행도(華城陵幸圖)』와 원행 장면을 영상으로 연출한 자료를 보며 능행이라는 것의 이미지를 형성하고, 왕의 능행이 백성들에게 주는 의미를 생각해보도록 하였다. 학생들은 왕이 궁 밖으로 나와 능행하는 것이 백성들에게는 왕을 직접 만날 수 있는 절호의 기회였으며, 쉽게 경험할 수 없는 '신기한 일' 이었을 것이라고 표현하였다. 이후 소통에 관한 정조의 생각을 찾기 위한 자료를 제공하였다. 그래서 학급 전체가 함께 신문고가 제 기능을 다하지 못한 상황과 정조 시대에 있었던 상언 · 격쟁 사례를 짧게 다룬 영상을 시청하고, 소집단별로 능행 · 상언 · 격쟁에 관한 자료를 통해 확인할 수 있는 사실을 정리하였다.[77] 다음은 소집단 5팀에서 이루어진 활동 과정을 일부 기록한 것이다.

학생1: 자, 이제 다 같이 자료를 읽어보자. 나부터 읽을게.
(함께 자료를 보며 한 사람씩 소리 내어 자료를 읽었음.)
학생2: 능행이 뭐더라? 선생님, 능행이 뭐였죠?
교사: 왕이 다른 왕이나 왕후의 무덤에 가는 거였지. 능행을 했다는 건 뭘 의미할까?
학생1: 왕이 궁궐 밖으로 나왔다는 거예요.
교사: 조선 후기 왕들이 능행을 얼마나 했는지 볼까?
학생1: 영조가 제일 많이 했네.
학생2: 아니 근데 영조는 53년 동안 78번 했고, 정조는 25년 동안 66번 했어.
학생1: 아, 그러네. 1년 평균 횟수 보면 정조는 1년에 2.75번 했네.
교사: 왕이 능행을 할 때 백성들은 상언과 격쟁을 하였다고 했죠? 3번과 4번 자료도 살펴볼까요?

76) 조영주, 앞의 논문, 2005, p.44.

77) 학생들은 5학년 1학기 사회 수업을 통해 상언과 격쟁에 대해 이미 학습한 상태이므로, 자료 제공에 앞서 이 점을 상기한 후 활동을 진행하였다. 5차시 학습에서 제공된 자료는 「부록」을 참조.

학생3: 양반이 제일 높은 거지?

학생1: 응. 평민이 제일 많이 했네.

교사: 천민과 평민의 비율이 반 이상이라는 것은 무엇을 의미할까?

학생2: 억울한 일이 신분이 낮은 사람들한테 더 많았다는 거예요.

본 수업에서 소집단을 구성할 때 사회 교과의 학업 성취도와 태도를 반영하여 서로 다른 수준의 학생들 간 협력적 학습을 유도하였다. 그러나 여러 소집단의 활동 장면을 관찰한 결과 자료에 대한 이해가 부족한 학생은 소집단 내에서 수동적으로 존재하며 다른 학생이 파악한 사실을 무조건 적으로 받아들이는 모습을 발견하였다.[78] 이러한 활동을 통해 학생들이 소집단별로 기록한 내용은 다음과 같다.

〈표 24〉 **능행 · 상언 · 격쟁 자료를 탐구하여 알게 된 사실**

소집단	작성한 내용
2	신분이 낮을수록 고민이 많았다. 상언이 격쟁보다 2배 이상 많았다. 격쟁을 하면 처벌을 당했기 때문인가?
4	정조가 능행을 많이 했는데 백성들의 불만을 많이 들었다는 것이다. 신분이 낮은 평민과 천민이 많이 격쟁과 상언을 하였다.
5	신분이 낮은 백성들이 주로 격쟁을 하였다. 신분이 높은 백성들보다 억울함이 더 많았을 것이다. 영조는 53년이라는 긴 시간동안 78번 능행을 했지만, 정조는 25년이라는 짧은 시간동안 60번 능행을 하였다.
6	정조시대의 격쟁이 많았다. 신문고를 하기 힘들었기 때문이다. 평민들이 격쟁을 많이 이용했다. 민원이 많았기 때문이다.
7	상언이나 격쟁을 한 사람의 신분은 대부분 낮은 신분이었다. 영조가 더 많이 능행을 했지만 정조는 백성들의 말을 더 잘 듣기 위해 멀리 나갔다. 신문고를 치기 위해서는 엄격한 검사가 필요하기 때문에 임금을 직접 만나 이야기할 수 있는 격쟁과 상언이 늘어났다.

78) 일부 학생은 자료의 내용에 관해 적극적으로 동료에게 질문을 하며 참여하려는 자세를 보였지만 자료 탐구에 소극적인 태도를 보인 몇몇 학생들은 방관하는 경우도 있었다.

소집단 1팀과 3팀은 자료를 통해 알 수 있는 단편적인 사실만을 기록한 반면 2,4,5,6,7팀은 자료에 나타난 사회 현상을 근거로 신분이 낮은 집단에서 상언과 격쟁을 많이 한 이유, 정조가 능행을 하며 백성들을 만나고자 했던 이유 등에 대한 해석을 하였다. 정조가 실질적으로 백성과 어떻게 소통했는지를 확인할 목적으로 교사는 정조가 종로에서 유민을 만나 대화한 사건의 기록을 제공하였다. 이는 1790년 이북 지역에 큰 기근이 들어 발생한 이재민들이 남하해 서울까지 오자, 2월 4일 종묘를 참배하고 궁궐로 돌아오던 정조가 종로에 멈춰 유민 수백 명을 앞으로 오게 해 대화한 사연에 관한 기록으로 유민들의 상황과 처지 및 의견을 직접 청취하고 그에 따라 대책을 제시하고자 했던[79] 정조의 소통 정신을 보여준다. 학생들에게 제시한 자료는 필자가 원문을 바탕으로 어휘를 학생 수준에 맞게 수정하고 내용을 일부 생략한 것이다.

〈표 25〉 **정조가 종로에서 유민을 만나 대화한 자료**

서북 지방에 흉년이 들어 먹을 양식이 모자라자 수백 명의 사람들이 서울까지 이르렀다. 임금이 깜짝 놀라 직접 종로로 나가 유민들을 불러 모으도록 명하고, 괴로운 일이 무엇인지 물으셨다. 그리고는 다음과 같이 말씀하셨다. "그대들의 누더기 옷과 깡마른 모습을 보니 나도 모르게 참담해진다. 내가 그대들의 부모가 되어 그대들을 이렇게 굶고 떨게 만들었으니, 비단옷과 좋은 음식에 따뜻한 이불 위인들 어떻게 편안하겠는가? 그대들이 노인을 부축하고 어린애를 이끌고서 여기저기 떠돌면서 살기 좋은 곳을 찾고자 한다. 그러나 원래 살던 곳에 살면서 자신의 일을 지켜야만 구렁텅이에서 나뒹구는 꼴을 면한다. 내 이제 그대들의 세금을 없애고 그대들에게 곡식을 줄 테니 그대들은 각자의 집으로 돌아가라! 그러면 자연히 입고 먹을 것이 있으리라. 내가 보장하노니 그대들은 두려워하지 말라!"고 하셨다. 다음에는 신하에게 쌀과 겨울에 입는 옷, 곡식을 주도록 명하셨다. 이때 임금의 건강이 회복된 지 얼마 되지 않았고 봄추위가 여전히 싸늘하였는데도 모든 사람들이 쌀과 옷을 받고 나서야 비로소 궁으로 돌아가셨다(『홍재전서』 권167, 일득록7, 정사).

79) 안대회, 앞의 책, 2011, p.66.

〈표 25〉의 사료를 읽고 학생들이 기록한 아래의 내용에는 정조의 마음을 집중적으로 서술하고 있음이 확인된다. 처음 프로젝트 출발단계와 비교했을 때 역사적 증거에 따른 견해를 만들어내는 것이 보다 확대된 것을 보여준다.

〈표 26〉 **5차시 수업에서 작성한 백성에 대한 정조의 생각**

- 해결해주고 싶다.
- 멀리 있는 지역의 백성들 이야기도 잘 들어야겠구나.
- 백성들에게 미안한 마음과 백성들을 아끼는 마음이 함께 드러난다.
- 정조가 백성들의 부모님처럼 백성들을 사랑하는 마음이 느껴진다.
- 백성을 마치 신처럼 여기고 제물을 바치듯이 정성스럽게 돌보는 마음이 느껴진다.
- 백성들을 위해 세금을 없애고 곡식을 주는 것을 보니 백성들을 정말 아끼는 것 같다.
- 백성들의 경제 상황에 도움을 주고, 백성의 이야기에 귀 기울였으며, 모든 사람들이 쌀과 옷을 받은 것을 확인을 하고 나서야 궁에 돌아가신걸 보면 백성을 아주 소중하게 여긴다는 것을 알 수 있다.

〈표 27〉 **정조가 백성들과 직접 소통하려고 했던 이유에 대한 생각**

- 신하를 거치지 않고 백성들의 이야기를 더욱 정확하게 듣고 해결해주기 위해서이다.
- 전해 듣는 것 보다 직접 만나야 백성들의 감정을 정확히 느낄 수 있기 때문이다.
- 아버지와 할아버지를 보고 자신은 대화와 소통을 많이 해야겠다고 생각한 것 같다.
- 억울한 일, 슬픈 일에 대한 백성들의 목소리를 직접 들으려고 만났다.
- 궁궐 밖으로 나가 백성들의 모습을 보니 미안한 마음이 들었기 때문에
- 백성들의 민원을 다른 신하나 관리들이 맡으면 제대로 해결해주지 않기 때문이다.

특히 자료 수집과 기록 과정에서는 교사의 자료 자체의 성격에 관한 이해 및 활용 능력이 매우 중요하다는 점을 절감할 수 있었다. 이는 교사의 역사자료에 대한 몰이해의 상태에서는 학생들이 해당 자료를 제대로 분석하는 학습 경험을 뒷받침해주지 못한다는 점[80]에서 읽을 수 있다. 게다가 활용하려는 자료를 수업활동의 목적과 성격에 따라 선별하여 실시간 탑재하는 점도 요청된다.

4. 표현/발표 단계

처음 6차시 수업은 서얼 등용과 관련하여 정조의 인재관을 탐구하는데 초점을 맞추었지만, 학습을 진행하는 동안 학생들이 어려움을 느끼는 것을 확인한 까닭에 이제까지의 학습 결과를 종합하여 프로젝트의 목적을 달성하는 것이 좋겠다고 판단하였다. 그래서 6차시 수업 내용을 수정하였다. 따라서 기존의 7차시 수업 내용 중 최종 토론과 표현하기를 각각의 차시로 구성하여 진행하였다.

교사는 최종 토론을 위해 다음의 질문을 제시하였다.

- 우리는 정조 프로젝트를 통해 무엇을 알아보고자 하였는가? (주제)
- 주제에 접근하기 위해 정조에 대해 무엇을 탐구하였는가?
- 탐구를 통해 알게 된 사실에는 어떤 것들이 있는가?
- 주제에 대한 나의 최종 결론을 작성할 때 반드시 들어가야 할 핵심 사건에는 어떤 것들이 있는가?
- 나의 최종 결론을 뒷받침할 수 있는 자료는 어떤 것이 있는가?
- 아직 잘 이해되지 않거나 더 확인하고 싶은 것이 있는가?

이 같은 질문에 따라 학급 전체는 수업 목적을 확인하고 내용을 종합하며 최종 결론을 위한 준비를 하였다. 본 수업에서는 최종 토론 후 학생들이 흥미 있어 하는 '뇌 구조 그리기' 활동을 통해 최종 결과물에 포함할 내용을 도식화하는 과정을 거쳤다. 6차시의 후속활동으로 진행된 7차시 수업에서는 프로젝트의 최종 목표인 주제에 관한 보고서 쓰기 활동을 진행하였다. 교사는 시작에 앞서 반드시 도달해야 할 활동 기준을 제시하였다. 활동 기준은 학생들이 최종 결과

80) 송인주, 앞의 논문, 2018, p.13.

물을 작성할 때 방향과 초점을 잡아주는 중요한 가이드라인이 될 뿐만 아니라, 이후 프로젝트의 결과물을 평가하는 기준으로서 활용된다. 연구자가 제시한 4가지 활동 기준은 다음과 같다.

- 주제와 관련된 내용을 쓸 것
- 정조가 성장과정에서 겪은 어려움의 극복과 관련지을 것
- 프로젝트 학습을 통해 점을 수집한 자료를 근거로 제시하고 그 출처를 밝힐 것
- 정조의 생각과 자세가 나의 삶에 어떤 의미를 줄 수 있는지 나타낼 것

후술되는 학생들의 보고서에서 발견된 흥미로운 사실은 첫째, 학생들의 글쓰기를 통해 프로젝트 초반 정조에 대해 단순한 내용을 맥락 없이 열거하던 단계에서 발전하여 지적으로 성장하였음을 발견하였다. 학생들은 자신의 견해를 표현하기 위해 프로젝트를 수행하며 배운 어휘를 문맥과 내용에 맞게 적극적으로 활용하고 있는데, 특히 그 범위가 확장되고 있다는 점에서 역사적 이해 또한 강화되었음을 의미한다.

둘째, 학생들은 시대의 맥락 속에서 인물의 삶을 이해하고, 또한 인물의 서사를 매개로 당시의 사회적 상황과 주변 인물을 이해하였다. 이는 학생들이 역사적 근거를 토대로 정조의 행위를 해석한 점과 정조의 삶을 통해 당시에 일어났던 역사적 사건 및 인물들의 행적을 설명한 점에서 확인할 수 있다.

셋째, 학생들의 기록 속에서 정조라는 역사적 인물은 화석화된 존재가 아닌 감정을 느끼고 움직이는 입체적 인물로 다가와 있었다. 이러한 점은 정조의 성장과정에 대해 서술한 학생의 기록에서 확인할 수 있다. 아래의 글에서 정조는 어린 시절에 겪은 아픔으로 인하여 고통을 느꼈으나 성장 과정에서 나라에 대한 더 큰 뜻을 품으며 그것을 극복한 '살아있는' 대상으로 존재한다고 보았다.

> 정조는 11세의 나이로 어릴 때 자신의 아버지인 사도세자가 할아버지인 영조의 손에 뒤주에 갇혀 죽는 모습을 두 눈으로 목격했다. 아마 가슴이 찢어지는 기분이었을 것이다. 그렇지만 정조는 자라면서 영조의 예쁨을 받기 시작했고, 영조가 아버지를 죽인 사람들에게 복수하지 말라고 했기 때문에 복수를 하지 않았다. 아마도 자라면서 나라가 더 중요하다는 생각으로 어릴 때의 일을 극복했을 것이다.

무엇보다도 프로젝트를 통해 경험한 역사 학습이 학생들의 일상에 의미 있게 작용하여 성장의 토대를 마련했다는 점이다. 거의 모든 학생들이 정조의 삶으로부터 의미를 도출하였고 이를 자신들의 일상에 반영한 내용을 최종 보고서에 기록하였다. 그 내용을 핵심 단어로 정리하면 '배려, 타인에 대한 도움, 이해, 주변과의 소통, 평등, 노력, 경청, 공감, 감정 조절, 자기 절제 등' 다양하고 광범위했음이 확인된다.[81] 몇몇 에세이를 살펴보면 다음과 같다.

- **학생 A:** 정조는 어린 시절에 큰 어려움이 있었다. 어린 시절에 아버지를 잃었기 때문이다. 그냥 잃은 것이 아니라, 뒤주 안에서 8일 동안 물 한 방울 못 마시고 돌아가시는 것을 보았기 때문이다. 하지만 여러 기록에 따르면 정조는 좋은 왕으로 남아있고, 아마 더 중요한 임무를 위해 복수를 하지 않았을 것이라고 생각된다. 그럼 정조의 그 임무와 꿈은 무엇일까? 아마도 백성들과 소통하는 것으로 생각이 된다. 『정조실록』 권43, 정조 19년 11월 7일 갑인, 『화성성역의궤-화성기적비문』 등 여러 기록에서 화성을 지을 때 약을 지어주거나, 공사를 쉬게 해 주거나, 성을 지을 때 백성들의 세금을 거두지 않았던 정조의 행동에서는 백성들에 대한 배려가 느껴졌다. 정조의 마음에서의 따뜻함과, 배려가 느껴져서 정말 자랑스럽고 좋은 왕이라는 것이 느껴진다. 지금 사회에서도 이런 사람이 많았으면 좋겠고, 나에게 인생을 가르쳐주는 분인 것 같다.

81) 정조와의 만남을 통해 학생들은 자신들이 살고 있는 현실을 들여다보면서 앞으로의 삶의 방향과 모습을 그려나가는 토양을 갖춘 것으로 판단된다.

- **학생 B:** 정조는 어린 시절에 자신의 아버지가 자신의 할아버지 손에서 죽어가는 모습을 보았다. 그렇지만 정조는 커서 왕이 되었을 땐 복수를 하기 보다는 사도세자의 몫까지 보태 훌륭한 왕이 되어 백성들을 신분으로 차별하지 않고 백성들과 소통을 많이 하려고 노력하였다. 정조 실록을 보면 정조는 백성들의 마음을 잘 이해해주고 백성들이 힘들어 할 때 도와주려고 노력하던 왕이 되는 꿈을 가진 사람이었을 것 같다. 지금의 시대는 신분 제도가 없다. 대부분 잘 먹고 잘 살지만 정조만큼 배려와 양보를 잘 하는 사람은 잘 없다. 정조만큼은 아니더라도 남을 잘 배려하고 양보하며 힘든 사람을 잘 도와주고 차별하지 않겠다.

- **학생 C:** 정조는 어릴 때 아버지가 뒤주에 갇혀 죽는 걸 보았습니다. 정조는 아버지를 죽인 사람을 복수했을 법 한데 하지 않고 왕이 되어서 세종대왕 묘에 찾아가 세종대왕처럼 위대한 왕이 되겠다고 다짐했습니다. 그리고 아버지의 묘에 계속 가면서 백성들에게 격쟁과 상언을 하라고 하였습니다. 격쟁과 상언은 총 4,427건으로 평민과 천민들이 많이 하였습니다. 정조는 힘들었을 수도 있는데 3일 안에 민원을 처리 하려고 노력하였습니다. 그리고 수원 화성을 지으면서 자신의 재산을 활용했고 성 짓는 시간이 오래 걸릴 텐데 힘든 사람은 쉬게 해 주고 강한 사람, 약한 사람 상관하지 않고 일한 만큼 품삯을 주었습니다. 그리고 화성의 공사 기간이 10년이 걸릴 것이라고 예상 했는데, 실제로 3년 만에 끝날 수 있었던 이유는 공사에 참여한 사람의 이름을 기록으로 남겨주었기 때문입니다. 만약 임진왜란 때 내가 전쟁에 나가 싸웠는데 책에 내 이름이 기록되면 기분이 좋아 더 열심히 할 수 있는 것과 같습니다. 정조는 '백성을 아끼고 단 한명도 버리지 말자'는 것을 꿈꾸었을 것이라고 생각됩니다. 정조를 통해 남을 배려하고, 무시하지 않고 들어주며, 차별하지 않고 살아가야 한다는 것을 배웠습니다. 정조에게서 배운 것을 이루기 위해 노력하며 포기하지 않고 살아가겠습니다.

- **학생 D:** 정조는 11세의 나이로 어릴 때 자신의 아버지인 사도세자가 할아버지인 영조의 손에 뒤주에 갇혀 죽는 모습을 두 눈으로 목격했다. 아마 가슴이 찢어지는 듯한 기분이었을 것이다. 그렇지만 정조는 자라면서 영조의 예쁨을 받기 시작했고, 영조가 아버지를 죽인 사람들에게 복수하지 말라고 했기 때문에 복수를 하지 않았다. 아마도 자라면서 나라가 더 중요하다는 생각으로 어릴 때의 일을 극복했을 것이다. 그리고 정조는 백성을 매우 아끼고 생각하는 왕이었는데, '조선왕조실록'에 기록된 것에 따르면 흉년이 들어 북쪽에서 내려온 백성들에게 곡식과 겨울에 입는 옷을 나눠주고 돌려보냈다고 기록되어있다. 이 때, '봄추위가 쌀쌀하고 임금의 건강이 회복 된지 얼마 되지 않았지만 모든 사람들이 쌀과 옷을 받고 나서야 비로소 궁으로 돌아가셨다.'라고 기록되어 있는 것을 보아 백성들과 나라를 풍요롭고 잘 살도록 일으켜 세우는 게 꿈이었을 것 같다. 지금의 시대는 신분 제도도 없고 대부분 잘 먹고 잘 살지만 정조만큼, 옛날 시대만큼 배려와 양보를 가지고 실천하는 사람이 잘 없다. 정조의 인생과 말, 행동 하나하나에 남을 생각하는 세세한 마음과 뜻이 담겨져 있어 내가 어떤 삶을 살았는지 한 번 더 돌아볼 수 있었다. 어쩌면 지금 이렇게 잘 살 수 있는 건 정조의 영향이 있었기 때문일까? 지금 내가 내밀 수 있는 손은 내밀고, 아낄 수 있는 만큼은 아껴서 다른 사람을 돕는 것에 쓰는 것이 정조의 꿈을 이어서 이루는 방법일 것 같다.

8차시 수업에서는 최종 결과물을 발표하였다. 연구자는 한 가지 주제에 대해 동일한 인물과 자료를 통해 학습했음에도 개인의 이해와 판단에 따라 역사적 해석이 달라질 수 있음을 숙지시키려고 학생들이 최대한 많은 보고서를 서로 교환하여 읽으며 자신의 결과물과 비교하도록 하였다. 또한 동료평가의 일환으로 앞서 표현하기 단계에서 제시한 네 가지 활동 기준에 따라 자신이 읽은 보고서에 대한 댓글(코멘트)을 남기도록 하였다. 이와 같은 활동에는 많은 시간이 소요되었지만, 이후 많은 학생들이 8차시 수업에서 서로의 보고서를 교환하여 읽고 댓글(코멘트)을 남긴 활동이 가장 인상적이었다고 소감을 말하였다.

5. 마무리 단계

9차시 수업에서는 과정 및 결과에 대한 반성 및 평가와 소감을 나누며 프로젝트를 마무리하였다. 학생들의 최종 결과물은 전시 형태로 꾸며졌다. 각자 큰 색지에 전시물의 제목, 작자, 자료의 출처를 표기하고 최종 보고서를 부착하였다. 교사는 전시물을 복도에 게시하여 동일 학년 다른 학급 학생들에게 공유할 것이라는 계획을 안내하고 관람자들이 보고서의 내용을 이해하는 데 도움이 될 만한 정보나 삽화를 추가하도록 하였다. 학생들은 정조의 어진이나 수원 화성의 모습, 자료로 활용한 『화성성역의궤』의 표지 등을 간단히 따라 그려 넣었다.

전시물 완성 후 프로젝트의 마무리를 위해 학생들은 정조 프로젝트를 수행한 소감을 작성하였다. 필자는 학생들이 작성한 프로젝트 소감을 통해 평소 수업보다 추상적이고 명확하게 답이 드러나지 않으며, 사고를 많이 요청했던 프로젝트의 활동들로 인해 짜증나고 힘들어 하면서도, 암기나 평가를 위한 것이 아니라, 다양한 자료의 탐구를 통해 스스로 답을 찾아가는 과정이 흥미롭고 재미있었다는 양면적 감정을 느꼈음을 알 수 있었다.

교사는 학생들의 프로젝트 수행 과정과 결과에 대해 전체적 · 개인적 총평을 발표하고, 한 명의 역사적 인물에 대해 이처럼 깊이 있게 들여다보고, 어려웠지만 역사적 기록들을 실제로 읽어보며 교과서에서는 알려 주지 않는 '꿈'이라는 주제에 대해 각자가 내린 결론을 표현하여 자신에게 주는 의미를 찾은 경험이 본 프로젝트의 목적이자 결과임을 알려주면서 프로젝트를 마쳤다.

〈표 28〉 **학생들이 작성한 프로젝트 소감**

- 정조라는 한 사람에 대한 지식을 많이 알게 되어서 좋았고 역사 공부에 도움이 되었던 것 같다. 이런 공부를 또 하고 싶다.
- 이번 정조 프로젝트를 통해 정조라는 왕을 더욱 더 잘 알게 되었고, 특히 마지막 수업(발표, 공유)이 가장 기억에 남을 것 같다.
- 한 인물에 대해 깊이 배워보아서 좋았다. 그래서 재미있었고 집중이 됐다. 오래 기억될 것 같다.
- 배운 내용을 보고서로 만들 때 즐거웠다. ppt 자료로도 만들고 싶다.
- 친구와 함께 하는 것이 좋았다.
- 친구들의 보고서를 읽는 게 재미있었다.
- 옛날 시대에 무엇을 했고, 어떤 생각을 했을지 추측하는 게 재미있다.
- 전혀 새로운 방식으로 수업하니 더 머리에 잘 들어온 것 같다.
- 일반 사회 수업과는 달라서 흥미가 있었습니다. 하지만 평소에 많이 하는 글쓰기 활동이 아닌 다른 활동도 하면 좋겠습니다.
- 우리가 아직 아는 단어들이 별로 없어서 어려웠지만 역사에 흥미가 생겨서 뭔가 역사에 대해서 더 알아보고 싶다.

이해가 안 되는 부분은 선생님과 이야기하며 알게 되어서 정말 좋다.

6. 프로젝트의 결과

이제까지 논의된 점들을 통해 본 연구는 초등 역사교육에서 왜 역사 인물 프로젝트가 하나의 수업 방식으로 자리매김 해야 하는가를 보여준다고 생각된다. 먼저 사회과 학업 성취 수준과 상관없이 학생들은 역사 인물 프로젝트를 통해 지식을 구성하고, 자료를 읽고 근거를 찾아 결론을 도출하는 탐구 기능을 신장하며, 자신의 삶의 모습에 따라 유의미한 가치와 태도를 내면화한다는 점이 나타났다.[82] 학생들에게 전반적으로 나타난 반응을 보면 다음과 같다.

---

82) 구체적인 내용은 학생들의 여러 반응과 에세이를 통해 확인된다.

〈표 29〉 **지식, 기능, 가치 · 태도 측면의 성장**

지식	• '정조'라는 인물이 성장 과정에서 겪은 사도세자 사건에 관한 사실 • 즉위 후 사도세자 사건에 대한 정조의 대응 방식에 관한 사실 • 수원 화성 축조 과정, 백성과의 직접 소통과 관련한 정조의 행적
기능	• 자료에서 필요한 정보를 찾는 기능 • 견해를 낼 때 증거를 제시하는 기능 • 여러 증거를 바탕으로 해석을 도출하는 기능
가치 · 태도	• 인물의 삶에서 배려, 존중, 소통 등의 가치적 용어 도출 • 자신의 삶과 관련하여 필요한 가치 · 태도 선택 • 정조의 삶과 감정에 이입하여 공감하며 인물 이해

무엇보다도 정조 프로젝트의 효과는 프로젝트 접근에서 확인된 교육적 성과의 반향이 역사 영역과 연계되어 나타난 점을 확인하였다. 즉 인물(주제) 중심 교육과정 재구성을 통해 교사가 지향한 교육적 초점에 따라 수업 활동이 실현되었다는 점을 드러내주었다. 특히 학생들의 특성과 수준, 학습 과정 중에 나타난 반응을 고려하여 내용의 양과 범위, 그리고 수업 방법을 조정하면서 수업 목적을 달성한 점이 주효했다고 하겠다. 또한 학생들이 역사적 인물에 대한 관심과 공감대 형성은 물론이고 교사를 비롯한 동료와의 토론과 협력을 통해 자기 주도적 학습을 이끌어내는 한편 관점에 따른 역사 해석의 다양성을 인식하였다.

뿐만 아니라 매 차시별로 다양한 매체자료에 근거하여 조사연구를 진행함으로써 역사적 사고력의 확대를 만들어 낼 수 있었다. 역사적 탐구력과 역사적 상상력은 반드시 역사적 사료나 증거에 기반하여 이루어지는 사고라는 점에서 종래의 통념적인 역사 수업에 비해 더욱 효과적이라는 점을 확인할 수 있다. 덧붙여 교육의 본질임에도 불구하고 기존의 역사 수업에서 간과되었던 '교육적 성장'의 측면을 부각하였다는 데 의의가 있다. 학습자의 전인적 성장을 목적으로 하는 프로젝트의 특성에 따라 역사 인물 프로젝트 또한 교사가 수업을 통해 학생들로 하여금 어떤 '성장과 변화'를 추구할 것인가를 모색하는 것에서부터 출발한다. 학생들은 결론지어진 역사를 넘어 보이지 않는 무엇인가를 찾아가는 주제를 통해 과거의 사건 및 역사적 인물과 만나고 소통하며 자신의 삶에 의미 있는 메시지를 얻게 되었다. 정조와의 만남을 통해 습득한 내용은 각자 다르지만, 결국 그것이 역사적 인물에게 있어 고난과 역경을 극복할 수 있었던 동력이며 나의 삶에도 '쓸모 있게' 작용할 수 있다는 점을 느꼈다는 것 자체만으로도 성장의 중요한 토대를 마련한 것이라 생각된다.

한편 성장은 교사에게도 해당된다. 프로젝트 학습의 설계자로서 교사는 새롭게 도전 받는 반성적 실천가이다. 역사 인물 프로젝트를 위한 준비와 실행의 전 과정에서 교사는 끊임없이 자신과 대화하며 수업의 목적과 방향, 내용, 방법에 대해 생각하였다. 교사는 역사 인물 프로젝트의 차시별 전개를 통해 미비한 점을 보완하고, 프로젝트에서 요구하는 지식과 기능의 전문적 자질을 길러 수업 발전을 도모할 수 있으며 이를 통해 교사 자신도 성장하게 된다. 실제로 수업을 수행하며 각 단계에서 요구되는 교사의 역할과 자질을 보다 명백히 확인하게 되었다.

이는 연구의 이론적 성과가 현장에 적용되기 위해서는 수업의 총괄자인 교사가 관련 내용과 방법을 정확하게 숙지해야 한다는 점에서 중요하다고 본다. 요컨대 사료의 성격에 대한 이해는 물론이고 해당수업에 부합하는 자료를 선별하고 재구성하는 것, 학생들의 수준과 수업 상황에 초점을 맞춘 교육적 질문 구성, 인물과의 만남을 통한 역사적 상상력과 감정 이입 연출 등 역사 인물 프로젝트의 기획을 위해서는 초등 교사의 역사 교육관과 역사적 인물에 대한 폭넓은 소양이 뒷받침되어야 한다.

V 맺음말

본 연구는 종래 초등 역사교육에서 아동의 사고 변화와 관련된 교육 내용의 내재적 가치가 제대로 주목받지 못한 점에 착안하여 프로젝트 접근을 둘러싼 교육적 성과의 반향을 역사 인물 프로젝트를 통해 그 실천적 적용을 모색한 것이다. 교과 내용의 가치가 하나의 교육적 과정으로 간주되려면 교육받는 학습자들 자신들이 무엇을 배우고 있고 무엇을 하고 있는지 알며, 자기가 도달해야 할 기준이 어떤 것인가에 대한 최소한의 의식이 필요하다고 본다. 이러한 교육적 문제의식에 따라 역사 인물 프로젝트는 기획되었다. 여기서 도출한 연구 의의는 다음과 같다.

첫째, 초등 역사 수업의 한계 요인을 극복할 수 있는 지평을 확보할 수 있었다. 그동안 프로젝트 학습의 교육적 효과에 대한 공감대에도 불구하고 막상 그 현장 적용성은 극히 회의적이었다. 이러한 점에서 본 연구는 역사 영역에 프로젝트 학습을 실행하기 위한 종합적인 틀과 과정을 구축하고 교육의 주체인 교사와 학생에게 요구되는 자질 및 기능들을 제시하여 역사 수업에서 필요한 요소들에 대한 융합적 가이드라인을 제시하였다.

둘째, '역사적 인물과의 만남을 통해 역사와 자신의 삶을 관계 짓는다'는 교실수업은 그동안 역사 교육에서 간과된 '학습자의 성장'의 측면을 부각시켰다. 학생들은 이미 한 시대를 살고 간 역사적 인물과의 만남을 통해 인물이 존재했던 시대와 맥락 속에서 그들을 입장을 이해하고, 또한 과거 인물들의 선택과 삶의 결과를 살펴보며 자신의 길과 모습을 반추하게 되었다. 이는 특히 인물과 인물 서사를 중심으로 역사를 이해하는 초등학생 단계에서 역사가 과거의 이야기 이상으로 의미 있게 다가갈 수 있는 효과적인 방안이라는 점을 재확인할 수 있었다.

셋째, 역사 인물 프로젝트의 차시별 단계에서 이루어지는 교수·학습 활동의 가이드라인과 그 실태를 종합적으로 정리하였다. 기왕의 역사 수업의 경우 하나의 정리된 프로젝트 모형이 거의 존재하지 않았던 점을 감안할 때, 앞으로의 현장 적용 가능성을 이끌어내는 길잡이 역할을 할 수 있다고 판단된다. 더욱이 인물을 중심으로 한 주제 구성은 시대를 초월하여 정치·경제·사회·문화의 모든 교과 영역과 연계할 수 있다는 점에서도 주목된다.

넷째, 역사 인물 프로젝트의 총괄적 설계자로서 교사에게 요구되는 역할과 기능을 제시하였다. 특히 전체적인 과정을 연출하는 교사에 의해 학습 목표의 설정과 내용 및 방법이 재구성되는 한편 학생 수준과 특성에 맞춘 접근이 이루어진다는 점에서 향후 초등 교사 교육의 방향을 반추할 수 있다고 하겠다. 특히 전문직으로서 교사의 위상이 갖추어지려면 교사들에게 교육과정을 포함한 모든 교육적 문제에 대해 자율적 선택과 판단의 통로를 허용하는 한편 반성적 실천가로서 자신의 실천을 동시에 회고하는 자세가 요청된다는 점에서 역사 인물 프로젝트는 좋은 사례라고 본다.

마지막으로, 정조를 대상으로 한 역사 인물 프로젝트 수업을 통해 프로젝트의 교육적 효과가 다각도로 실현될 수 있다는 점을 확인하였다. 사회과에서 추구하는 지식, 기능, 가치·태도 측면의 유의미한 결과가 학습자에게 나타났다. 예컨대 정조 프로젝트의 설계 및 수행 과정과 결과에서 주제 중심 학습을 통한 내용과 방법의 유연성 획득, 학생 주도적인 학습을 통한 지식과 경험의 구성, 깊이 있는 탐구를 통한 역사적 사고력 신장 가능성 등의 교육적 효과를 읽어낼 수 있었다. 본 연구가 앞으로 교사 교육 관련 프로그램이 보다 활성화될 수 있는 통로로써 작용할 수 있었으면 한다.

부 록

1. 2차시 수업에서 제공한 역사 신문 자료

• 주제 1. 붕당으로 인한 정치적 혼란과 영조의 탕평 정책

"이 나라가 노론이나 소론들만의 것인가"
영조, 노론 · 소론이 공존하는 탕평책 실시

즉위 후 소론과 노론 사이에서 어느 쪽에도 기울지 않는 줄다리기를 해온 영조는 탕평책을 실시하며 인재를 고루 등용할 뜻을 밝혀 주목되고 있다. 탕평책의 핵심은 '***붕당**을 깨는 것'으로써 인재등용을 할 때 '어느 당 소속인가'를 중심으로 하지 않고 개인의 능력 위주로 하겠다는 것으로 알려졌다.
탕평책의 제1목표는 우선 붕당이 만들어지는 바탕으로 지목되어 온 서원을 정리하는 것으로 드러났다. 현재까지 정리된 서원이 무려 173개소에 달하고, 서원과 관련된 비리가 있는 지방 관리도 100여명 가량 처벌을 받았다. 서원은 본래 인재를 기르고 학문을 닦기 위한 곳임에도 불구하고 그동안 정치적 싸움의 본거지로만 활용되어 왔었다. 한편 영조의 이러한 노력에도 불구하고 노론과 소론 사이에서는 여전히 갈등이 계속되고 있다.

* 붕당: 학문이나 정치적으로 생각이 같은 사람들의 정치 집단

• 주제 2. 시대의 변화에 따른 법률 개선

① '속대전'을 널리 알리다! "새 시대의 새 법"

1746년 조선시대 기본 법전인 「경국대전」을 이은 제 2의 법전 「속대전(續大典)」이 나왔다. 「경국대전」이 시행된 뒤 시대가 바뀜에 따라 법이 고쳐지거나 새로 만들어진 경우가 많았는데, 중복되거나 법과 법 사이에 서로 맞지 않는 것이 적지 않아 법 적용에 혼란이 많았다. 이런 사정을 생각하여 영조는 즉위하면서 「속대전(續大典)」을 만들 것을 결심하였고, 1740년(영조 16년)부터 시작하여 1744년에 완성하였다. 영조가 직접 머리말을 썼고 세세한 교정 작업을 거친 후 반포(널리 알림)했다. 「경국대전」이 시행된 지 2백 60여 년 만이다.

② 가혹한 형벌 개선

국왕(영조)은 1792년에 사형수가 세 번 항소할 수 있도록 함으로써 억울하게 누명을 쓰고 죽임을 당하는 일이 줄어들도록 해 법 제도를 개선하였다. 그리고 1725년에는 잔인한 형벌의 하나였던 무릎이 빠개지는 고통을 겪어야 했던 압슬형이 폐지되었고, 또한 사형을 받지 않고 죽은 자에게는 추가로 형을 주지 않기로 하는 등 형벌제도의 개선에도 박차를 가하였다. 현재의 국왕 즉위 후에 계속된 이러한 사법제도와 형벌제도의 개선은 최근 세금 제도 개선을 비롯한 정책들과 관련이 있다.

• 주제 3. 민원 급증에 따른 신문고 재설치

"신문고 다시 세워졌다"
최근 민원 급증에 따른 정부대책

1771년 최근 민원이 급증하는 것에 대해 효과적인 대응 방법을 마련하기 위해 고민해온 조정에서는 이번에 신문고를 다시 설치하기로 했다. 창덕궁의 진선문과 건명문에 신문고를 설치하고, 모든 민원은 이를 통해 *호소하도록 한 것이다.
조선 건국 초기에 설치된 신문고는 백성이 직접 국왕에게 억울한 일을 *상소할 수 있도록 한 것이었으나 특정 신분, 특정 지역에 한정되고 절차도 복잡해 그 기능을 제대로 수행하지 못했다. 이렇게 되자, 백성들은 새로운 호소방법을 찾을 수밖에 없었고 이에 ***상언(上言)**이나 ***격쟁(擊錚)**이 마구 발생하게 되었던 것이다.

이런 현상은 임진왜란 이후 일반백성들의 경제력이 향상되면서 그만큼 그들의 권리요구에 대한 사회의식도 성장했기에 가능했던 것으로 분석되고 있다. 새롭게 복구된 신문고가 다시 제 역할을 찾을지 궁금하다.

* 호소: 억울하거나 딱한 사정을 남에게 간곡히 알림
* 상소: 임금에게 글을 올리던 일
*** 상언: 임금이 타던 수레가 쉬는 곳에서 기다리고 있다가 임금에게 글을 올리는 것**
*** 격쟁: 억울한 일을 당한 사람이 임금의 행차 길에서 징이나 꽹과리, 북을 쳐서 하소연하던 것**

• 주제 4. 서얼의 신분상승 요구

서얼, 신분상승 강력 요구
오를 수 있는 관직의 제한 철폐 등 주장

최근 들어 양반으로서 떳떳하게 대우받지 못하고 있던 *첩의 자식인 서얼들이 앞다투어 상소 등을 통해 강력하게 신분상승을 요구하고 나서고 있다. 이름 있는 집안의 서얼인 OOO는 "신하가 되어서도 임금을 가까이 모실 수 없으니 임금과 신하의 의리가 멀어지고, 자식이 되어서도 감히 아버지를 아버지라 부르지 못하니 아버지와 자식의 관계가 제대로 되지 못하다"며 현재의 서얼차별 현실을 강하게 비판했다.
이러한 사태에 대해서 양반들 특히 노론 사람들은 곱지 않은 눈으로 보고 있다. 안암동의 한 양반은 "신분제도가 느슨해진 틈을 타서 우리 사회의 기본질서를 무너뜨리고자 하는 말도 안 되는 집단행동을 하는 이들은 엄벌에 처해야 한다"며 강하게 비난하고 나섰다. 그러나 이에 대해 역시 서얼인 김소통씨는 "양반의 자손인 우리들은 왜 벼슬길에 제한을 받아야 하는가"라며 울분을 토로했다.

* 첩: 정식 아내가 아닌 부인
* 상소: 임금에게 글을 올리는 것

2. 5차시 수업에서 제공한 자료

• 조선 후기 왕의 능행 횟수

국왕	인조	효종	현종	숙종	경종	영조	정조
능행 횟수	5	8	3	32	3	78	66
1년 평균 횟수	0.19	0.8	0.2	0.69	0.75	1.5	2.75

※ 영조는 53년, 정조는 25년 간 왕의 자리에 있었다.

※ 영조는 주로 궁궐 문 밖에서 백성들을 만났고, 정조는 먼 거리를 행차하며 만났다.

• 상언과 격쟁을 한 사람의 신분

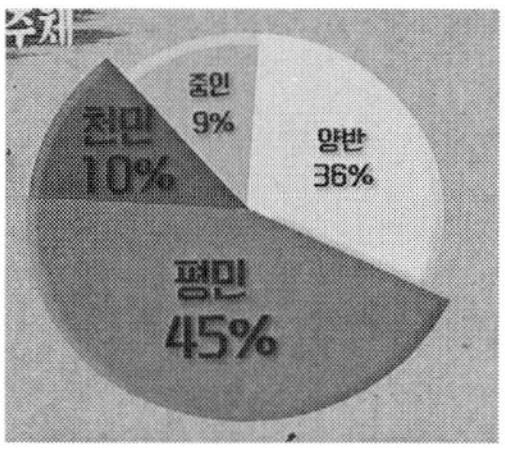

(출처: KBS 〈역사저널-그날〉 74회)

• 정조 시대 상언과 격쟁 횟수

"정조대에 올린 상언(上言)과 격쟁(擊錚)은 총4,427건으로 이중에서 상언은 3,092건이고 격쟁은 1,335건으로 상언이 격쟁에 비해 2배 이상 많았다"
(한상권, 『조선후기 사회와 소원제도-상언 · 격쟁 연구』, 일조각, 1996).

참고문헌

Ⅰ. 자료

『논어』, 『맹자』, 『장자』, 『삼국유사』, 『고려사』, 『고려사절요』, 『삼봉집』, 『태조실록』, 『세종실록』, 『선조실록』, 『선조수정실록』, 『고대일록』, 『난중일기』, 『이충무공전서』, 『징비록』, 『광해군일기』, 『영조실록』, 『정조실록』, 『존현각일기』, 『일성록』, 『홍재전서』, 『백호전서』, 『목민심서』

Ⅱ. 단행본

63인의 역사학자, 『한국사인물열전』 1,2,3권 돌베개, 2003.
강우철, 『역사의 교육』, 교학사, 1974.
강인규, 『망가뜨린 것 모른척한 것 바꿔야 할 것』, 오마이북, 2012.
강인애 외, 『교실 속 즐거운 변화를 꿈꾸는 프로젝트 학습』, 상상채널, 2011.
곽병선 · 김재복, 『교육과정 운영론』, 배영사, 1989.
교육부, 『사회과 교육과정, 교육부 고시 제 2015-74호 〔별책7〕』, 2015.
교육부, 『사회 5-2, 교사용 지도서』, 2020.
교육부, 『교육부 고시 제2022-33호 〔별책1〕』 초 · 중등학교 교육과정 총론, 2022.
길병휘 외 공저, 『교사교육: 반성과 설계』, 교육과학사, 2004.
김기봉, 『역사란 무엇인가를 넘어서』 푸른역사, 2000.
김기봉 외, 『포스트모더니즘과 역사학』 푸른역사, 2000.
김대현, 『이충무공전서 이야기』, 한국고전번역원, 2015.
김선희, 『자아와 행위: 관계적 자아의 자율성』, 철학과 현실사, 1996.
김윤중, 『정조의 조선』, 말글빛냄, 2015.
김준혁, 『리더라면 정조처럼』, 더봄, 2020.
김용옥, 『삼봉 정도전의 건국철학』, 통나무, 2004.
김훈, 『칼의 노래』, ㈜ 생각의 나무, 2001.
김한종 외, 『역사교육과 역사인식』, 책과 함께, 2005.

남현희 편역, 『일득록, 정조대왕어록』, 문자향, 2018.
데이비드 J. 리버만 지음, 박진수 옮김, 『누가 정상이고 누가 비정상인가』, 아카데미북, 2012.
로먼 크르즈나릭 지음, 강혜정 옮김, 『원더박스』, 원더박스,
루키우스 안나이우스 세네카, 김경숙 옮김, 『화에 대하여』, 사이, 2013.
류덕제 지음, 『현실인식과 비평정신』, 한국문화사, 2014.
리처드 포스터 지음, 권달천·황을호 옮김, 『영적 훈련과 성장』, 생명의 말씀사, 2009.
리처드 플로리다 지음, 이원호 옮김, 『도시와 창조 계급』, 푸른길, 2008.
마크 네포 지음 박윤경 역, 『고요함이 들려주는 것들』, 흐름출판, 2012.
문철영, 『인간 정도전』, 새문사, 2014.
미셸 초스도프스키 저, 이대훈 역, 『빈곤의 세계화』, 당대, 1998.
박석무, 『다산 정약용 평전』, 민음사, 2014.
박성수, 『역사학개론』, 삼영사, 1997.
박세원, 『존재의 성장과 교육』, 교육과학사, 2009.
박승배, 『교육과정학의 이해』, 학지사, 2007.
박인현, 『사회과교육과 수업』, 교육과학사, 2017.
박종평, 『진심진력: 삶의 전장에서 이순신을 만나다』, 더퀘스트, 2014.
박현모, 『세종처럼-소통과 헌신의 리더십』, 미다스북스, 2014.
박현모, 『정조평전』, 민음사, 2018.
박혜숙, 『다산의 마음』, 돌베개, 2008.
버나드 베일린 지음, 배영수 옮김, 『미국 혁명의 이데올로기적 기원』, 새물결, 1999.
베네데토 크로체 著, 이상신 역, 『역사의 이론과 역사』, 삼영사, 1978.
사이토 다카시 지음, 홍성민 옮김, 『세계사를 움직이는 다섯 가지 힘』, 뜨인돌, 2009.
삼봉정도전선생기념사업회, 『성리학자 정도전의 국제적 위상』, 경세원, 2008.
서울대학교 교육연구소, 『교육학용어사전』, 하우동설, 2011.
송춘영, 『역사교육의 이론과 실제(개정판)』, 형설출판사, 2001.
송인주 외 공역, 『초·중학교에서 학생들과 조사연구하는 역사하기』, 아카데미 프레스, 2007.
송인주 외 공역, 『초등사회과교육론』, 교육과학사, 2012.
송인주, 『프로젝트 학습에 기반한 역사탐구』, 양성원, 2016.
송재소, 『시로 읽는 다산의 생애와 사상』, 세창출판사 2015.

순천향대학교 이순신연구소, 『다시 이순신 리더십을 생각한다』, 인디북스, 2005.
순천향대학교 이순신연구소, 『충무공이순신사료집성 1,2』, 순천향대학교, 2008.
슈테판 츠바이크 지음, 안인희 옮김, 『위로하는 정신』, 도서출판 유유, 2012.
시드니 후크 著 · 민석홍 역, 『역사와 인간』, 을유문화사, 1982.
신득렬, 『현대교육철학』, 학지사, 2003.
신득렬, 『에픽테토스의 인생철학』, 태일사, 2024.
안대회, 『정조 치세어록』, 푸르메, 2011.
양호환 외, 『역사교육의 이론과 방법』, 삼지원, 2003.
에리히 프롬, 차경아 옮김, 『소유냐 존재냐』, 까치, 1996.
역사신문편찬위원회, 『역사신문4, 조선후기(1608~1876)』, 사계절, 1996.
오항녕, 『광해군, 그 위험한 거울』, 너머북스, 2012.
오항녕, 『실록이란 무엇인가』, 역사비평사, 2018.
유봉학, 『정조대왕의 꿈』, 신구문화사, 2001.
유승희 · 성용구, 『프로젝트 접근법-레지오 에밀리아의 한국 적용』, 양서원, 2007.
유재봉, 『현대 교육철학 탐구』, 교육과학사, 2002.
윤기옥 · 송용의 · 김재복, 『수업모형』, 형설출판사, 1987.
이경섭 외 2인, 『교육과정』, 교육과학사, 1982.
이기백 · 차하순 편, 『역사란 무엇인가』, 문학과 지성사, 1976.
이기백, 『한국사를 보는 눈』, (주)문학과 지성사, 1996.
이영남, 『푸코에게 역사의 문법을 배우다』, 푸른역사, 2007.
이영철, 『진리와 해석』, 서광사, 1991.
이원순 · 이정인, 『역사교육』, 정음문화사, 1985.
이종각, 『한국교육학의 논리와 운동』, 문음사, 1990.
이종일 외, 『교육적 질문하기』, 교육과학사, 2006.
이종일, 『사회과 탐구와 교사자질』, 교육과학사, 2006.
이종일, 『다문화사회와 타자이해』, 교육과학사, 2014.
이종일, 『정치적 올바름 논쟁과 시민성』, 교육과학사, 2019.
존 듀이, 이홍우 역, 『민주주의와 교육』, 교육과학사, 1996.
임지현 · 이성시 엮음, 『국사의 신화를 넘어서』, 휴머니스트, 2004.
임지현, 『이념의 속살』, 삼인, 2007.
정민, 『삶을 바꾼 만남』, ㈜문학동네, 2011.

정민, 『한밤중에 잠깨어』, ㈜문학동네, 2012.
정선영 외, 『역사교육의 이해』, 삼지원, 2001.
정창권, 『정조처럼 소통하라』, 사우, 2018.
제임스 밀러 지음, 박중서 옮김, 『성찰하는 삶』, 현암사, 2012.
조용기, 『교육의 쓸모』, 교육과학사, 2005.
조용기 외, 『비판적 사고와 교실수업』, 교육과학사, 2013.
조유식, 『정도전을 위한 변명』, 휴머니스트, 2014.
조윤제 지음, 『다산의 마지막 공부』, 청림출판, 2018.
조지 베일런트 지음, 이덕남 옮김, 『행복의 조건』, 프런티어, 2010.
존 듀이 저, 이홍우 번역 · 주석, 『민주주의와 교육』, 교육과학사, 1996.
존 나이스비트, 안진환 · 박슬라 옮김, 『마인드세트』, 비즈니스북스, 2006.
존 라머 · 존 머겐달러 · 수지 보스, 최선경 · 장밝은 · 김병식 역, 『프로젝트 수업 어떻게 할 것인가?』, 지식프레임, 2017.
최재훈, 『Who? 한국사 정조』, 스튜디오 다산, 2016.
최정우, 『말의 진심』, 밀리언서재, 2023.
카를 마르크스, 최형익 옮김, 『루이 보나파르트의 브뤼메르 18일』, 비르투출판사, 2012.
칼 바르트 지음, 조홍남, 옮김, 『로마서강해』 Ⅰ · Ⅱ, 한들, 1997.
칼 폴라니 저자, 박현수 번역, 『거대한 변환』, 민음사, 1991.
키쓰 바튼 · 린다 렙스틱 지음, 김진아 옮김, 『역사는 왜 가르쳐야 하는가』, 역사비평사, 2017.
한국교육과정학회 편, 『교육과정학 용어 대사전』, 학지사, 2017.
한국사학회, 『한국사 연구 방법의 새로운 모색』, 경인문화사, 2003.
한명기, 『임진왜란과 한중관계』, 역사비평사, 1999.
한명기, 『광해군』, 역사비평사, 2000.
한병철 지음, 김태환 옮김, 『피로사회』, (주)문학과지성사, 2012.
한상권, 『조선후기 사회와 소원제도－상언 · 격쟁 연구－』, 일조각, 1996.
한영우, 『왕조의 설계자 정도전』, 지식산업사, 1990.
한형조, 『주희에서 정약용으로-조선 유학의 철학적 패러다임 연구-』, 세계사, 1996.
헤이든 화이트, 『19세기 유럽의 역사적 상상력-메타 역사』, (주)문학과지성사, 1991.
太田秀通 著, 방기중 역, 『역사과학론』, 청아출판사, 1985.
杜維運 저, 권중달 역, 『역사학연구 방법론』, 일조각, 1984.

林健太郎 著, 우윤 · 황원권 공역, 『역사학 입문』, 청아출판사, 1983.

齊藤孝 著, 최민 역, 『역사와 역사학』, 형성사, 1983.

A. N. Whitehead, *Aims of Education* London: Macmillan, 1929.

Barton,K.c.,&Levstik,L.S.,*Teaching history for the common good.* NJ: Lawrence Erlbaum Associates, 2004.

Caine, R. N. & Caine, G., *Making connections: Teaching and the human brain* New York: Addison-Wesley, 1994.

Carnes, M., *Past imperfect: History according to the movies*, New York: Henry Holt, 1995.

Dewey, J., *How we think: A restatement of the relation of reflective thinking to the educative process*, New York: Heath, 1933.

Dewey. J., *Experience and education*, New York: Macmillan Publishing Company, 1938.

Evelyn B. Freeman, Diane Goetz Person, *Using Nonfiction Trade Books in The Elementary Classroom From Ants to Zeppelins*, National Council of Teachers of English Urbana, Illinois 61801.

Furth, H., *The world of grown ups: Children's conceptions of society*, New York: Elsevier North Holland, 1980.

Gardner, H., *The unschooled mind: How children think and how schools should teach* New York: Basic Books, 1991.

Gardner, H., *The unschooled mind, How children think and how schools should teach* New York: Basic Books, 1991.

Husband, C., Kitson, A., · Pendry, A., *Understanding history teaching*, Philadelphia: Open University Press, 2003.

Lowenthal, D., *The heritage crusade and the spoils of history*, Cambridge, England: Cambridge University Press, 1998.

J.B. Ingram., *Curriculum Integration and Lifelong Education* New York: Pergamon Press. 1979.

Jere Brophy and Bruce VanSledright, *Teaching and Learning History in Elementary Schools* Teachers College Press: New York, 1997.

John. Dewey, *Democracy and education* New York: Free Press, 1916/1966.

John. Dewey, *The Quest for Certainty New* York: Putnam, 1929.

L.A.Hjelle · D.J.Ziegler, 이훈구 역, 『성격심리학』, 법문사, 1983.

Lillian, G. Katz · Sylvia, C. Chard., *Engaging Children's Mind: The Project Approach* Greenwood Publishing Group, 2014.

Newmann, F.m. · Secada, W.g. · Wehlage, G.G., *A guide to authentic instruction and assessment: Vision, standards and scoring* Madison, WI: Wisconsin Center for Education Research 1995.

NIGEL BLAKE, PAUL SMEYERS, RICHARD SMITH , PAUL STANDISH, 강선보 외 2인 공역 『현대 교육철학의 다양한 흐름1』, 학지사, 2009.

R,S,Peter, 이홍우 · 조영태 공역, 『윤리학과 교육』, 교육과학사, 2008.

Sylvia C,Chard, 지옥정 역, 『프로젝트 접근법: 교사를 위한 실행 지침서』, 창지사, 1997.

Yukl, G., *Leadership in organization(7th ed.)* Englewood Cliffs, New Jersey: Prentice Hall, 2010.

Ⅲ. 논문

강덕남, 「초등 사회과 현대사 학습에서의 구술사 프로젝트 활용 방안」, 한국교원대학교 석사학위논문, 2007.

강선주, 「해방 이후 역사교육과정 개정을 둘러싼 쟁점」 『역사교육』 97, 2006.

강선주, 「역사교육의 내용 선정과 조직 연구의 현황 및 문제」 『역사교육』 113, 2010.

강선주, 「5학년 역사 내용 구성 방향」 『역사교육』 117, 2011.

기성준, 「초등 사회과 지역화 학습을 위한 프로젝트 수업의 설계 및 실행」, 청주교육대학교 교육대학원 석사학위논문, 2015.

김갑철, 「보다 교육적인 학교지리의 방향 탐색」 『한국지역지리학회지』 30(4), 2024.

김경완, 「시민성 교육과 반성적 사고」, 서울대학교 대학원 교육학 석사논문, 1995.

김낙현, 「프로젝트 접근법을 통한 초등학교 고학년 학생들의 민주시민의식 함양」, 대구교육대학교 교육대학원 석사학위논문, 2011.

김명석, 「사유의 조건으로서 사랑의 원리」, 경북대학교 문학석사학위논문, 1998.

김민정, 「역사 교사의 현장 연구 방법론 모색」 『역사교육』 103, 2007.

김민정, 「역사교사의 가르칠 궁리에 대한 반성과 공유」 『역사교육』 117, 2011.

김지영, 「초등학교 교사들의 교과 내용 재구성 실태와 그 활성화 방안」 『교육과정연구』 22(2), 2002.

김지희, 「역사교육에서의 '인물-주제학습'과 그 적용: 초등학교 사례를 중심으로」, 강원대학교 교육대학원 석사학위논문, 2010.

김평국, 「중등학교 교사들의 교육 내용 재구성 실태와 그 활성화 방향」 『교육과정연구』 23(4), 2005.

김한종, 「역사교육과정의 원리와 내용구성」 『역사교육과정과 교과서 연구』 선인, 2006.

김한종, 「교육과정 구성 논리로 본 2015 개정역사교육과정의 쟁점」 『역사교육연구』 23, 2015.

김한종, 「역사교육 내용선정 기준」 『역사교육논집』 77, 2021.

김현규, 「국가교육과정 문서 안에서의 '교육과정 재구성' 용어의 의미 연역」 『통합교육과정연구』 9(3), 2015.

문은주, 「프로젝트 접근법을 통한 과학 학습지도가 초등학생들의 학업성취도와 과학적 태도에 미치는 영향」, 광주교육대학교 석사학위논문, 2008.

박덕향, 「프로젝트 접근법을 수행한 초등 교사들의 교육관 변화」, 대구교육대학교 교육대학원 석사학위논문, 2010.

박미이, 「지구촌 프로젝트 접근법을 통한 초등학생 고학년의 세계시민의식 형성」, 대구교육대학교 교육대학원 석사학위논문, 2011.

박세원, 「교사의 교육활동에서 내러티브 탐구과정이 가지는 의미」 『교육인류학연구』 10(1), 2007.

박세원 · 김윤미, 「초등학교 교사의 교사됨의 의미 형성 경험에 관한 질적 연구」 『교육과정연구』 28(1), 2010.

박세원, 「존재론적 탐구로서의 저널 쓰기」 『교육인류학연구』 15(1), 2012.

박세원, 「몸과의 대화를 통한 나의 자아 찾기 여정: 자아 통섭의 새로운 길 모색」, 『초등교육연구논총』 37(4), 2021.

박순경 외, 「제7차 초 · 중등학교 교육과정 평가 연구(Ⅱ): 초등학교 교육과정 편성 · 운영 · 평가를 중심으로」 연구보고 RRC 2002-1, 한국교육과정평가원, 2002.

박윤경 · 정종성 · 김병수, 「초등학교 교사들의 교육과정 관련 인식이 교육과정 재구성에 미치는 영향」 『초등교육연구』 29(2), 2016.

박일수, 「교육과정 재구성의 학습 효과에 관한 메타분석」 『교육과정연구』 31(4), 2013.

박주희, 「대화 저널쓰기 경험에 관한 내러티브 탐구: 교사와 아동의 대화적 만남을 통한 관계 형성과 자아 구성 이야기」, 대구교육대학교 교육대학원 석사학위 논문, 2008.

박혜정, 「대학 세계사 교양교육을 위한 세 가지 교수 모델」 『역사교육논집』, 64, 2017.
배영호, 「사회과 내러티브 지식관의 지식생산적 의미와 성격 탐색」 『사회과교육』, 54(3), 2015.
백도형, 「데이빗슨의 행위론」, 서울대학교 석사학위논문, 1988.
백은진, 「역사교사의 역사교육 목적에 관한 사례 연구」 『역사교육』 131, 2014.
백은진, 「무엇을 위한 역사교육이어야 하는가?」 『역사교육연구』 22, 2015.
서경혜, 「교사들의 교육과정 재구성 실천 경험에 대한 사례 연구」 『교육과정연구』 27(3), 2009.
서윤경, 「초등교육에서의 프로젝트 학습 관련 연구 동향 분석」, 건국대학교 교육대학원 석사학위논문, 2019.
설석규, 「정경운의 현실인식과 『고대일록』의 성격」 『남명학』 15, 2010.
성경희 외, 「제7차 교육과정의 현장 운영 실태 분석(Ⅰ): 초등학교 교과 교육과정을 중심으로 (총론)」, 한국교육과정평가원, 2003.
소경희, 「역량기반 교육의 교육과정사적 기반 및 자유교육적 성격 탐색」 『교육과정연구』 27(1), 2009.
손석영, 「역사교사가 되어간다는 것은 무엇인가?」 『역사교육논집』 78, 2021.
송인주, 「광복이후 한국의 역사교육 연구의 동향 분석」 『사회과교육』 31, 1998.
송인주, 「역사이해의 단계에 대한 논의와 시사점」 『안동사학』 9 · 10, 2005.
송인주, 「미국 초등학교 사회과 교실수업의 프로젝트 수행 과정과 교육적 함의」 『사회과교육』 48(2), 2009.
송인주, 「역사개념에 대한 교사들의 인식과 역사교육과정의 정체성」 『역사교육논집』 43, 2009.
송인주, 「예비 초등 교사들이 본 한국사교육의 문제점과 향후 과제」 『역사교육』 113, 2010.
송인주, 「이순신 프로젝트와 역사교실 수업」 『역사교육논집』 46, 2011.
송인주, 「미국 다문화교육의 시각과 역사교육의 방향」 『역사교육논집』 49, 2012.
송인주, 「영화 포스트 읽기와 역사교실수업」 『역사교육논집』 46, 2013.
송인주 · 이성형, 「초등 역사교실수업에서 사료학습의 실행과 그 의미」 『역사교육논집』 50, 2013.
송인주, 「한국 역사교육연구에 대한 비판적 성찰」 『사회과교육』 53(2), 2014.
송인주, 「역사교육 개념의 반성적 검토」 『초등교육논총』 31(2), 2015.

송인주, 「예비 초등 교사들의 역사 프로젝트 구성상의 문제점과 과제」 『역사교육논집』 67, 2018.

송인주, 「예비 초등 교사들의 역사 인물 프로젝트 후기 분석」 『사회과교육』 58(2), 2019.

송인주, 「초등 교사를 위한 역사교수 자료탐색과 활용 시안—이순신과 선조의 상반된 시선을 중심으로—」 『현장중심 초등교육연구』 1, 2019.

송인주 · 이하나, 「초등 5학년 학생들의 역사 인물 프로젝트 -정조를 중심으로—」 『역사교육논집』 75, 2020.

송인주, 「예비 초등 교사들의 역사 인물 프로젝트에 대한 기초적 검토—정조를 중심으로—」 『현장중심 초등교육연구』 4(2), 대구교육대학교, 2022

송인주, 「예비 초등 교사들의 역사 인물 프로젝트에 대한 기초적 검토—정약용을 중심으로—」 『현장중심 초등교육연구』 5(2), 대구교육대학교, 2023.

송인주, 「불패신화 이순신 승전의 진상과 그 의미」 『현장중심 초등교육연구』 6(1), 대구교육대학교, 2024.

송하인, 「사례지역을 활용한 초등 세계지리수업의 자기연구」 『사회과교육』 57(2), 2018.

안병직, 「픽션으로서의 역사: 헤이든 화이트(Hayden White)의 역사론」 『인문논총』 51, 2004.

양영선 · 허희옥 · 김영수, 「팀프로젝트학습에서 학습자의 효능감과 스캐폴딩이 학습참여도와 성취도에 미치는 영향」 『교육정보미디어연구』 20(4), 2014.

양호환, 「역사학습의 인식론적 모색」 『역사교육』 75, 2000.

양호환, 「역사교사 양성 문제와 교과과정」 『역사교육』 97, 2006.

양호환, 「역사교사의 가르칠 궁리에 대한 반성과 공유」 『역사교육』 117, 2011.

여상한 · 엄우용, 「초등 교육과정과 연계한 프로젝트중심학습 설계모형 개발」 『교육공학연구』 30(2), 2014.

윤세철, 「한국사연구와 한국사교육론」 『김용섭교수 정년기념 한국사학논총—한국사인식과 역사이론—』 지식산업사, 1997.

윤지양, 「수업 재구성을 통해 본 역사 교사 지식」 『역사교육논집』 62, 2017.

이관구 · 주웅영, 「가족사 프로젝트를 통한 초등학생의 역사 인식 형성」 『역사교육논집』 55, 2015.

이근호, 「질적 연구 방법론으로서의 현상학」 『교육인류학연구』 10(2), 2007.

이상민, 「창의적 문제해결력 신장을 위한 초등사회과 교육과정의 재구성 방안」, 이화여자대학교 교육대학원 석사학위논문, 2003.

이성형 · 송인주, 「초등 역사교실수업에서 사료학습의 전략적 탐색」 『역사교육논집』 48, 2012.

이종일, 「주변문화지역에서 지식형성방법의 도태와 회복」 『대구교육대학교 논문집』 30, 1995.

이지연, 「프로젝트 접근법을 통한 학습수준별 초등학생의 학습 태도 변화」, 대구교육대학교 교육대학원 석사학위논문, 2010.

이태진, 「변혁기의 제왕들: 정조」 『한국사시민강좌』 13, 일조각, 1993.

이하나 · 송인주, 「초등 5학년 역사 인물 프로젝트」 『초등교육연구논총』 39(4), 2023.

이해영, 「역사의식조사로 본 학생들의 가치판단 탐색」 『역사교육』 131, 2014.

이해영, 「역사 교사의 교육과정 재구성 사례연구」 『역사와 담론』 74, 2015.

이해영, 「중 · 고등학생들은 역사를 어떻게 수용하는가」 『역사의식조사, 역사교육의 미래를 묻다』 휴머니스트, 2020.

이해영, 「2022 개정 초등사회과 교육과정 협의회에서 나타난 역사영역 쟁점」 『역사교육연구』 43, 2022.

이효근, 「다원적 관점의 역사인식은 내러티브 역량의 진전을 어떻게 촉진할 수 있는가?: 조선시대 세종의 정책에 대한 수업을 중심으로」 『역사교육연구』 45, 2023.

장순화 · 송인주, 「초등학교 5학년들의 역사 프로젝트 수행과정과 시사점-한국 전쟁의 원인 분석을 중심으로」 『역사교육논집』 45, 2010.

전문기, 「프로젝트 접근법에 의한 초등학교 도덕과 대화학습」, 대구교육대학교 교육대학원 석사학위논문, 2002.

전병철, 「역사수업 구성의 원리와 함의」 『역사교육』 126, 2013.

정춘면, 「국사교과서의 정서표현과 학생의 정서 경험」 『역사교육』 78, 2001.

정태호, 「역량기반 교육과정으로서 2015 개정 초등 사회과 교육과정 분석」 『사회과교육연구』 26(2), 2019.

정하현, 「황제지배체제의 성립과 전개」 『강좌 중국사 I』 지식산업사, 1989.

조영주, 「華城陵幸圖와 정조의 대민정책」, 숙명여자대학교 대학원 석사학위논문, 2005.

조용기, 「'협동적' 학습으로서의 프로젝트 활동」 『교육학논총』 27(2), 2006.

조용기, 「지식의 위치와 그 교육적 함의」 『초등교육논총』 32(1), 2016.

주보돈, 「역사와 픽션」 『복현사림』 28, 경북사학회, 2010.

주웅영, 「학생 중심의 교실수업과 초등 역사교사의 전문성」 『초등교육연구논총』 38(1), 2022.

주현준, 「교육리더십 연구의 재조명」 『교육행정학연구』 34(1), 2016.

주현준, 「사회변화와 혁신을 선도하는 미래의 교육리더십에 관한 시론적 고찰」 『교육정치학연구』 24(2), 2017.

주현준, 「교육리더십의 재개념화」 『교육정치학연구』 25(1), 2018.

최상훈, 「역사적 사고력의 하위범주와 역사학습목표의 설정 방안」 『역사교육』 73, 2000.

최석민, 「교육과정 재구성의 의미와 한계」 『초등교육연구논총』 33(2), 2017.

최환영, 「초등학교 역사교육에서 주제 접근 인물학습 방안 연구」, 서울교육대학교 교육전문대학원 석사학위논문, 2015.

하선희 · 송인주, 「개인사 프로젝트를 활용한 초등 역사교실수업」 『역사교육논집』 55, 2012.

한경희 · 정정희 · 정한철, 「프로젝트 접근법의 효과에 대한 메타분석」 『아동학회지』 25(6), 2004.

한명기, 「『고대일록』에 나타난 明의 모습」 『남명학』 15, 2010.

한혜정 외 3인, 「역량기반 교육과정에 대한 국내 선행연구의 이론적 논의 분석 및 쟁점 탐색」 『교육과정평가연구』 21(3), 2018.

홍경남, 「인간행위의 합리성에 대한 설명: D. Davidson의 행위이론을 중심으로」, 성균관대학교 석사학위논문, 1996.

황은희, 「2015 개정 초등 사회과(역사 영역) 교육과정 고찰」 『역사교육연구』 23, 2015.

Barton, K. c., · Levstik, L.S., Why don't more teachers engage students interpretation?, *Social Education* 67, 2003.

Eagan, K, Layers of historical understanding, *Theory and Research in Social Education* 17, 1989.

Gary R. McKenzie, The Importance of Teaching Facts in Elementary, Social Studies, *SOCIAL EDUCATION* 44(6), 1980.

Kafka, J. P., The principalship in historical perspective *Peabody Journal of Education*, 1990.

TRENIA R. WALKER, Historical Literacy: Reading History through Film *THE SOCIAL STUDIES* 97(1), 2006.

저 / 자 / 소 / 개

■ **송인주**

대구교육대학교 사회과교육과 교수
The University of Wisconsin Madison (2007~2008) 연구교수

주요 저서로는 『고려시대 친위군 연구』 (일조각, 2007), 『프로젝트 학습에 기반한 역사탐구』 (양성원, 2016), 『교사 교육을 위한 역사 인물 프로젝트』 (양성원, 2025) 외에 『초 · 중학교에서 학생들과 조사연구하는 역사하기』 (공역, 아카데미프레스, 2007), 『초등사회과교육론』 (공역, 교육과학사, 2012) 등이 있다.

교사 교육을 위한
역사 인물 프로젝트

1판 1쇄 인쇄 ─ 2025년 3월 4일
1판 1쇄 발행 ─ 2025년 3월 7일

저　　자 - 송인주
발 행 인 - 강철원
발 행 처 - 양성원
주　　소 - 경기도 파주시 검산로 173번길 29-12
전　　화 - 031-946-3861(代)
팩　　스 - 031-946-3864
이 메 일 - tnwpub@naver.com
홈페이지 - tnwpub.co.kr
출판등록 - 2015년 8월 31일 제 2015-000211 호

ISBN 979-11-6126-607-7

정가 23,000원